全国高职高专院校“十二五”规划教材

电子商务专业项目式教学课题成果

电子商务网站建设与管理实务

主　编　李海平

副主编　刘伟玲　王化冰　孙宏樽

主　审　杨君岐

中国水利水电出版社
www.waterpub.com.cn

内 容 提 要

本书以培养学生的应用能力为主要目标，在内容的选取上，力求由浅入深、循序渐进、举一反三、突出重点、通俗易懂。书中以一个电子商务网站的建设过程为主线，系统地介绍了网站从规划、建设到运营管理的全部过程，突出了以“建站流程为主线，以技能应用为核心”的特点。全书共分为8章，主要内容包括网站规划、ASP技术、Access数据库的使用、网站的后台开发以及网站的发布和维护、安全管理等。

本书内容丰富，实用性强，通过网站建设的案例，使读者能够对构建动态网站快速入门，并且达到较高的开发水平。

本书可以作为高职高专电子商务专业、计算机专业以及相关专业学生的教材，也可供其他IT从业人员、从事电子商务网站设计和开发的技术人员学习参考。

本书配有电子教案，读者可以从中国水利水电出版社网站和万水书苑上下载，网址为：http://www.waterpub.com.cn/softdown/和http://www.wsbookshow.com。

图书在版编目（CIP）数据

电子商务网站建设与管理实务 / 李海平主编. -- 北京：中国水利水电出版社，2012.11（2018.12重印）
全国高职高专院校“十二五”规划教材 电子商务专业项目式教学课题成果
ISBN 978-7-5170-0286-4

Ⅰ. ①电… Ⅱ. ①李… Ⅲ. ①电子商务－网站－建设－高等职业教育－教材 Ⅳ. ①F713.36②TP393.092

中国版本图书馆CIP数据核字(2012)第253467号

策划编辑：杨庆川　　责任编辑：陈　洁　　封面设计：李　佳

书　名	全国高职高专院校“十二五”规划教材 电子商务专业项目式教学课题成果 **电子商务网站建设与管理实务**
作　者	主　编　李海平 副主编　刘伟玲　王化冰　孙宏樽 主　审　杨君岐
出版发行	中国水利水电出版社 （北京市海淀区玉渊潭南路1号D座　100038） 网址：www.waterpub.com.cn E-mail：mchannel@263.net（万水） sales@waterpub.com.cn 电话：（010）68367658（发行部）、82562819（万水）
经　售	北京科水图书销售中心（零售） 电话：（010）88383994、63202643、68545874 全国各地新华书店和相关出版物销售网点
排　版	北京万水电子信息有限公司
印　刷	三河市鑫金马印装有限公司
规　格	184mm×260mm　16开本　15.75印张　387千字
版　次	2012年11月第1版　2018年12月第2次印刷
印　数	4001—5000册
定　价	28.00元

前　言

随着Internet应用在全球范围内的迅速普及，电子商务已经成为当今商业经营的一种重要形式，也是现代企业参与国际竞争的重要手段之一。电子商务网站是电子商务系统的基础，也是企业进行电子商务的主要实现形式。

与普通的Web网站相比，电子商务网站在交互性、安全性和数据流量等方面要求更高。电子商务网站并非网页的简单堆砌，它的构建、管理和维护是一项复杂的系统工程。电子商务网站不仅担负着展示和推广企业产品和服务，宣传企业的管理理念、企业文化和品牌形象的任务，而且网站要和客户实现互动，完成信息流、资金流和物流等协调有序的快速流动。因此，电子商务网站构建前的规划、网站的开发设计、网站数据库的建立、网站的管理与维护等都和企业的电子商务活动能否成功运作息息相关。

本书以面向应用为宗旨，以项目为主线，以任务驱动的方式，重点讨论了基于ASP技术的电子商务网站开发过程。以开发一个购物系统为切入点，主要从网站的最初规划、数据库的设计、注册登录系统的设计、商品发布和展示系统的设计、新闻发布系统的设计、留言板的设计等几个主要模块的制作入手，让学生由易到难，逐步熟悉和掌握网站设计的理念、技术和方法。

本书紧贴实际，注重实战，取材丰富，内容通俗易懂。尤其是每个项目的知识拓展部分，让学生在知道其然的同时，也知道其所以然。本书在编写的过程中提供了大量的源代码，这些代码都是经过运行调试的，为学生提供了非常便捷的掌握ASP技术的通道。

本书共分为9个项目。项目1讲述电子商务网站的整体策划，从电子商务网站的概念、分类和功能以及电子商务网站的规划等方面展开论述。项目2为电子商务网站搭建了运行环境，详细介绍了IIS服务器的配置以及如何利用Dreamweaver创建ASP网页。项目3主要介绍网站数据库的建立和使用，从数据库的基本知识入手，介绍了Access数据库的创建，并且介绍SQL语言的基本知识。项目4主要介绍电子商务网站的注册登录模块的详细制作过程。项目5介绍了电子商务网站中商品管理及展示模块的制作。项目6详细介绍新闻发布系统的设计和制作。项目7制作网站留言板系统。项目8主要介绍电子商务网站订单处理系统。项目9介绍如何发布和管理电子商务网站。全书内容讲解了一个网上购物系统的完成过程，翔实生动，紧扣主题。

本书每个项目都是以“项目概述”引出问题，然后以“任务实施”驱动每个任务的制作，在任务制作完成后还有“知识拓展”帮助读者了解对于网站制作有用的基础知识，最后，每部分后面还配以课后习题，帮助学生巩固所学知识。

本书由陕西工业职业技术学院的李海平担任主编，陕西科技大学的刘伟玲、陕西工业职业技术学院的王化冰、孙宏樽担任副主编。项目1、2、9由刘伟玲编写，项目3、4由李海平编写，项目6、7、8由王化冰编写，项目5由孙宏樽编写。陕西科技大学的杨君岐教授担任主审。本书的面市，除了编著者的努力之外，在编写过程中还得到了李选芒副教授、杨君岐教授和王冠宁老师等多位专家、教授的指导和帮助，同时还参考了国内外部分新的研究成果，并借鉴了国内外部分教材、成功网站的资料数据。在此，谨向给予我们支持和帮助的单位与个人表示诚挚的感谢。

由于我们水平有限，加之编写时间仓促，书中难免有疏漏或不妥之处，恳请读者批评、指正。

作　者

2012 年 6 月

目　录

项目 1 电子商务网站的整体策划

随着计算机网络技术和商贸业务的发展，电子商务活动已经渗透到企业、银行、运输、税务等各个行业并涉及众多的个人用户，所以，电子商务将是未来企业生存的主流方式之一。在电子商务系统中，电子商务网站是最基础的建设，在 Internet 上建立商务网站是电子商务主要的实现形式之一，不具备网上交易能力的企业就意味着放弃了广阔的市场，将无法在未来的市场竞争中占据优势。不论是较低层次的电子商务还是最高层次的电子商务，都需要基于一个平台，即电子商务平台，该平台的核心就是电子商务网站。本项目将围绕电子商务网站的整体策划展开论述，让学生对电子商务网站有一个整体的认识。

任务 1 电子商务网站的功能及分类

由于电子商务网站在电子商务系统中的重要地位，本任务将从电子商务网站的概念，功能以及分类等方面对电子商务网站进行全面、详细的讲解，使学习者对于电子商务网站有初步的了解。

子任务 1 电子商务网站概述

1. 电子商务网站的概念

关于电子商务网站，迄今尚没有明确的定义。对于企业来讲，它好像是“工厂”、“公司”、“经销商”；对于商家来讲，它好像是“商店”、“商场”、“门市部”，对于政府机构来讲，它好像是”宣传栏”、“接待处”或“办公室”等。在电子商务中，网站是其拥有者与用户交流及沟通的窗口，是买方和卖方信息交汇与传递的渠道，是企业展示其产品与服务的舞台，是企业体现其企业形象和经营战略的载体等。企业及政府机构实施电子商务，必须要建立网站或借助其他商务网站，否则电子商务的交易是不可能实现的。因此，可以简单地讲，电子商务网站是企业开展电子商务的基础设施和信息平台，是实施电子商务的公司或商家与服务对象之间的交互界面，是电子商务系统运转的承担者和表现者。

电子商务网站在软、硬件基础设施的支持下，由一系列网页、编程技术和后台数据库等构成，具有实现电子商务应用的各种功能，可以起到广告宣传、经销代理、银行与运输公司中介以及信息流运动平台等方面的作用。

作为一个企业，建立了自己的电子商务网站，就好像对外设立了一个门户，不仅有利于企业树立自己的网上品牌，宣传企业形象，在 Internet 上开展电子商务业务，而且有助于企业从长远发展和竞争战略高度来思考与制定未来的发展目标和经营策略。通过这个门户，企业可以为合作伙伴和客户等提供访问企业内部各种资源及向外发布各种信息的窗口；能增加与客户的接触点，有助于企业提供更高水平的客户服务和提高用户忠诚度的个性化服务；可以使客户更方便、更快捷地购物、付款和交付，减少流通环节的开支，增加企业效益；有利于企业发展“供应链网络”，以实现“零库存”，并且可以提高企业工作效率，减少管理费用。

2. 电子商务网站的主要功能

电子商务网站的功能关系到电子商务业务能否具体实现，关系着企业对用户提供的产品和服务项目能否正常开展，关系到用户能否按照企业的承诺快速地完成贸易操作。因此，电子商务网站功能的设计是电子商务实施与运作的关键环节，是电子商务应用系统构建的前提。由于企业生产与经营目的的差异，在网上开展电子商务的业务也是不尽相同的，所以，每一个电子商务网站在具体实现功能上是有区别的。

（1）企业形象宣传。这是一个非常重要的功能。对于目前大多数企业来说，电子商务业务的开展还处于初始阶段，因此，抢占未来商业竞争的制高点，建立自己的商务网站并率先打造与树立企业形象，是企业利用网络媒体开展业务的最基本的出发点。此功能应该是很容易实现的，但是却很难获得用户普遍的认可。

（2）产品和服务项目展示。这是一个基本且十分重要的功能。利用网络媒体进行产品的推销，无疑使企业多了一条很有前途的营销渠道。

（3）商品和服务订购。这是实现用户在线贸易磋商、在线预订商品、网上购物或获取网上服务的业务功能，提供全天候 24 小时的随时交易。该功能不仅依赖于技术的设计与实现，更依赖于网站主体在设计时从简化贸易流程和便于用户运用的角度去构思。

（4）转账与支付、运输。这是体现资金流、物流信息活动的功能。

（5）信息搜索与查询。这是体现网站信息组织能力和拓展信息交流与传递途径的功能。当网站可供客户选择的商品与服务和发布的信息越来越多时，逐页浏览式的获取信息的途径，显然已无法满足客户快速获得信息的要求，因此，商务网站如何提供信息搜索与查询功能，如何使客户在电子商务数据库中轻松而快捷地找到需要的信息，是电子商务网站能否使客户久留的重要因素。由于电子商务数据库比一般的数据库复杂，所以该功能的实现，除了运用比较先进的信息存储与检索技术外，还要充分地考虑商务交易数据的复杂性。

（6）客户信息管理。这对反映网站主体能否以客户为中心、能否充分地利用客户信息挖掘市场潜力具有重要利用价值。随着市场竞争的加剧，利用网络媒体和电子商务手段及时地获取与处理客户信息已经越来越重要了，并逐步在企业中形成共识。

（7）销售业务信息管理。完全的电子商务网站还要包括销售业务信息管理功能，从而使企业能够及时地接收、处理、传递与利用相关的数据资料，并使这些信息有序且有效地流动起来，为组织内部的 ERP、DSS 或 MIS 等管理系统提供信息支持。该功能依据商务模式的不同，包括的内容也是有区别的。如分公司销售业务管理功能应包括订单处理、销售额统计、价格管理、货单管理、库存管理、商品维护管理和客户需求反馈等；经销商销售业务管理功能应包括订单查询、处理、进货统计和应付款查询等；配送商销售业务管理功能应包括库存查询、需求处理、收货处理和出货统计等。

（8）新闻发布、供求信息发布。包括新闻的动态更新、新闻的检索、热点问题追踪以及行业信息、供求信息和需求信息的发布等。

3. 电子商务网站的类型及持点

目前，电子商务网站的种类可作如下划分：

（1）按开办者分类。

按照开办者的不同，电子商务网站可以分为两类：生产型商务网站和流通型商务网站。

1）生产型商务网站。这一类商务网站是由生产产品或提供服务的企业设立，主要用以宣传推广其产品和服务。这是一种生产企业直接在其网站上开展在线销售的商务网站。这种商务网站页面设计较实用，主要特点是信息量大，并提供大额订单。企业员简单的商务网站形式是在自己网站的产品页面上附上订单，浏览者如果对产品比较满意，可直接在页面上下订单，然后汇款、企业付货，完成整个销售过程。

2）流通型商务网站。这类商务网站是由流通企业设立的。流通型商务网站是商务网站的主要存在形式。

这种商务网站一般都有关于所售产品的介绍，以使顾客更好地了解产品的用途，从而促使顾客购买。这种商务网站着重于对产品和服务的全面介绍，较好地展示产品的外观和功能，商务网站的页面制作精美，动感十足，很容易吸引浏览者，起到较好的广告及为产品和服务促销的效果。这种商务网站一般都充分利用网络的优越性，在商务网站中直接提供了订单（或购物车订货系统），为顾客提供了最大的购物便利。这些商务网站里货物琳琅满目，产品品种众多。当然这也使浏览有些不便，不过这种商务网站一般都会提供产品的查询服务，来方便顾客查找所需要的产品，这也是流通型商务网站的一大特色。

（2）按销售产品范围分类。

按照销售产品范围的不同，电子商务网站可以分为销售单一产品的商务网站和销售各类产品的商务网站。

1）销售单一产品的商务网站。这类商务网站一般只销售一种产品，这种类型的商务网站的优点是对销售的单一产品能够进行详尽的介绍。因为只销售一种产品，所以商务网站能够有足够的时间和精力来安排并制作这种网上产品的介绍，做到精益求精。这种商务网站适用于某种产品的生产厂家或代理商在 Internet 上开办该产品的网上销售业务。在销售该产品的同时，又起到了发布该产品广告的作用。

2）销售一类产品的商务网站。这种商务网站一般是销售相关的某一类产品，例如，网上花店和网上书店等。这类商务网站由于销售一类产品，因而为顾客提供了更多的购买选择，增加了产品的销售机会，同时也增加了商务网站的获利机会。这种商务网站能够满足顾客的某一方面的消费需求，也能够招揽有相关消费需求的顾客。这种商务网站里摆放的是同一类产品，就如同专卖店一样，能够方便顾客挑选产品，使顾客容易挑到满意的产品。

3）销售各类产品的商务网站。这种商务网站就如同入百货商场，产品品种齐全。当然货架也要分门别类。由于这种商务网站销售的产品多种多样，所以适合有各种消费需求的顾客光顾，因而容易吸引顾客，也就增加了产品的销售机会。总之，这种商务网站兼有以上两种商务网站的优点，利于实现网上创收，但前期投入大，需要大量的人力和物力，这就成为限制其发展的一个重要因素，所以，在建立这种商务网站前应仔细考虑。

（3）按商务目的和业务功能分类。

按照商务目的和业务功能的不同，电子商务网站可以分为商务网站、客户服务型商务网站和完全电子商务运作型网站。

1）基本型商务网站。这种类型商务网站建立的目的是通过网络媒体和电子商务的基本手段进行公司宣传和对客户进行服务。适用于小型企业、以及想尝试网站效果的大、中型企业。其特点是：网站构建的价格低廉，性能价格比高，具备基本的商务网站功能。该类型商务网站可以搭建在公众的多媒体网络基础平台上或外包给专门公司来构建，其成本比自己构造还要低。

2）宣传型商务网站。这种类型商务网站建立的目的是通过网站宣传产品和服务项目，提升公司形象、扩大品牌影响，拓展海内外潜在市场。适用于各类企业，特别是已有外贸业务或意欲开拓外贸业务的企业。其特点是：具备基本的网站功能，突出企业宣传效果。一般是将网站构建在具有很高知名度和很强伸展性的网络基础平台上，以便在未来的商务运作中借助先进的开发工具和增加应用系统模块升级为客户服务型或完全电子商务运作型网站。

3）客户服务型商务网站。这种类型商务网站建立的目的是通过网站宣传公司形象与产品，达到与客户实时沟通及为产品或服务提供技术支持的目的，从而降低成本，提高工作效率，适用于各类企业。其特点是：以企业宣传和客户服务为主要的功能。可以将网站构建在具有很高知名度和很强伸展性的网络基础平台上，如果有条件，也可以自己构建网络平台和电子商务基础平台。该类网站通过简单的改造即可以升级为完全电子商务运作型网站。

4）完全电子商务运作型网站。这种类型商务网站建立的目的是通过网站宣传公司整体形象并推广产品及服务，实现网上客户服务和产品在线销售，为公司直接创造利润以及提高竞争力。适用于各类有条件的企业。其特点是：具备完全的电子商务功能，可以实现宣传公司形象、客户服务和电子交易等功能。

4. 企业建立网站的优势

在当前，很多企业纷纷建立自己的网站，但由于对网站的认识还不够深入，多数企业并不知道自己有没有必要建立网站，建立网站到底会给企业带来什么好处。需要指出的是，企业不能盲目地建立网站，建立网站前需考虑几方面的因素。

首先，电子商务未必一网就赢。

建立电子商务网站，并不意味着企业一网就赢，关键是要策划好在网上开展业务的一系列配套的服务措施。例如客户问题的处理、物流的配送以及信息流的加工反馈等各项服务细节，不然就达不到预期的效果。因为虽然电子商务借助于网络这一虚拟平台营造一个全新的、开放式的、不断变化的以及打破时空和地域界限的商务环境，但这并不等于对众多商户、用户的服务就已经完善，更不能因网络的方便忽略了对商户、用户的服务，而是需要企业提供同样优质的服务。服务对于商户、顾客来说，比价格、产品、技术、功能和品牌等因素更为关注。所以，在电子商务环境下，服务仍是经典不变的经营理念，是经营的重要制胜法宝之一。

其次，电子商务首先是商务。

电子商务，首先是商务，其次才是电子。没有电子技术支撑的商务最终是要被市场抛弃的，而没有商务业务支撑的电子网站如同建立在沙漠上的大厦一样危险。因此，必须在电子商务网站技术优势的基础上，充分发挥原来传统商务环境的各种特长，狠抓商品的各个流通环节。这样参与网络经济，可谓如虎添翼。但是前一段时期，许多IT企业，纷纷涉足于电子商务行业。尤其是IT行业的年轻人，多则十多人、二十人，少则数人合伙匆匆地组建电子商务网站来淘金。由于他们组建的不是产品自销型网站，没有传统名牌的产品为依托，其目的又不是为传统产业服务，为提高企业的竞争能力而运作，因而就得不到企业在人力、物力和财力上的支持。另外，他们若组建超市型的网站，也因他们的年龄和经历所限，所以没有固定的供货渠道、丰富的经营经验以及集市式买卖的品牌知名度来吸引顾客，再者，他们更没有经济能力去建造免费午餐式的咨询服务型的网站。为了网站的生存，就只能靠网站的宣传广告或会员费等收入来维持整个网站的运转。当然有些网站也得到国内外一些风险资金的支持，但平日的收入很少，入不敷出，终会坐吃山空，所以许多网站纷纷倒闭或出卖。据有关统计，倒闭网站约占全部网站总数的 60%～80%，数量相当惊人。这就是当今媒体及人们经常议论的网络经济泡沫现象……

为什么会出现网络经济的泡沫现象？有些非 IT 企业也进军电子商务，结果却负债累累……这些现象的出现，不足为奇。主要是经营管理的决策者们，把网站建立起来后，没有进一步把企业经营策略、具体的经营手段结合到网络的无时间、无国界限制的优势中去，没有在电子商务筹建时就考虑网站建成后的商务运作。一旦网站建好后，在保证网站安全运转的前提下，重要的工作就是如何在网络这一优势下，采取有力的措施加速商务的拓展，以提高企业的经济效益。

第三，电子商务与内部网络信息化兼顾并举。

发达国家的电子商务的历程首先起步于企业内部网络化——即先实现企业内部局城网信息化，然后才是借助于互联网在全世界的普及而壮大。但是，当我国的企业开展电子商务时，已不容许按部就班地照走外国人走过的旧路，而是要采取“全面规划，统筹安排，分步实施，滚动发展，全面整合集成”的举措去实施企业的信息化与电子商务的战略，实现跨越式的发展，借电子商务的契机把企业内部的信息化同步搞好。

第四，因地制宜地开展电子商务。

搞电子商务不能看到别人上马自己也就盲目地跟着上马，必须根据企业的实际情况．决定何时及如何上马。小的企业，不必自己去建立一个网站，可以把自己的资料信息挂建在世界著名的网站上，借鸡生蛋，同样可以达到目的。经过分析后觉得完全有必要自己建立网站，硬件也可以租借国内公司酌计算机和磁盘空间来实现，这样，可以减少经济开支。另外电子商务的软件开发，可以外包给社会上的IT公司，但珍贵的数据、客户资料的管理就不能外包，要自己组织力量整理保管好，这是将来电子商务运作的最宝贵资料。此外，社会上的中小企业，人力、财力都有限，难以高薪聘请电子商务方面的专门人才，更难以组织一批专门人才建立电子商务的开发机构，所以外包电子商务软、硬件开发工程，可以节约中小企业有限的财力资源，用较少的费用就可拥有电子商务开发商所提供的先进技术和良好的专业服务，从而提高企业的整体效益。

第五，筹集资金启动电子商务。

资金的筹备和投入预算也是上网前先要考虑的问题。在项目启动之前，应聘请电子商务公司和本企业的网络工程技术人员以及财务力面的专家，对电子商务投入运营的规模和效益的回报做出整体规划，从规划中预算出设备、网络线路和软件开发等费用，然后筹备资金（自有资金或银行贷款），并在电子商务工程的进展中实行质量监控。

前面介绍了企业建立网站前需考虑的几个因素。可以说，建立企业网站，通过网站对外宣传和交流商务信息是中国企业进行电子商务的基础和突破口。因此企业建立网站可谓是“形势所迫”，具体地说，企业建立网站具有如下优势：

（1）抢占新世纪发展的战略据点。

Internet在以惊人的速度迅速发展，已覆盖全球170多个国家和地区，用户超过3亿。目前全球平均每个月有6万家企业在Internet上建站。在中国，企业建站风起云涌。无论从事哪种经营的企业，都将无法忽视Internet上广阔的市场。

（2）建立新的企业形象。

网站是一种最便宜和最好的宣传工具，只要将企业的网址印在业务人员的名片上，就可以使任何具有上网条件的人随时了解公司的最新信息。企业的形象已不再由规模、实力、人数、业绩、信誉和历史等因素决定，而正在由一套新的规则所替代，如规范、快捷、方便、亲切、美感、专家咨询、全球性比较、个性化比较和交互式使用等。所以，“大者恒大屈者恒强”就不再适用，大批中小企业与各类大型企业此时在同一个起跑线上。目前，很多企业网站投入大量的人力、物力，将自己的站点变为一个代表行业发展趋势的“行业站点”，其用意非常明显，就是要提高公司知名度，制造在行业中的品牌效应。

（3）直接开展24小时网上营销。

电话、电报、传真和电传是传统的推销产品或提供服务的通讯联络手段，而利用网站可以更生动、直观及更廉价地向更广范围的人们推销产品或提供服务，而且是24小时不间断地工作。能够在网上进行商品直销，对任何企业来讲都是一个难以抗拒的诱惑。但是作为一个可信的被咨询者，我们应当看到并不是所有的商品都适合在网上进行销售。

据统计，书刊和计算机软件仍是网络世界中的热卖商品。“通过网站，将店铺开到顾客家中；通过网络，将商品送到顾客手中”已经成为一种被普遍接受的营销方式。

（4）高效廉价的定向宣传。

在Yahoo中随便键入一个非常生僻的技术术语，会发现搜寻结果却是数以千计，即使是非常专业的细分市场，也会找到同行和潜在客户。在网上加入专业贸易协会、新闻组、邮件清单，会发现许多共同的热门话题或是鲜为人知的产品或服务。

子任务2　电子商务网站规划与设计的一般原则

无论是电子商务网站，还是其他类型网站的成功都取决于网站所具备的基本原则。例如，成功的商业站点，必须能够把站点的业务需求、Internet技术以及网站的美术设计很好地集成在一起，因此，一个电子商务网站的建立，既需要有懂得Internet技术的应用程序开发人员，也需要有公司的业务人员和专业美工的参与，离开任何一方，网站的建设都无从谈起。规划与设计一个成功的网站，至少应遵循以下几条基本原则。

1. 明确建立网站的目标和用户需求

网站是在Internet上宣传和反映企业形象及文化的重要窗口。因此，首先必须明确设计网站的目的，尤其对于电子商务网站，明确自己建立网站的目的，将有助于网站的设计工作。其次网站用户需求分析是非常关键的一个环节，只有明确谁是网站的用户和潜在用户，用户真正的需求是什么，兴趣何在，你才能做到有的放矢。只有让你的网站吸引你的目标用户并用你所提供的信息留住他们，你的网站才可能取得成功。

2. 总体设计方案主题鲜明

在目标明确的基础上，完成网站的构思创意，即总体设计方案。对网站的整体风格和特色进行定位，规划网站的组织结构。充分利用一切手段表现网站的个性和情趣，办出网站特色。要做到主题鲜明突出，力求简洁，要点明确，以简单、朴实的语言和画面体现站点的主题，吸引对本站点有需求的人的视线。

3. 安全快速访问

我们知道，网页的传送速度是网站能否留住访问者的关键因素。如果20～30秒还不能打开一个网页，一般人就会没有耐心。快速访问的首要前提是有足够的带宽，如何利用现有网络资源在不增加成本的前提下为用户提供更快的数据传输速率已成为各设备制造商和服务提供商不断追求的目标。其次，尽可能保证页面简单而明确，以确保页面传送的速度。

4. 网站内容及时更新

网站信息必须经常更新。一个好的企业网站，不是一次性制作完美就可以了，由于企业的情况在不断地变化，网站的内容也需要随之调整，给人常新的感觉，网站才会更加吸引浏览者。而且在给访问者良好印象的同时，信息的及时更新也便于客户和合作伙伴及时地了解企业的详细状况，企业也可以及时得到相应的反馈信息，以便做出合理的处理。如果参观网站的访问者每次看到的网站都是一样的，那么他们日后还会来吗？每次更新的网页内容尽量要在主页中提示给浏览者。由于网站内容的结构一般都是树形结构，所有文章都包含在各级板块或栏目里。因此，如果每次更新的网页内容全都被改进了各级板块和栏目中，浏览者并不知道更新了哪些东西，让用户到板块或栏目中去查找，恐怕不是一个好的方法。所以在这种情况下，一定要在首页中显示最近更新的网页目录，以便于访问者浏览。

5. “三次单击”原则

网站设计中有一个非常著名的原则——“三次单击”，即访问者通过三次单击就可以找到相关信息。即使访问者找到的信息是不完全的信息，但至少他知道在三次单击内没有偏离正确的路径。因为网站若层次太多，这样会使有价值的信息被埋在层层的链接之后，很少有访问者有足够的耐心去找它，通常他们会在三次单击之后放弃。当然，如果网站规模特别庞大（有成千上万的网页），那么它的结构层次不会很浅。这种情况下一方面要尽量压缩网站的结构层次，另一方面可以通过提供网站的结构图的方式来帮助访问者尽快找到所需要的信息。

6. 网站的信息交互能力

网站的交互性是网站成功的关键。大多数网站虽然内容组织充实、设计风格各异，但都有一个共同点，那就是几乎每个主页的最下方都有一个相似的提示，即：如有问题请发邮件到某某信箱，有的则是电话或传真，除此之外，再没有其他方式能让用户与网站沟通了。这说明很多企业不过是把网站作为一个广告牌来使用，忽略了网站的交互特性，也挖掘出网站功能的广泛用途。企业要想让自己的网站富有吸引力，必须做到能让访问者或业务伙伴参与进来，树立网站的交互性，推出实用的网上服务措施。如装备在线会客功能，实现用户与网站之间的“一对一”实时交流，利用BBS带动人才、捕捉用户兴趣和爱好等。

7. 多平台策略

目前，网络用户采用的浏览器主要有两种，一种是 Internet Explorer 浏览器，另一种是 Netscape 浏览器。每一种浏览器都使用自己独特的方式解释 HTML 文档中的标记，所以大多数复杂的网页在这两种浏览器中有着不同的显示效果。通常，网站设计者解决这一问题的方法是在网页中注明对浏览器的要求，这是一个不太好的方法，这会使无法满足要求的浏览者感到不快。一般来说，所设计的网站在 Internet Explorer 和 Netscape 这两种浏览器中显示效果良好就可以了。因为使用其他浏览器的用户所占比例相对来说很小。

子任务 3　电子商务网站的构建流程

前面我们讲过企业建立网站有很多优势，无网站就没有什么电子商务可谈，企业网站建设不只是简单地做网页，或者利用网络提升广告效应，而是应该利用技术最大程度地实现企业开拓市场、增加赢利的经营目的，也就是说，网站建设是一个长期的系统工程，那么建立一个电子商务网站都有哪些工作要做，流程如何呢？本节我们就为大家介绍一下，一般来说，电子商务网站的建立，应遵循以下几个步骤。

1. 确定网站建设目标

在建设网站时，首先是要确定网站建设目标。对于电子商务网站来说，最基本的一条衡量标准就是“网站必须能吸引目标用户，并因此为企业带来利润”。一般情况下，企业建立电子商务网站不外乎有三个目的：市场营销、技术支持和产品销售。因此，目标规划对网站的建设与设计至关重要，它决定着你建设什么样的网站，如何建设网站，怎样确定网站的规模及主体内容等。

首先，要进行深入细微的市场调查，以确定网站的定位，明确网站的服务领域、服务对象及网站将提供的服务等。根据需求分析，确定网站的规模、主要功能及形式，估计网站访问量。其次是进行目标分析，制定网站的短期目标和长期目标。

2. 注册域名

在确定了网站建设的目标后，下一步工作就是注册域名。域名注册是在因特网上建立任何服务的基础。企业只有有了自己的域名才能让别人访问到，就像现实生活中开公司要起公司名一样，域名是企业网上信息、业务往来的基础，所以说域名是企业在因特网上的商标，也是企业在因特网上的门牌号码。关于域名的详细知识和申请注册方法我们将在本教材的第 2 章进行详细介绍。

3. 建设网站平台

注册域名之后，接下来的工作就是建立企业网站。我们已强调了域名对企业的重要性，但域名真正的价值更多的是通过网站体现出来的。如果企业仅注册了自己的域名而没有对应的网站，就如同现实社会中企业租了场地挂块牌子却不经营一样，在当今的信息时代，这简直是一种资源的极度浪费。任何公司，无论是自己拥有独立的服务器，还是租用虚拟主机，如果想进行电子商务，都要选择某种网络操作系统，在 Web 服务器上建设网络化的内外平台，设置自己的 www 发布系统、FTP 系统、电子邮件系统等。

4. 规划网站的内容并制作网页

网页是网络的对外表现形式，建立企业网站最重要的就是制作主页．我们在制作前主要考虑到站点的风格和想要实现的功能．根据目标做充分的准备，使站点基调符合用户的需要。一个网站的内容包括很多方面，但总的来说可以分为静态内容、动态内容以及网站的访问者信息等。最后根据具体确定的内容将要发布的信息以 Web 页面的形式制作好。主页的设计及制作将直接影响访问者的兴趣，一个好的主页会吸引很多的回头访问者。这就得要在网站内容、外观、栏目及功能上下功夫。

5. 网站的测试

在站点被提交发布之前，设计人员要全面测试每个 Web 页面和页面间的链接，利用清单修补。主要测试内容有：服务器稳定性及安全性测试，程序及数据库测试，网页兼容性的测试，浏览器、显示器测试，以及根据需要进行的其他测试。网站的测试既要由公司的内部人员又要由公司的外部人员来进行。测试网站能够让你有机会看清楚哪些页面在正常运行，哪些运行还存在问题。网站测试是将网站推向大众的必经之路，故在网站对外正式公开之前必须多次测试网站的运行情况。要知道，人们很难再次浏览曾给他们留下不满印象的网站，所以要尽可能让网站得到大多数用户的首肯。

6. 网站的发布和推广

现在需要特制作好的网页上传到 www 服务器上，让全世界的人都可以访问到，可以使用专门的上传软件，将相应的内容上传到指定位置，并对网页进行最后的修改、测试，保证网页能在网络上正常运行。网站建设完成后，网站推广工作便应该开始了。如果不进行主页宣传，其他人是很难找到你的主页的，那我们辛辛苦苦建设的网站就毫无价值了，因此我们必须利用各种方式及时宣传自己的主页。

7. 维护及更新网站

网站的建设可不是一劳永逸的，企业在不断发展，网站的内容也需要不断地更新和完善，让访问者有新鲜感，吸引住他们，同时也使访问者能够不断获得企业的最新信息。

更新网站内容包括不断充实原有的内容，在原有内容的基础上补充新元素，如开辟新的栏目、增加新的服务以及增加更多的互动元素，这样可以使便网络发挥更大的作用，从而吸引更多的用户。必要时还可以对网站的版面及内容进行改版，不断采用新技术更新和升级网页，使网页的访问更迅速，外观更漂亮，信息资源更丰富。

网站维护工作需做到专人专门维护。一方面要把企业、业界动态都反映在网站的主页中，让访问者感觉到这是一个在不断进取和发展的企业；另一方面，也要在网上收集相关资料，放置在网站上，吸引同类用户的兴趣。网站维护除了网站的安全外，还应包括访问数据的分析、页面的更新与检查、交互性组件的维护等。

网站的建设似乎是一个没有终点的过程，是一个不断前进的过程。事实也是如此，所有成功的网站都必须不断地、及时地进行更新维护，只有这样，才能使那些浏览网站的人们有新鲜感，同时使网站更加合乎潮流，跟上时代的发展和变化，而不至于沦为堆放广告的垃圾站，被人遗忘。

任务 2 电子商务网站的规划

我们知道一个成功的电子商务网站的建设是一个系统工程，如何通过你的网站在网上有效地宣传公司形象，介绍公司的产品和服务，进行网上促销，提高品牌知名度？如何有效地让你的潜在顾客先看到你的而不是竞争对手的网站，如何让你的网站引起目标客户的注意，使之为公司销售业绩的增长做出最大的贡献？举目四看，大多数网站缺乏灵魂、主旨，结构松散、混乱，原因就在于缺乏规划。在建立企业站点时，网站规划贯穿于网站建设的全过程，是网站建设员重要的环节，也是越容易被企业忽视的环节。

子任务1 目标规划

网站的目标规划就是要明确建立网站的目的和发展方向。通过全面的调研，明确网站服务领城，了解网站服务对象及他们的需求，以确定网站将能提供哪些服务等。

1. 调查研究

首先，进一步明确自己建立网站的目的。

企业要根据自己的产品、销售渠道和销售对象等情况，明确自己的网站是信息服务型、销售型、销售服务型还是综合型的、面向企业客户的网站和面向个体消费者的网站是完全不一样的，即使是面向个体消费者的网站，也并非都需要销售商品。而且并不是所有产品都适合在网上销售。比如，面向企业客户的网站的重点是其在企业间合作过程中的作用，而不要像面向消费者的网站那样千方百计去增加浏览率，例如可口可乐、柯达都没有在网上销售产品，网站只是它们树立形象，提供顾客服务的一个工具，是它们整体营销战略的一部分。再如，对在所谓“网上生存72小时”活动中大出风头的豆浆油条，网上销售可能至多只是一个辅助销售渠道。就连“雅虎”最初也不提供在线交易服务，它只提供信息检索，只是到了现在，才提供网上商场出租柜台的服务。

其次，了解你的目标市场。

你的客户是企业还是个体消费者，他们来自何处？他们信息化程度如何，经常上网吗？他们主要使用哪些语言？主要希望了解哪些信息？他们的购买水平如何？主要使用哪种浏览器？当然，最初建网站时，不可能了解得这么细致。网站内容需要随着对消费者了解的深入而逐步调整。比如，企业的顾客群体如果是喜欢新技术，受教育程度较高或经常使用Internet的，则电子商务成功的可能性就很高。此外Internet用户中男多女少也是考虑因素。“淘宝网”、“京东商城”、“亚马逊”网上销售成功的原因，首先在于其市场定位准确。

第三，明确自己的竞争优势。

你的网上、网下竞争对手（网上竞争对手可以通过搜索引擎查找）是谁？与他们相比你在商品质量、价格、服务、品牌、配送渠道方面有什么优势？竞争对手的优势你能否学习？如何根据自己的竞争优势来确定你的营销战略？

第四，你如何为客户提供信息？

你的网站信息来自在哪里？信息是集中到网站编辑部门更新、发布还是由各部门自行更新、发布？集中发布可能安全性好，便于管理，但信息更新速度可能较慢，有时还可能出现协调不力的问题。比如，某产品已经售缺，但网站编辑却不知道，仍在网上销售该产品。

第五，规划好收款与配送事宜。

如果你是一个销售型网站，顾客购买你的商品频率如何？你是否能接受货到付款或在线支付（如果购买频率高，最好能接受）？你的商品如何配送？配送的成本、时间如何？考虑到配送因素，你的商品是否还有竞争力？

第六，评估你的获利能力。

你的网站是单独的业务，还是传统业务？获利能力如何？

通过以上各个方面深入而细致的分析，最终让设计者在有比较的基础上策划出新的、能够让企业获得社会效益和经济效益的方案来。

2. 目标制定

目标的制定对一个企业网站的发展起着举足轻重的作用，通过以上调查分析，理解网站到底在企业发展中要起到何种作用，在短期相长期规划中达到怎样的功能。这样设计者才能在网站的整体规划中找到突破口，才能确定网页的内容、网站的功能。

由于不同类型和不同规划的网站所带的资源不同，所以一定要事先有大致的目标，基本上要确认网站的类型和规模，今后的投资即以此为依据。网络应用需求是推动网络技术发展的主要动力，网络设计不能闭门造车，需要及时把握市场的脉搏，熟知市场行情和网络的发展趋势，只有这样，才能使网站建设同市场的应用和发展相协调。

对在网上开展电子商务的公司或企业而言，其前期网站建设目标主要有如下几点：

（1）提升企业形象，宣传企业文化；

（2）发布企业产品、服务信息；

（3）收集客户反馈意见：

（4）网上市场调查；

（5）网上市场营销；

（6）网上客户服务；

（7）逐渐实施电子商务等。

其长期目标则是增加企业和客户的利益。

子任务2　可行性分析

可行性是指在当前的具体条件下，信息系统的研制工作是否已具备必要的资源及其他条件。创建网站之前的可行性分析工作很多，包括：是否有能力提供和更新 Web 页面内容、人员的组织、软硬件的选择、Web 页面的维护和测试、域名的注册、ISP 的选择、信息收集、Web 连接的组织和维护、搜索引擎的注册、防火墙的设置、根据 Web 服务器的访问记录寻找新的商机、确定 Web 站点需要提供哪些交互式应用、安排人员回答用户的网上咨询、数据库的选择、Web 页面发布策略、教育培训计划等。

针对这些任务，企业应该根据自己的实际情况确定哪些需要纳入实施计划，以及每项任务的时间、费用和人员安排等。

网站建设的可行性分析主要包括管理可行性分析、技术可行性分析和经济可行性分析三个方面。

（1）管理可行性分析。

管理可行性分析主要保证网站建设中所需要的人力资源，即组织人员可行性分析。很重要的一项工作就是进行组织结构调查与分析，确定哪些人应参与网站设计，这取决于网站的本质。如果仅是公司的某个部门或小组在建立网站时起领导作用，其结果是所建网站只反映了这个部门或小组的需要而忽略了其他部门或小组的需要。很长时间以来，MIS（Management Information System，即管理信息系统）部门负责公司网站的建设工作。这样的网站有一定的局限性，它容易忽略其他重要的部门，如市场部。因此，在网站建设中必须防止类似事件的发生。除了相关的业务部门主管和技术核心人物外，最为重要的莫过于主要的业务合作伙伴。企业必须让用户参与到网站建设过程中，倾听他们的意见，保证从始至终地与他们互相沟通。

（2）技术可行性分析。

技术可行性分析主要是指构建与运行电子商务网站所必需的硬件、软件及相关技术，是对电子商务业务流程的支撑分析。

随着信息技术的发展，电子商务技术也在不断地涌现，简单叙述一下几种电子商务技术员适合的一些应用领域。

1）EDI（Electronic Data Interchange）技术。以报文交换为基础的数据交换技术推动了世界贸易电子化的发展。在电子商务中 EDI 技术不仅用于单证和商贸文件的交换和传递，而且可以将结构化数据集成应用到客户关系管理（如使用客户订单采安装产品），与供应商及合作伙伴的商务交易等方面。

2）条形码技术。在电了商务中，该技术主要用于各种商品的迅速判定和识别以及客户身份的迅速判定与识别，并将这些数据信息集成到其他模块中。

3）电子邮件。在电子商务中，应用电子邮件技术可以为企业内部员工、客户及合作伙伴等提供实时信息交流、自由论坛、信息查询和反馈的平台。尤其是通过附加文档技术，不仅可以共享复杂的信息，加快信息的交流与共享，而且使远距离的协作更加方便快捷，缩短了信息传播的空间距离。

4）www 技术。在电子商务中，www 技术的应用可以分为基于 Internet 的应用和基于 Intranet 的应用。其中，基于 Internet 的应用主要有信息发布、信息浏览、信息查询和信息处理；基于 Intranet 的应用主要有信息发布、信息检索和信息处理。通过企业形象、产品、服务等信息的发行，达到宣传企业、推广其产品与服务的目的；通过信息的查询和检索，可以使用户从大量的商品数据源中检索到所需的信息，方便地实现电子化交易。

5）数据仓库和数据挖掘技术。在电子商务中，数据仓库和数据挖掘技术主要用于各种大量繁杂数据信息的存储与分析，提高数据处理的效率，降低企业信息成本，协助企业发现商务交易中存在的问题，寻找所展现出的未来竞争机会，为企业战略决策提供服务。

6）电子表格技术。在电子商务中，电子表格技术可以更好地以一种规范的格式管理有关的交易数据，在涉及许多人同时完成不同的任务时，可以跟踪整个过程，将人工输入的数据同机器本身具有的数据集成起来，通过集成 www 和内部系统促进电子商务的实施。

（3）经济可行性分析。

经济可行性分析主要是指构建与运行网站的投入与产出效益的分析。

1）网站费用。建设一个好的网站，必须有大量的资金投入。有许多网站因为费用预算的失误而被迫在刚刚起步不久就停滞不前。他们或者是低估了所需费用. 或者是把资金浪费在某些不重要的部分，因此网站建设费用的估算也是非常重要的。我们可以把网站的建设费用分为两大部分：

①正常的运行费用。包括：

- 域名费用。注册域名之后，每年需要交纳固定的费用以维持该域名的使用权。不同层次的域名收费也不同，目前普遍使用的费率是：国内域名每年需人民币 100 元；国际域名的费用随注册服务商的不同而有所不同，可以直接向服务商询问价格。
- 线路接入费用和合法 IP 地址费用。不同 IP，接入方式和速率下的费率有所差别，速率越高，月租费也越昂贵。IP 地址一般和线路一起申请。
- 服务器硬件设备。如果是租赁专线自办网站，还需要路由器、调制解调器、防火墙等接入设备及配套软件，采用主机托管或虚拟主机则可以免去这一部分的接入费用。

- 如果进行主机托管或租用虚拟主机，那么可能要支付托管费或主机空间租用费。
- 系统软件费用。包括操作系统、Web 服务器软件、数据库软件等。
- 开发费用。软硬件平台搭建好之后．必须考虑具体的 Web 页面设计库开发费用。
- 网站的市场推销和经营费用。包括为各种形式的宣传活动所支付的费用、为内容的授权转载而付出的赞用以及其他在网站经营过程中所付出的额外费用等。

②维护及更新费用。维护及更新费用主要指网站建成后期的平台维护及内容更新所发生的费用。网站的维护是个长期的过程，一些单位只考虑购买设备的费用，每年的维护费用却没有预算在内，结果出现买得起、用不起的局面。网站实际发生的正常运行费用是有限度的，但要维持一个网站，维护及更新费用却是无限的，最重要的一项是内容更新费用。一个网站办得好不好，关键在于内容更新的频率、知识含量的高低以及免费服务的项目，这部分费用是很昂贵的。目前我国网上知识产权的保护还很薄弱，这方面的管理加强后，发生的费用还要高。

2）网站收益。电子商务网站收益是指来源于网站运营的经济收入，途径主要有直接收益、间接收益和品牌收益。

①直接收益。直接收益是指电子商务网站通过网络运行一段时间后，所产生的明显经济效益。与传统的商业经营相比，网站的直接收益主要通过在线销售、网上信息或服务而获取。网站信息销售收入的来源主要有：

- 网站信息的收益。这类收益又可进一步分为浏览查询信息的收益，如数据查询、资料软件下载、娱乐欣赏等收费；宣传推介性信息的收益，如广告收入、企业宣传的收费、网上中介信息收费等。
- 网站功能的收益。这类收益又可进一步分为独立性功能收益，即按照用户要求通过网站自身提供的服务，如信息加工整理、统计、分析等所取得的收入；专门性功能收益，即通过网站实现的特定社会经济功能，如金融、证券、海关、税收、交易等所取得的收入。目前，电子商务网站的直接收益的实现手段有直接收费、上网卡收费、会员方式收费、金融系统代收费等。总体来看，由于电子支付的发展程度较低，电子商务网站的直接收益手段还不完善，但是直接收益是电子商务网站经营的基础，它是目前网络行业发展的瓶颈，也是未来网站经营的发展方向之一。

②间接收益。这类收益是指电子商务网站通过其相关业务而获取的收益。网络是一种高效的信息发布、信息处理和交流的工具，它渗透到社会经济和生活的各个方面．电子商务网站对相关业务的积极影响可以视为一种收益。目前，在电子商务网站的收益中，间接收益的比重较大，例如企业的宣传推介、网上采购、推销、业务推广、业务组织、经营管理等都属间接收益。

③品牌收益。网站的品牌收益是电子商务兴起初期的一个特点。不少电子商务网站把知名度、点击率作为网站运营的目标。与其他收益相比，品牌是一种更间接的收益方式。品牌既对网站有影响，又不能脱离网站的内容和功能而独立存在。由于网络行业自身的特点，其信息透明度很高，品牌相对其他传统行业的作用较低，因而电子商务网站的品牌收益实际上更多地取决于网站的内容和功能。

任务 3 电子商务网站的整体规划

子任务 1 网站的风格设计

风格（style）是抽象的，是指站点的整体形象给浏览者的综合感受。

这个“整体形象”包括站点的 CI（标志、色彩、字体、标语）、版面布局、浏览方式、交互性、文字、语气、内容价值、存在意义、站点荣誉等诸多因素。举个例子：我们觉得网易是平易近人的，迪斯尼是生动活泼的，IBM 是专业严肃的。这些都是网站给人们留下的不同感受。

风格是独特的，是站点不同于其他网站的地方。或者色彩，或者技术，或者是交互方式，能让浏览者明确分辨出这是你的网站独有的。例如网上购物系统（www.xywlxx.com）的黑白色，网易壁纸站的特有框架，即使你只看到其中一页，也可以分辨出是哪个网站的。

风格是有人性的。通过网站的外表、内容、文字、交流可以概括出一个站点的个性、情绪，是温文儒雅，是执著热情，是活泼易变，是放任不羁。像诗词中的“豪放派”和“婉约派”，你可以用人的性格来比喻站点。

有风格的网站与普通网站的区别在于：普通网站你看到的只是堆砌在一起的信息，你只能用理性的感受来描述，比如信息量大小，浏览速度快慢。但你浏览过有风格的网站后你能有更深一层的感性认识，比如站点有品位，和蔼可亲，是老师，是朋友。看了以上描述，你可能对风格是什么可能依然模糊。其实风格就是一句话：与众不同！

如何树立网站风格呢？我们可以分这样几个步骤：

第一，确信风格是建立在有价值内容之上的。一个网站有风格而没有内容，就好比绣花枕头一包草，好比一个性格傲慢但却目不识丁的人。你首先必须保证内容的质量和价值性。这是最基本的，无须置疑。

第二，你需要彻底搞清楚自己希望站点给人的印象是什么。可以从这几方面来理清思路：

1．如果只用一句话来描述你的站点，应该是：________

参考答案：有创意，专业，有（技术）实力，有美感，有冲击力

2．想到你的站点，可以联想到的色彩是：________

参考答案：热情的红色，幻想的天兰色，聪明的金黄色

3．想到你的站点，可以联想到的画面是：________

参考答案：一份早报，一辆法拉利跑车，人群拥挤的广场，杂货店

4．如果网站是一个人，他拥有的个性是：________

参考答案：思想成熟的中年人，狂野奔放的牛仔，自信憨厚的创业者

5．作为站长，你希望给人的印象是：________

参考答案：敬业，认真投入，有深度，负责，纯真，直爽，淑女

6．用一种动物来比喻，你的网站最像：________

参考答案：猫（神秘高贵），鹰（目光锐利），兔子（聪明敏感），狮子（自信威信）

7．浏览者觉得你和其他网站的不同是：________

参考答案：可以信赖，信息最快，交流方便

8．浏览者和你交流合作的感受是：________________

参考答案：师生，同事，朋友，长幼。

你可以自己先填写一份答案，然后让其他网友填写。比较后的结果会告诉你：你网站现在的差距，弱点及需要改进的地方。

第三，在明确自己的网站印象后，开始努力建立和加强这种印象。

经过第二步印象的的“量化”后，你需要进一步找出其中最有特色特点的东西，就是最能体现网站风格的东西，并以它作为网站的特色加以重点强化、宣传。例如：再次审查网站名称、域名、栏目名称是否符合这种个性，是否易记。审查网站标准色彩是否容易联想到这种特色，是否能体现网站的性格等。具体的做法没有定式，我这里提供一些参考：

（1）将你的标志logo，尽可能地出现在每个页面上，或者页眉，或者页脚，或者背景。

（2）突出你的标准色彩。文字的链接色彩，图片的主色彩、背景色、边框等色彩尽量使用与标准色彩一致的色彩。

（3）突出你的标准字体。在关键的标题、菜单、图片里使用统一的标准字体。

（4）想一条朗朗上口的宣传标语。把它做在你的banner里，或者放在醒目的位置，告诉大家你的网站特色是什么。

（5）使用统一的语气和人称。即使是多个人合作维护，也要让读者觉得是同一个人写的。

（6）使用统一的图片处理效果。比如，阴影效果的方向、厚度、模糊度都必须一样。

（7）创造一个你的站点特有的符号或图标。比如在一句链接前的一个点，可以使用,.。☆※○◇□△→（区位码里自己参看）等。虽然很简单的一个变化，却给人与众不同的感觉。

（8）用自己设计的花边、线条、点。

（9）展示你网站的荣誉和成功作品。

（10）告诉网友关于你的真实的故事和想法。

风格的形成不是一次定位的，你可以在实践中不断强化、调整和修饰，直到有一天，网友们写信告诉你：“我喜欢你的站点，因为它很有风格！”

创意（idea）是网站生存的关键，这一点相信大家都已经认同。然而作为网页设计师，最苦恼的就是没有好的创意来源。

注意，这里说的创意是指站点的整体创意，（因为这个创意而产生这个站点，或者相同的内容，推出的创意不同），网页的平面设计创意我将在后面的版面布局窍门里介绍。

创意到底是什么，如何产生创意呢？

创意是引人入胜，精彩万分，出奇不意的；

创意是捕捉出来的点子，是创作出来的奇招；

这些讲法都说出了创意的一些特点，实质上，创意是传达信息的一种特别方式。

比如Webdesigner（网页设计师），我们将其中的E字母大写一下：wEbdEsigEr，感觉怎么样，这其实就是一种创意！

创意并不是天才者的灵感，而是思考的结果。根据美国广告学教授詹姆斯的研究，创意思考的过程分五阶段：

（1）准备期。研究所搜集的资料，根据旧经验，启发新创意。

（2）孵化期。将资料咀嚼消化，使意识自由发展，任意结合。

（3）启示期。意识发展并结合，产生创意。

（4）验证期。将产生的创意讨论修正。

（5）形成期。设计制作网页，将创意具体化。

创意是将现有的要素重新组合。

比如，网络与电话结合，产生 IP 电话。从这一点上出发，任何人，包括你和我，都可以创造出不同凡响的创意。而且，资料越丰富，越容易产生创意。就好比万花筒，筒内的玻璃片越多，所呈现的图案越多。你如果有心可以发现，网络上的最多的创意来自与现实生活的结合（或者虚拟现实），例如在线书店，电子社区，在线拍卖。你是否想到了一种更好的创意呢？

创意思考的途径最常用的是联想，这里提供了网站创意的 25 种联想线索：

（1）把它颠倒　（2）把它缩小　（3）把颜色换一下

（4）使它更长　（5）使它闪动　（6）把它放进音乐里

（7）结合文字音乐图画　（8）使它成为年轻的　（9）使它重复

（10）使它变成立体　（11）参加竞赛　（12）参加打赌

（13）变更一部分　（14）分裂它　（15）使它罗曼蒂克

（16）使它速度加快　（17）增加香味　（18）使它看起来流行

（19）使它对称　（20）将它向儿童诉求　（21）价格更低

（22）给它起个绰号　（23）把它打包　（24）免费提供

（25）以上各项延伸组合

子任务 2　首页的设计

设计首页的第一步是设计版面布局。

就像传统的报刊杂志编辑一样，我们将网页看作一张报纸，一本杂志来进行排版布局。虽然动态网页技术的发展使得我们开始趋向于学习场景编剧，但是固定的网页版面设计基础依然是必须学习和掌握的。它们的基本原理是共通的，你可以领会要点，举一反三。

版面指的是浏览器看到的完整的一个页面（可以包含框架和层）。因为每个人的显示器分辨率不同，所以同一个页面的大小可能出现 640*480 像素、800*600 像素、1024*768 像素等不同尺寸。

布局，就是以最适合浏览的方式将图片和文字排放在页面的不同位置。

你可能注意到："最适合"是一个不确定的形容词，什么才是最适合的呢？抱歉的是笔者不能也不可能给你一个完整的正确的答案。就好比有人希望知道成功的秘诀是什么，成功者只能建议您用什么方法，什么途径才能最容易获得成功，而不可能有一步成功的"秘诀"告诉您。

让我们先来了解一下版面布局的步骤：

一、草案

新建页面就像一张白纸，没有任何表格，框架和约定俗成的东西，你可以尽可能地发挥你的想象力，将你想到的"景象"画上去（我们建议您用一张白纸和一支铅笔，当然用作图软件 Photoshop 等也可以）。这属于创造阶段，不讲究细腻工整，不必考虑细节功能，只以粗陋的线条勾画出创意的轮廓即可。尽你的可能多画几张，最后选定一个满意的作为继续创作的脚本。

二、粗略布局

在草案的基础上，将你确定需要放置的功能模块安排到页面上（注：功能模块我们在“首页设计－引子”中提过，主要包含网站标志、主菜单、新闻、搜索、友情链接、广告条、邮件列表、计数器、版权信息等）。注意，这里我们必须遵循突出重点、平衡谐调的原则，将网站标志、主菜单等最重要的模块放在最显眼、最突出的位置，然后再考虑次要模块的排放。

三、定案

将粗略布局精细化，具体化（靠你的智慧和经验，旁敲侧击多方联想，才能作出具有创意的布局）。

在布局过程中，我们可以遵循的原则有：

（1）正常平衡。亦称“匀称”。多指左右、上下对照形式，主要强调秩序，能达到安定诚实、信赖的效果。

（2）异常平衡。即非对照形式，但也要平衡和韵律，当然都是不均整的，此种布局能达到强调性、不安性、高注目性的效果。

（3）对比。所谓对比，不仅利用色彩、色调等技巧来表现，在内容上也可涉及古与今、新与旧、贫与富等对比。

（4）凝视。所谓凝视是利用页面中人物视线，使浏览者仿照跟随的心理，以达到注视页面的效果，一般多用明星凝视状。

（5）空白。空白有两种作用，一方面对其他网站表示突出卓越，另一方面也表示网页品位的优越感，这种表现方法对体现网页的格调十分有效。

（6）尽量用图片解说。此法对不能用语言说服、或用语言无法表达的情感，特别有效。图片解说的内容，可以传达给浏览者更多的心理因素。

以上的设计原则，虽然枯燥，但是我们如果能领会并活用到页面布局里，效果就大不一样了。比如：

- 网页的白色背景太虚，则可以加些色块；
- 版面零散，可以用线条和符号串联；
- 左面文字过多，右面则可以插一张图片保持平衡；
- 表格太规矩，可以改用导角试试。

经过不断地尝试和推敲，你的网页一定会亮丽起来。

看看我们经常用到的版面布局形式：

（1）“T”结构布局。所谓“T”结构，就是指页面顶部为横条网站标志+广告条，下方左面为主菜单，右面显示内容的布局，因为菜单条背景较深，整体效果类似英文字母“T”，所以我们称之为“T”形布局。这是网页设计中用得最广泛的一种布局方式。

这种布局的优点是页面结构清晰，主次分明，是初学者最容易上手的布局方法。缺点是规矩呆板，如果细节色彩上不注意，很容易让人“看之无味”。

（2）“口”型布局。这是一个象形的说法，就是页面一般上下各有一个广告条，左面是主菜单，右面放友情链接等，中间是主要内容。

这种布局的优点是充分利用版面，信息量大（我的主页首页即属于这种布局）。缺点是页面拥挤，不够灵活。也有将四边空出，只用中间的窗口型设计，例如网易壁纸站。

（3）“三”型布局。这种布局多用于国外站点，国内用得不多。特点是页面上横向两条色块，将页面整体分割为四部分，色块中大多放广告条。

（4）对称对比布局。顾名思义，采取左右或者上下对称的布局，一半深色，一半浅色，一般用于设计型站点。优点是视觉冲击力强，缺点是将两部分有机地结合比较困难。

（5）POP 布局。POP 引自广告术语，就是指页面布局像一张宣传海报，以一张精美图片作为页面的设计中心。常用于时尚类站点，比如 ELLE.com。优点显而易见：漂亮吸引人。缺点就是速度慢。作为版面布局还是值得借鉴的。

以上总结了目前网络上常见的布局，其实还有许许多多别具一格的布局，关键在于你的创意和设计了。对于版面布局的技巧，这里提供四个建议，可以自己推敲：

（1）加强视觉效果；

（2）加强文案的可视度和可读性；

（3）统一感的视觉；

（4）新鲜和个性是布局的最高境界。

子任务 3　网站 LOGO 设计

LOGO 的应用一直是 CIS 导入的基础和最直接的表现形式，其重要性是不言而喻的，网络标识的设计尤其如此。

一、标识的职能

作为独特的传媒符号，标识（LOGO）一直成为传播特殊信息的视觉文化语言。具信，最早的符合 CIS 精神的标识实例，是 2433 年前陪葬我国楚地的曾侯乙的一只戟上的“曾”字型图标。无论从古时繁复的欧式徽标、中式龙文，到现代洗练的抽象纹样、简单字标等都是在实现着标识被标识体的目的，即：通过对标识的识别、区别、引发联想、增强记忆，促进被标识体与其对象的沟通与交流，从而树立并保持对被标识体的认知、认同，达到高效提高认知度、美誉度的效果。作为时代的前卫，网络 LOGO 的设计，更应遵循 CIS 的整体规律并有所突破。

二、网络 LOGO 设计的基本应用原理

在网络 LOGO 设计中极为强调统一的原则。统一并不是反复某一种设计原理，应该是将其他的任何设计原理，如主导性、从属性、相互关系、均衡、比例、反复、反衬、律动、对称、对比、借用、调和、变异等设计人员所熟知的各种原理，正确地应用于设计的完整表现。统一也可解释为，共通以上所述各原理，而更高、更概括、更综合的原理。

构成 LOGO 要素的各部分，一般都具有一种共通性及差异性，这个差异性又称为独特性，或叫做变化，而统一是将多样性提炼为一个主要表现体，称为多样统一的原理。统一在各部分的要素中，有一个大小、材质、位置等具有支配全体的作用的要素，被称为支配。精确把握对象的多样统一并突出支配性要素，是设计网络 LOGO 必备技术因素。

网络 LOGO 所强调的辨别性及独特性，导致相关图案字体的设计也要和被标识体的性质有适当的关联，并具备类似风格的造型。

网络 LOGO 设计更应注重是一种对事物张力的把握，在浓缩了文化、背景、对象、理念及各种设计原理的基调上，实现对象最冲动的视觉体现。也可以理解为一种最受制约的冲动，在任何方面的张力不足的情况下，精心设计的 LOGO 常会因为不理解、不认同、不现实、不前卫、不艺术、不朴实等相互矛盾的理由而被用户拒绝或为受众排斥、遗忘。所以恰到好处地理解用户及 LOGO 的应用对象，是少做无用功的不二法门。不考虑国情和用户的认识水平，对自身设计能力估计不足都是要不得的。

三、网络 LOGO 的表现形式

作为具有传媒特性的 LOGO，为了在最有效的空间内实现所有的视觉识别功能，一般是通过特示图案及特示文字的组合，达到对被标识体的出示、说明、沟通、交流，从而引导受众的兴趣，达到增强美誉、记忆等目的。

表现形式的组合方式一般分为特示图案、特示字体、合成字体。

1. 特示图案

属于表象符号，独特、醒目、图案本身易被区分、记忆，通过隐寓、联想、概括、抽象等绘画表现方法表现被标识体，对其理念的表达概括而形象，但与被标识体关联性不够直接，受众容易记忆图案本身，但对被标识体的关系的认知需要相对较曲折的过程，但一旦建立联系，印象较深刻，对被标识体记忆相对持久。

所以，对持久记忆要求高时应设计良好的特示图案形象，较好的设计如苹果公司的牙印苹果，对图案 LOGO 的面向推广的各种要素都把握得恰到好处，另外一些情况下，希望在较短期限内建立形象的，还应该设计相应的吉祥物，以类似苹果这样耳熟能详的概念，强化沟通和理解。

在现代精神快餐的时代，朗讯的红圈也在成为时尚。不过这类设计在国内还只有设计公司的网站才能接收吧，但有线电视的一个最新的影视综艺节目的 LOGO 就出现了螺旋型的朗讯红圈，可叹借鉴时大胆有余，创意不足了。

2. 特示文字

属于表意符号。在沟通与传播活动中，反复使用的被标识体的名称或是其产品名，用一种文字形态加以统一。涵义明确、直接，与被标识体的联系密切，易于被理解和认知，对所表达的理念也具有说明的作用，但因为文字本身的相似性易模糊受众对标识本身的记忆，从而对被标识体的长久记忆发生弱化。

所以，特示文字一般作为特示图案的补充，要求选择的字体应与整体风格一致，应尽可能做全新的区别性创作。

完整的 LOGO 设计，尤其是有中国特色的 LOGO 设计，在国际化的要求下，一般都应考虑至少有中英文双语的形式，要考虑中英文字的比例和搭配，一般要有图案中文、图案英文、图案中英文及单独的图案、中文、英文的组合形式。有的还要考虑繁体、其他特定语言版本等。另外还要兼顾标识或文字展开后的应用是否美观，这一点对背景等的制作十分必要，有利于追求符号扩张的效果。

3. 合成文字

是一种表象表意的综合，指文字与图案结合的设计，兼具文字与图案的属性，但都导致相关属性的影响力相对弱化，为了不同的对象取向，制作偏图案或偏文字的 LOGO，会在表达时产生较大的差异。如只对印刷字体做简单修饰，或把文字变成一种装饰造型让大家去猜。其综合功能为：

（1）能够直接将被标识体的印象，透过文字造型让读者理解；

（2）造型后的文字，较易于使观者留下深刻印象与记忆。

四、网络 LOGO 的设计

古代皇家的纹章，有条件通过反复的识别性展示使受众了解其蕴涵的身份、地位、等级等属性，可以被设计得极尽繁复，但现代人对简洁、明快、流畅、瞬间印象的诉求，影响到标识的设计越来越追求一种独特的、高度的洗练，一些已在用户群中产生了一定印象的公司、团体为了强化受众的区别性记忆及持续的品牌忠诚，通过设计更独特、更易被理解的图案来强化对既有理念的认同。一些老牌公司就在积极更新标识，可口可乐的标识就曾几易其稿。

而一些追求受众快速认知的群体，就会强化对文字表达直接性的需求，通过采用文字特征明显的合成文字来表现，并通过现代媒体的大量反复来强化，保持易被模糊的记忆，如 INTEL 的 E 字简单位移构成的 LOGO 形式。

网络 LOGO 的设计中，大量采用合成文字的设计方式，如 YAHOO、AMAZON 等的文字 LOGO 和国内几乎所有 ISP，这一方面是网页寸屏寸金的制约，要求 LOGO 的尺寸要尽可能的小；另一方面是由于这些网站建设之初，一般缺乏优秀的形象设计师的参与，决策者多数为技术类人员，对直截了当、简洁明快有种直觉式的追求；而最主要的是网络的特性决定了仅靠对 LOGO 产生短暂清晰的记忆，通过低成本大量反复浏览，既可产生需要图形保持提升的那部分印象记忆。所以网络 LOGO 对于合成文字的追求已渐成网络 LOGO 的一种事实规范。

随着管理人员、设计人员、策划人员介入网络，更加高效的 LOGO 设计亦得到良好的探索。特别是一些设计网站对 LOGO 设计做了很多有意义的尝试。如针对网站 LOGO 的数字特性探索 LOGO 的 3D、动态表现方式等，其中比较共识的做法是，为保护 LOGO 作为整体形象的代表，只宜于在 LOGO 整体不做缺损性变形的条件下做动态变化，即只成比例放大、缩小、移动等，而不宜做翻滚、倾斜等变化，以保证对被标识体的严肃性的尊重，另外对既有 LOGO 制作 3D 的网络 LOGO，已经成为越来越普遍网络标识制作方案了。

五、网络 LOGO 的规范

设计 LOGO 时，面向应用的各种条件作出相应规范，对指导网站的整体建设有着极现实的意义。具体须规范 LOGO 的标准色，设计可能被应用的恰当的背景配色体系、反白，在清晰表现 LOGO 的前提下制订 LOGO 最小的显示尺寸，为 LOGO 制订一些特定条件下的配色，辅助色带等方便在制作 BANNER 等场合的应用。另外应注意文字与图案边缘应清晰，字与图案不宜相交叠。另外还可考虑 LOGO 竖排效果，考虑作为背景时的排列方式等。

一个网络 LOGO 不应只考虑在设计师高分辨屏幕上的显示效果，应该考虑到网站整体发展到一个高度时相应推广活动所要求的效果，使其在应用于各种媒体时，也能发挥充分的视觉效果，同时应使用能够给予多数观众好感而受欢迎的造型。

所以应考虑到 LOGO 在传真、报纸、杂志等纸介质上的单色效果、反白效果，在织物上的纺织效果、在车体上的油漆效果，制作徽章时的金属效果、墙面立体的造型效果等。

比较简单的办法之一是把标识处理成黑白，能正确良好表达 LOGO 涵义的即为合格。

- 色彩的搭配。
- 字体的设置和表格的嵌套。
- 字体的样式（style）。字体的样式有4种：正常体（Regular）、斜体（ITALIC）、粗体（Bold）、粗斜体（Bold Italic）。
- 字体的效果。这里指通过HTML语言设定可以直接显示的效果，在HTML里的语句设定为：
  <span style="text-decoration: overline">显示文字</span>
  其中，overline是指上划线效果。其他常用的效果还有：underline（下划线），uppercase（大写）等。
- 字体大小的控制。
- 字体超链接样式的设定。

上面已经介绍了字体在技术上的各个方面。有关字体的设计使用，目前还没有一个成熟的理论，下面是几条网页设计中字体的使用原则，仅供参考。

1）不要使用超过3种以上的字体。字体太多则显得杂乱，没有主题。

2）不要用太大的字。因为版面是宝贵及有限的，粗陋的大字体不能带给访问者更多信息。

3）不要使用不停闪烁的文字。想让浏览者多停留一会儿的话，就不要使用闪烁的文字。

4）原则上标题的字体较正文大，颜色也应有所区别。

表格的嵌套并不是表格处理最困难的地方，无论多复杂的版面，悉心琢磨一番总能找到解决的办法。

我们需要考虑的是：用什么样的嵌套排版方式使网页的下载速度达到最快。

我们知道，浏览器在读取网页HTML原代码时，是读完整一个table再将它显示出来。也就是说从<table>标签开始，要读到</table>标签时，才将表格中的内容显示在屏幕上。而且显示也有优先级，先读到的先显示。这样的话，如果一个大表格中含有多个子表格，必须等大表格读完，才能将子表格一起显示出来。

我们在访问一些站点时，等待多时无结果，按“停止”按钮却一下显示出页面就是这个原因。

因此，我们在设计页面表格的时候，应该做到：

（1）整个页面不要都套在一个表格里，尽量拆分成多个表格；

（2）单一表格的结构尽量整齐；

（3）表格嵌套层次尽量要少。

实验证明：越复杂，嵌套层次越多的表格下载速度越慢。

子任务4　功能及结构设计

基于前面描述，为了达到购物系统要求的最终成品，在此对系统的主要功能作一具体分析：

（1）用户登录管理：在用户登录时对其进行验证是否是授权用户。

（2）新用户注册：在有新用户注册时用户输入的信息进行检测是否存在错误。

（3）商品页面显示功能：在页面中对商品的显示要具有类别显示的功能特性。

（4）商品模糊搜索功能：如 ABC 可输入 A、AB、ABC、BC、B、C、AC 进行查找。

（5）商品选购功能：即在用户登录后可以对商品可以进行选择性的购买，并放入购物车的，而且在购物车中对一些不必要的商品进行取消购买选择。

（6）购物定单，显示购买价格、购买用户详细信息、购买留言提交等。

（7）能提供用户留言功能：即用户在浏览网站后可能对网站有一些建设性的意见，因此需用要对其提供此功能。

在后台管理方面，要有：

（1）商品的更新功能：即管理员可以随时更新商品（即管理员可以新添加商品和删除一些过时商品）。

（2）对注册用户的管理功能：即管理员可以对注册用户的信息作一些基本上的管理功能。

（3）对留言的管理功能：即对用户留言进行相应的管理（如删除操作等）。

另外，还要求具有：

（1）对系统中出现的一些小错误能够不影响系统的运行。

（2）要确保与银行通信的安全性，以确定网上交易的一个安全性。

1. 总体结构设计

根据以上具体的系统功能要求，系统的组成结构大致如图 1-1 所示。

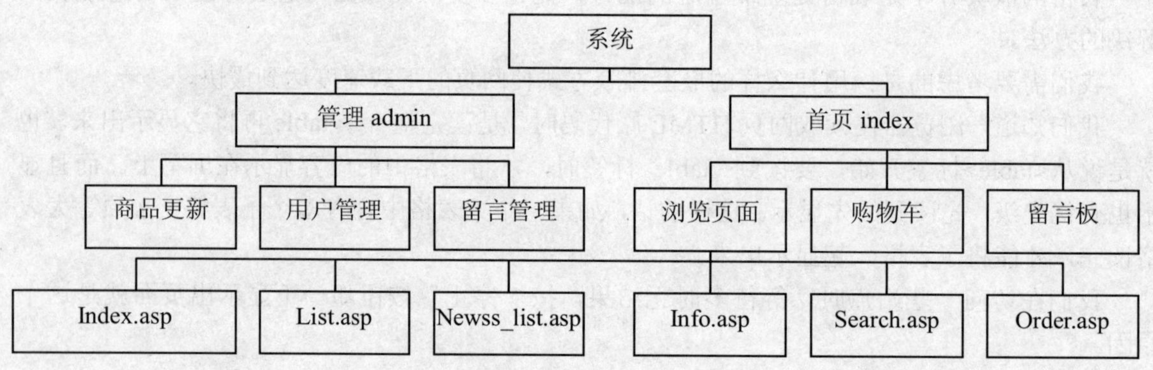

图 1-1　系统的组成结构图

其中，系统模块的详细层次结构设计图如图 1-2 所示。

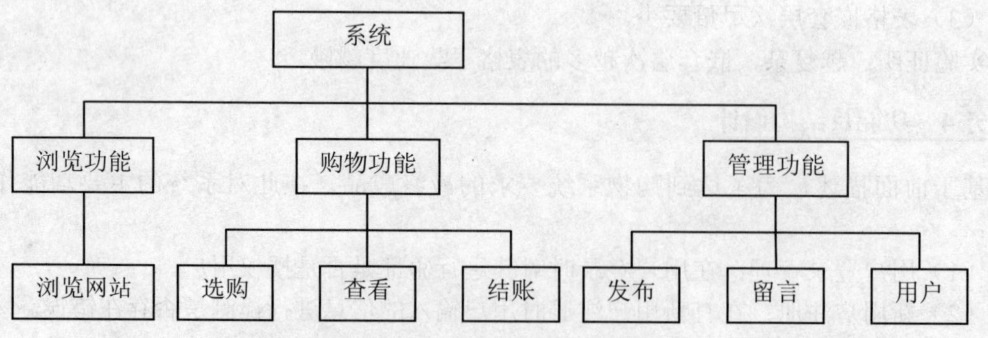

图 1-2　系统模块的详细层次结构设计图

2. 数据库设计

由于在本系统中，数据库操作是整个工作过程的核心，因此在此把对数据库设计提前，是为了更好的理解后面的内容。

从上面的总体设计可以知道，在这个数据库中，为了考虑表的优越性，因此需要拥有的表文件主要有:用户表文件、商品表文件、留言表文件；另外，为了达到用户能购买商品的功能，因此还需要一个功能类似于购物车功能的表文件。其中，用户表用来存储用户信息,商品表用来储存商品信息，留言表用来存储用户留言情况。

3. 各模块间的关系

由于整个系统由管理模块和用户模块组成，所以整个系统由两大关系模块组成，这两在模块间又存在着相依相存的关系。整个系统中的模块关系分别如下：

（1）两大模块间的关系图。

两大模块间的关系图如图 1-3 所示。

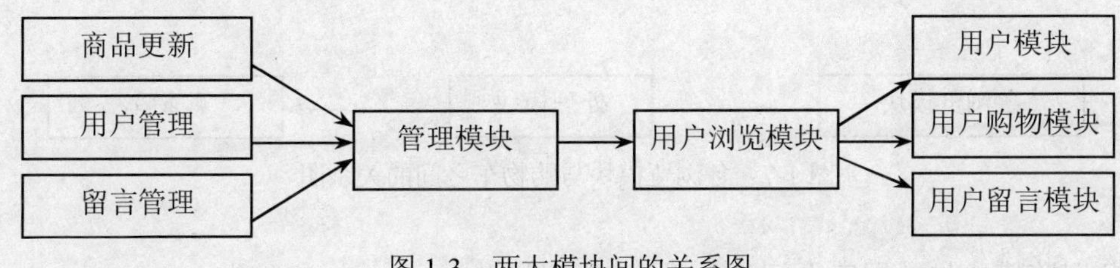

图 1-3 两大模块间的关系图

（2）管理模块存在的关系。

管理模块中的模块主要关系是：管理员登录模块与各个管理模块之间的关系，以及各个模块和数据库之间的关系。

1）登录模块与其子模块之间的关系图。如图 1-4 所示。

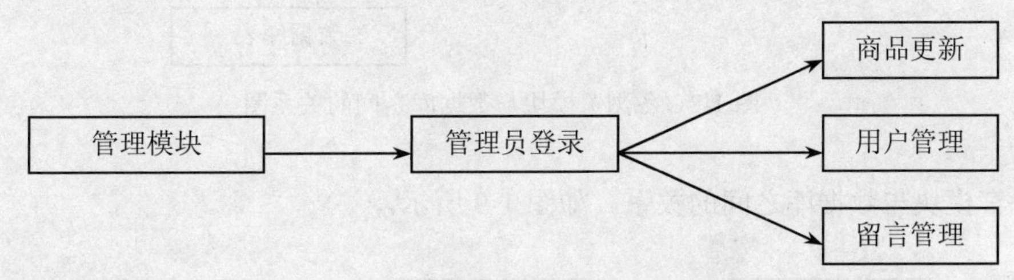

图 1-4 登录模块与其子模块之间的关系图

2）子模块与数据库之间的关系图。如图 1-5 所示。

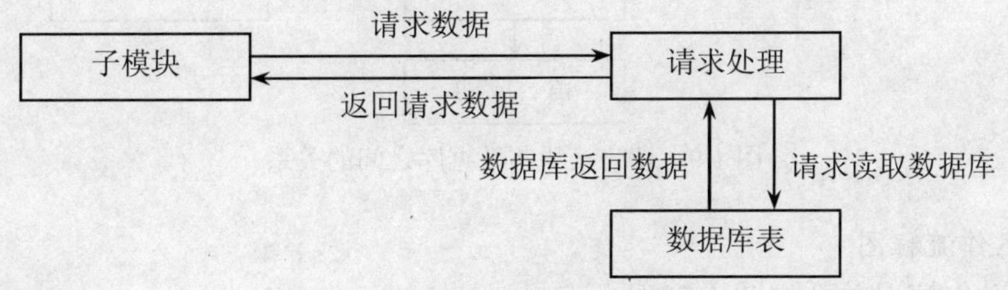

图 1-5 子模块与数据库之间的关系图

（3）用户模块间存在的关系。

1）登录模块和其他子模块之间的关系图。如图 1-6 所示。

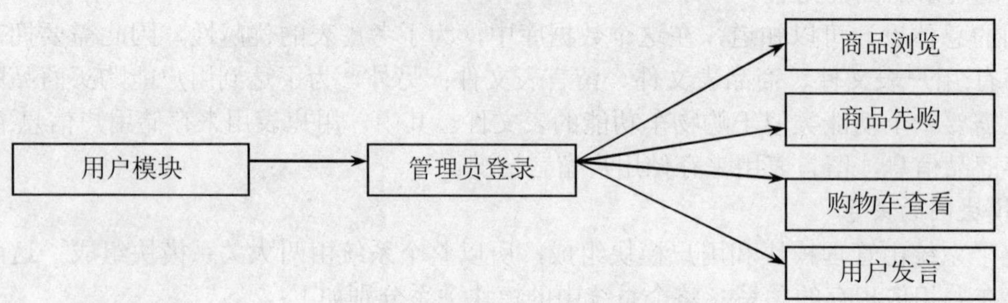

图 1-6　登录模块和其他子模块之间的关系图

2）各浏览模块与购物车之间的关系图。如图 1-7 所示。

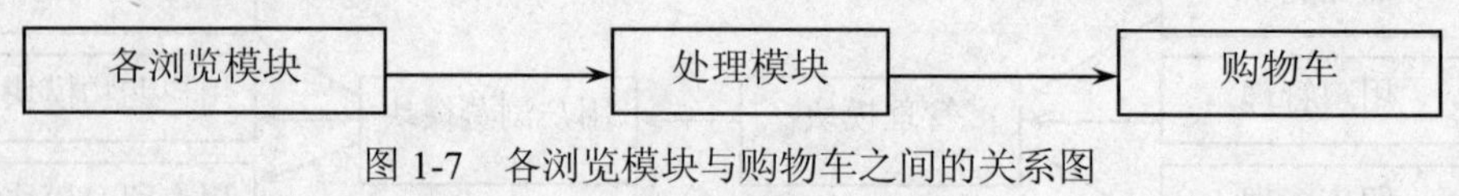

图 1-7　各浏览模块与购物车之间的关系图

3）各浏览模块与数据库之间的关系图。如图 1-8 所示。

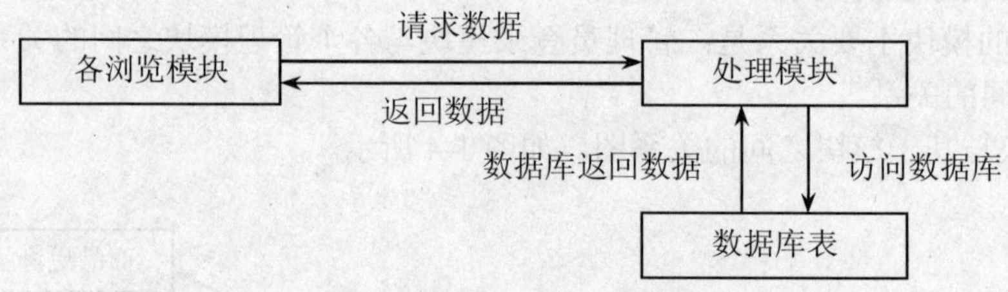

图 1-8　各浏览模块与数据库之间的关系图

4）留言模块与数据库之间的关系。如图 1-9 所示。

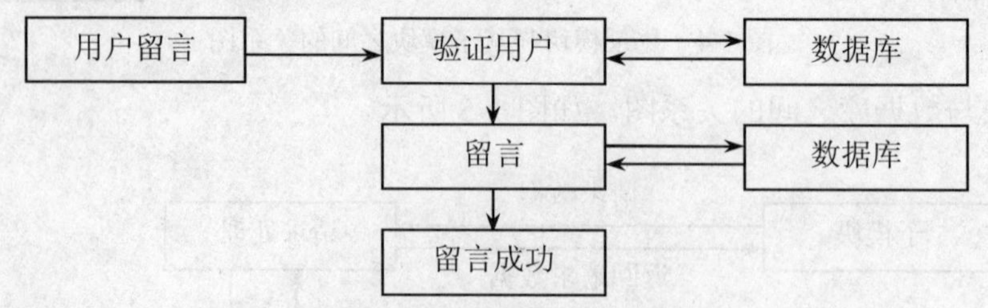

图 1-9　留言模块与数据库之间的关系

4．系统运作流程图

本系统的动作情况关系如图 1-10 所示。

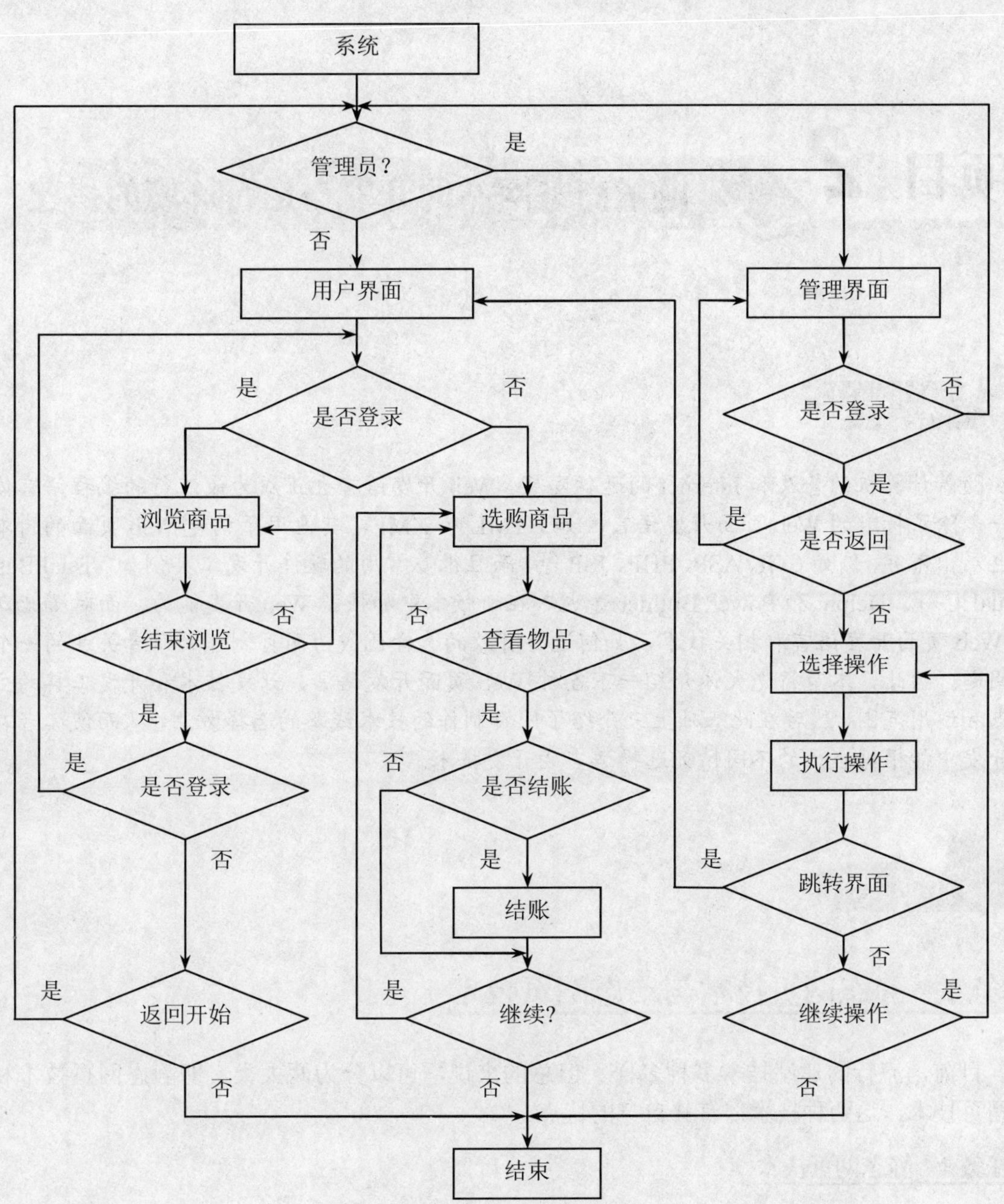

图 1-10　系统的动作情况关系

项目 2 电子商务网站的开发与运行环境的搭建

项目概述

随着计算机的普及和Internet的迅猛发展，Web开发语言也正成为最流行的编程语言体系之一。除了标准的Web页面开发语言，如HTML和XML，其他用于构建Web页面的脚本语言也层出不穷，例如CGI、ASP、PHP、JSP等，而且很多常用的软件开发工具例如Visual Basic、Visual C++、Delphi和Power Builder等也都在新版本中加强了Web开发能力。面对如此众多的Web页面开发语言和相关技术，如何进行有效的选择已成为网页制作初学者关注的一个焦点问题。为此，本节将先大体介绍一下各种Web页面开发语言、开发技术和开发工具的主要特点和适用范围，然后在此基础上又介绍了网页制作的技术线路的选择方法，从而使读者在实际开发中能根据自己的不同情况选择适当的开发技术。

任务1　静态网页技术与动态网页技术

目前，流行的建站技术多种多样。但总的来说，可以分为两大类，即静态网页技术和动态网页技术，这两种技术都有其自身的特点。

子任务1　静态网页技术

静态网页是指使用（超文本置标语言，或超文本标记语言，Hypertext Markup Language，HTML）编写的各种各样的Web文档，这些网页除非使用Dreamweaver等工具去修改它，否则总是一成不变的。

当客户端通过IE等浏览器发送URL浏览请求给服务器时，服务器在查找到对应的网页文件时，会直接返回给客户端，如图2-1所示。

在客户端的浏览器中显示的页面内容，与存放在服务器上的网页内容完全相同。静态网页的后缀名通常为.htm或.html。

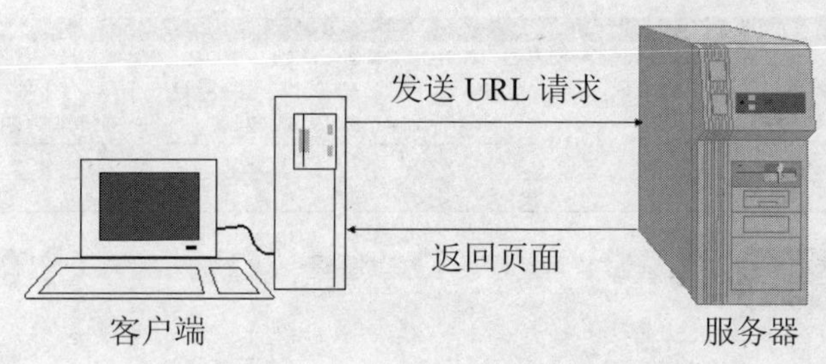

图 2-1　静态页面的浏览过程

子任务 2　动态网页技术

随着交互性网站的发展需要，HTML 已经满足不了网站发展的技术需求，动态技术随之应运而生。

当静态网页中有了 JavaScript 和 VBScript 语言编写的脚本后，客户端在打开网页时，将会先执行这些脚本语言，进而实现很多动态的页面效果，如动态显示时间和文本等。

动态网页技术不仅可以为服务器、客户端和网站之间提供极好的互动功能，还可以充分发挥出网站数据库的效能。当用户通过浏览器发出页面请求后，服务器可以根据页面请求产生结果页面，并将它返回给客户端。动态网页技术已被广泛应用到聊天室、论坛、网上购物和信息管理等交互性网站上。

典型的动态网页技术有 ASP、ASP.NET、PHP、JSP 和 CGI 等，本书以活动服务页面（Active Server Pages，ASP）技术为主线，讲解 ASP 动态网页设计的方法。

ASP 文件的默认后缀名为.asp，如果要在 IIS 中运行使用其他后缀名保存的文件，只需在 IIS 网站属性的应用程序映射中添加一种后缀名，并指定可执行文件为 asp.dll 即可。实际上，如果去掉网页中包含的、用于实现动态功能的 VBScript、JavaScript 或 ASP 内置的对象等语句，那么它和标准的 HTML 文件并没有任何区别。

子任务 3　网页设计工具

无论是静态网页还是动态网页，都需要使用工具来编写，这就好比我们需要使用 Word 编写 DOC 文件一样。由于网页文件就是一个后缀名不同的文本文件，所以我们可以使用任意一种文本编辑器（如记事本）来进行网页的开发。但是，设计网页时由于必须输入大量代码，所以往往会发现容易因代码输入有误而出错。所以，使用无需输入代码、“所见即所得”式的网页编辑工具，是网站入门的首选。通常，在网站设计过程中，会使用如下几种常用的编辑工具。

1. FrontPage

FrontPage 是微软开发的网页编辑工具，也是最常用的一款编辑工具，一般来说，只要能熟练掌握 Word 的用法就能快速掌握该软件，它特别适合入门级网页爱好者，如图 2-2 所示。

2. Dreamweaver CS3

Dreamweaver 是本书使用的网页设计工具，它是由 Adobe 公司开发的一款专业的网页制作程序。CS3 是 Dreamweaver 的最新版本，其全称是“Creative Suite 3”。

Dreamweaver 具有强大的网页编辑功能和插件功能，非常适合进阶级网页设计人员或专业人士使用，如图 2-3 所示。

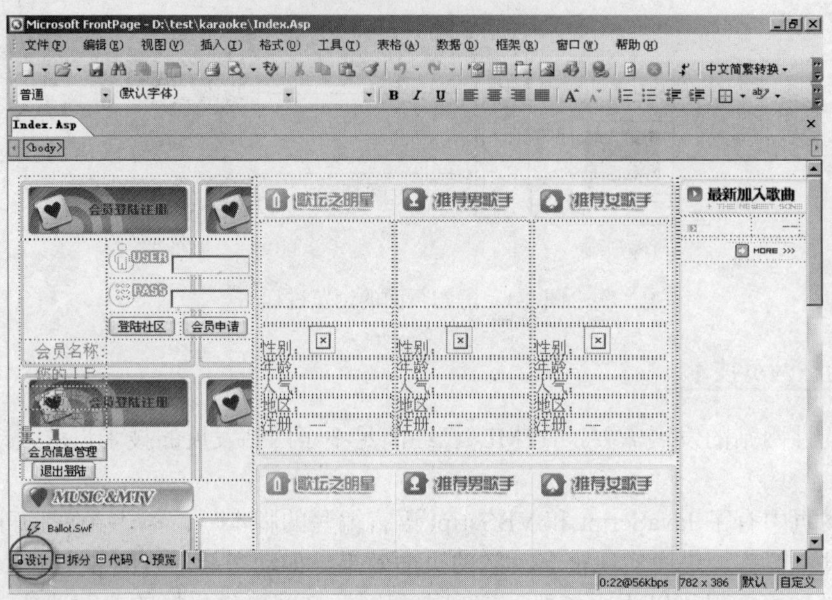

图 2-2　FrontPage 窗口

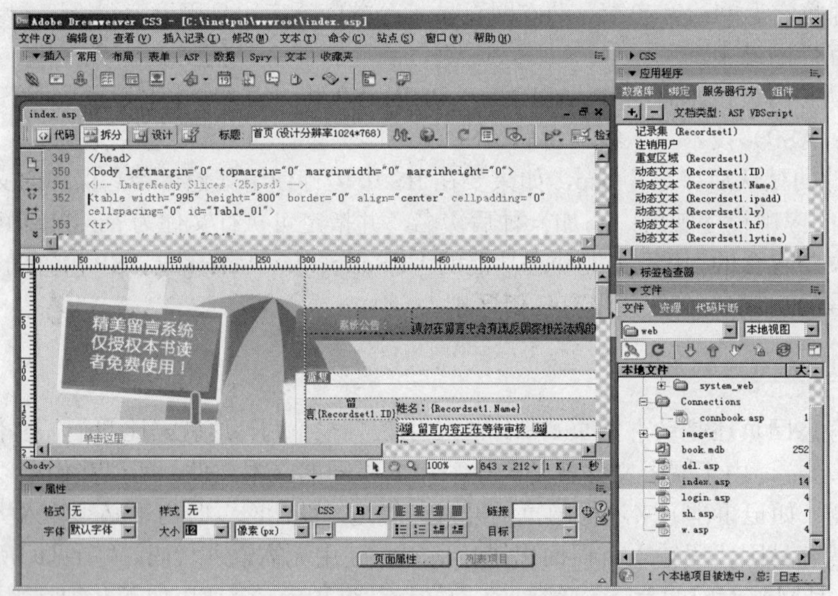

图 2-3　Dreamweaver 窗口

Dreamweaver 支持以下 3 种编辑模式：

设计模式：无需编写源代码，即可完成网页的设计，源代码会自动生成。

代码模式：主要用于对网站进行优化与维护。比如，在调试 ASP 代码的过程中，如果浏览器窗口中出现错误提示的话，在错误提示中一般都会给出页面错误代码的行号，如图 2-4 所示。此时就可以在 Dreamweaver 的“代码”视图中，通过行号快速定位并修改出错的语句了。

拆分模式：这种模式下会同时提供两个窗格，上窗格为“代码”编辑环境，下窗格为“设计”编辑环境，如图 2-5 所示。

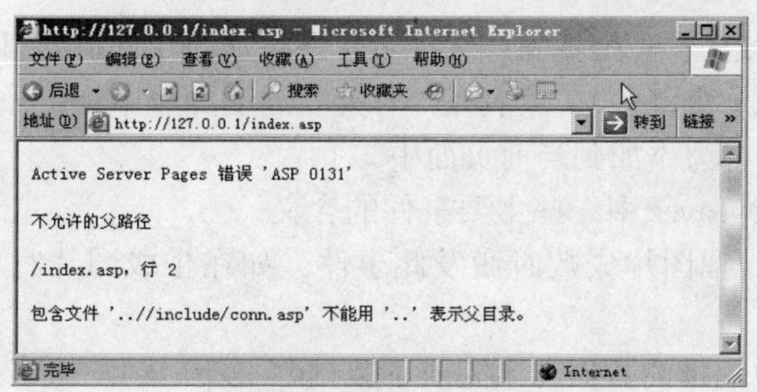

图 2-4　错误提示

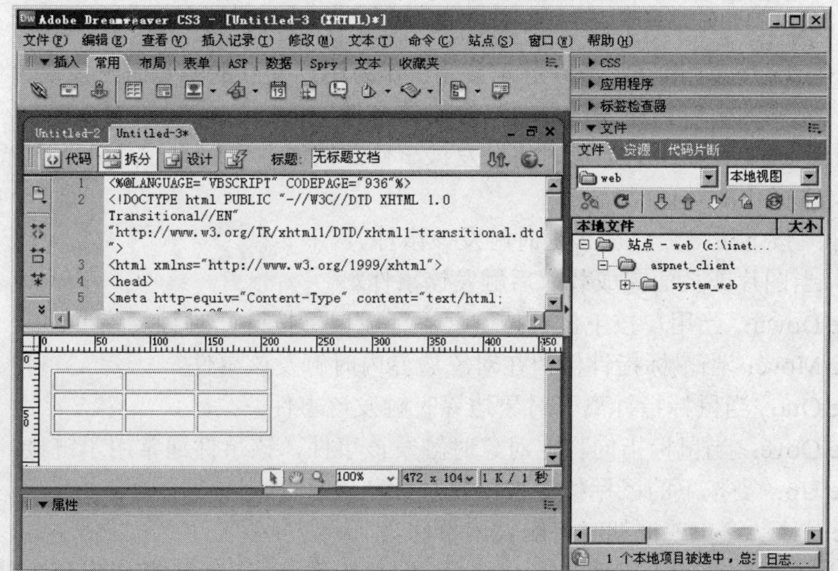

图 2-5　拆分模式

在使用 Dreamweaver 进行设计之前，先对几个知识点进行介绍。

（1）行为。

许多优秀的网页不只包含文本和图像，还有许多其他交互式效果。例如，一个网页在打开的同时会响起优美的背景音乐（详见本书的第 10 章“新闻/文章系统”一例中的相关内容），这些都是使用 Dreamweaver 中的行为功能实现的。

什么是行为？Dreamweaver 中的“行为”是一种运行在浏览器中的 JavaScript 代码，设计者可以将其放置在网页中，以允许浏览者与网页本身进行交互——JavaScript 代码只运行在客户端浏览器中，而不会在服务器上运行。

行为由“事件”和该事件触发的“动作”组成。“事件”是指浏览器生成的消息，它指定了该页访问者需要执行的某种操作。例如，当访问者将鼠标指针移到某个链接上时，浏览器将为该链接生成一个 onMouseOver 事件，页面被打开时生成 onLoad 事件，页面被关闭时生成 onUnload 事件等。“动作”是指一段预先编写的 JavaScript 代码，可用于执行诸如打开浏览器窗口、显示或隐藏 AP 元素、播放声音或停止播放 Adobe Shockwave 影片的任务。例如，将“弹出消息”动作附加到一个链接上后，指定它将由 onMouseOver 事件触发，那么只要用户将鼠标指针停留在该链接的上方，就会弹出消息。

添加行为时，需要遵循 3 个步骤：选择对象→添加动作→调整事件。也就是说，先在页面中选择一个对象（如一个链接），接着在“行为”浮动面板中指定一个动作，然后指定触发该动作的事件，即可将行为添加到当前页面中。

下面将介绍 Dreamweaver 中一些主要事件的含义。

onAbort：在载入一幅图片失败时激发此事件。如在生成图片时单击浏览器的“停止”按钮。

onAfter：当页面中捆绑的数据元素完成了数据源更新后触发该事件。

onBefore：当页面中的捆绑数据元素被修改并已经失去焦点时触发该事件。

onFoucs：当指定元素成为焦点时将触发该事件。例如，单击表单中的文本编辑将触发该事件。

onBlur：与 onFocus 相反。当特定元素停止作为用户交互的焦点时触发该事件。

Bounce：元素的内容到达其边界时将触发该事件。

onChange：改变页面中的数值时将触发该事件。例如，当用户在菜单中选择了一个项目，或者修改了文本区中的数值时。

onKeyUp：按下按键后释放该键时触发该事件。

onLoad：当图片或页面完成载入后触发该事件。

onMouse Down：当用户按下鼠标按键（不释放鼠标按键）时触发该事件。

onMouse Move：当鼠标指针停留在对象边界内时触发该事件。

onMouse Out：当鼠标指针离开对象边界时触发该事件。

onMouse Oove：当鼠标指向特定对象时触发该事件，该事件通常用于链接。

onMouse Up：当按下的鼠标按键被释放时触发该事件。

on Move：移动窗口或框架时将触发该事件。

onClick：单击元素（如超级链接、图片、图片影像、按钮）时将触发该事件。

onDblClick：双击选定元素将触发该事件。

onError：在页面或图片发生装载错误时将触发该事件。

onFinish：当选取框内容已经成了一个循环后将触发该事件。

onHelp：当用户单击浏览器的“帮助”按钮，或从菜单中选择“帮助”命令时将触发该事件。

onKeyDown：当用户按下任意键时触发该事件。

onKeyPress：当用户按下并释放任意键时触发该事件。它相当于 onKeyDown 或 onKeyUp 事件的联合。

onReset：当表单被复位到其默认值时触发该事件。

onResize：当用户调整浏览器窗口或框架尺寸时触发该事件。

onRowEnter：当捆绑数据源的当前记录指针改变时触发该事件。

onRowExit：当捆绑数据源的当前记录指针改变后触发该事件。

onScroll：当上下滚动时触发该事件。

onselect：在文本区域选定文本时触发该事件。

onStart：当编辑框中的内容开始循环时触发该事件。

onSubmit：确认表单时触发该事件。

onUnload：离开页面时触发该事件。

（2）表单。

表单是 Internet 用户和服务器之间进行信息交流的一种重要工具。读者可以使用 Dreamweaver 创建带有文本域、密码域、单选按钮、复选框、弹出菜单和按钮等对象（也称为元素）的表单。

表单可以分为两个部分，即表单对象部分和应用程序部分。也就是说，首先要添加一个表单域，然后在表单域中添加各种对象。此时的表单只是一个外壳而已，不具有真正工作的能力，它还需要后台程序的支持。因此，在完成这些基本内容的输入后，还需要进行表单对应程序的设计。

在 Dreamweaver 中有一个“表单”工具条，如图 2-6 所示。

图 2-6　表单工具条

其中，常用的对象有如下：

表单：在文档中创建一个表单域，其形状为一个红色的线框。

文本字段：即文本框，它可以支持输入任意文本，包括字母、数字及其他字符。该类型又分为单行文本框、多行文本框和密码文本框（可在属性面板中设置）。

隐藏域：用于传递某些在网页中不需要被用户干预的信息。

文本区域：可以任意输入多行文本，包括字母、数字及其他字符。

复选框：提供多个选项，即在一组选项中可同时选择多个项。

单选按钮：提供单项选择，即在一组选项中只能选择其中的一个。

单选按钮组：一次可以创建一组（多个）单选按钮。

列表/菜单：“列表”是普通列表框，供用户在列表框中选择一项或多项；“菜单”为菜单式列表框，如果用户希望选择其中一项后能够打开指定的网页，则必须与跳转菜单结合使用。

跳转菜单：可以实现在页面中插入一个菜单列表框，并将菜单中的每一项链接到指定的网页。当选择某项后，浏览器即打开该项链接的网页。

图像域：可以使用图片替代提交按钮。

文件域：上载文件时使用。

按钮：接受鼠标单击并执行指定的任务。该类型又分为提交表单、无（普通按钮）和重置表单（复位按钮）。

（3）CSS。

CSS 是 Cascading Style Sheet 的缩写，即“层叠样式表”。在页面制作中采用 CSS 技术，可以有效地对页面的布局、字体、颜色、背景、鼠标指针和其他效果实现更加精确的控制。通过 CSS 可以将 HTML 中的格式代码从 HTML 中分离出来，并允许在多个文件中共享。

在同一个页面中，可以有多个样式表存在，在多个页面中可以调用同一个样式表。因此，使用 CSS 不仅能够简化网页的格式代码，保持网站页面风格的一致性，还可以大大减少重复劳动的工作量。

在 Dreamweaver 中可以定义如图 2-7 所示的 3 种规则类型。

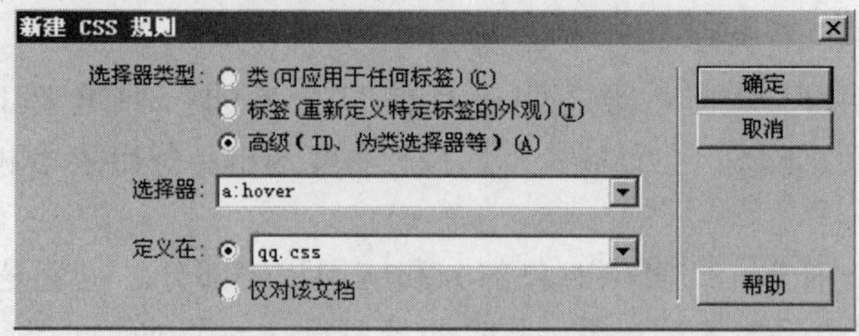

图 2-7　三种规则

类：即自定义 CSS 规则。用户可以在文档的任何区域或文本中应用自定义的 CSS，如果将自定义 CSS 应用于一整段文字，那么会在相应的标签中出现“Class”属性，该属性值即为自定义 CSS 名称。例如下面的代码：

```
.bg{background-image:url(bg.gif);}
<body class="bg">
```

标签：可以针对某一个标签定义 CSS，也就是说定义的 CSS 将只应用于选择的标签。例如为<Body>…</Body>标签定义了 CSS，那么所有包含在<Body>…</Body>标签中的内容都将遵循定义的 CSS。

高级：CSS 选择器规则（高级样式）用于定义特定元素组的格式，如超链接的样式分别为：a:link、a:active、a:visited 或 a:bover。其中，a:link 用于设置正常状态下链接的样式；a:active 用于设定鼠标单击链接时的样式；a:visited 用于设定访问过的链接样式；a:bover 用于设定鼠标放置在链接上时的样式。

CSS 的基本写法有 3 种。第一种是在 HEAD 内实现。CSS 一般位于 HTML 文件的头部，即<head>…</head>标签内，并且以<Style>开始，以</Style>结束，如：

```
<STYLE type="text/css">
H1{font-size:x-large;color:red}
H2{font-size:large;color:blue}
</STYLE>
```

其中<Style>…</Style>之间的是样式的内容。Type 的意思是使用 Text 中的 CSS 书写的代码。{}前面是样式的类型和名称，{}中是样式的属性。上述代码定义了< H1>和< H2>标记使用的字号和颜色。

第二种是在文件外的调用。CSS 的定义既可以在 HTML 文档内部，也可以单独成立文件（详见本书“购物商城”实例中的相关内容）。它的调用语法为：

```
<link rel="stylesheet"href="style.css"type="text/css">
```

第三种是在 BODY 内的实现。在 BODY 中的实现主要是在标记中引用，比如要让 H3 标记的字体大小为 10pt，可以使用下面的语法：

```
<H3 style="font-size:10pt">
```

这样的写法虽然直观，但是无法体现出层叠样式表的优势，因此并不推荐使用。

（4）定义脚本语言和代码页。

ASP 文件中可以使用的脚本语言有多种，如 JavaScript、VBScript 和 PerlScript 等。在 Dreamweaver 中编写 ASP 网页时，第一句就是要在<%…%>代码块中说明使用的是什么脚本语言和代码页，如图 2-8 所示。

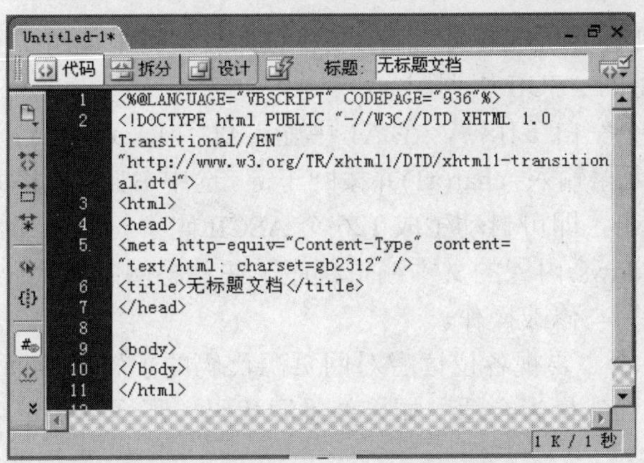

图 2-8　第一行代码非常重要

常见的定义代码有以下两种：

指定使用 JavaScript：<%@ LANGUAGE="JavaScript" CODEPAGE="936"%>。

指定使用 VBScript：<%@LANGUAGE="VBSCRIPT" CODEPAGE="936"%>。

<%@LANGUAGE="***"用于指定当前 ASP 网页使用的编程脚本语言是 VBScript 还是 JavaScript。在指定使用什么脚本语言后，当前网页中的程序语句将需要按指定的脚本语言规范进行撰写，服务器将按指定语言进行编译和执行。如果没有指定脚本语言，那么将使用 IIS 默认指定的脚本语言。

CODEPAGE＝"***"用于在浏览器中显示页面内容的代码页。代码页是字符集的数字值，不同的语言使用不同的代码页。例如，ANSI 代码页为 1252，日文代码页为 932，简体中文代码页为 936。

3. 记事本

由于网页文件的源代码是标准的 ASCII 文本文件，所以可以使用任意文本编辑工具来编写网页文件。例如，可以使用如图 2-9 所示的记事本程序。

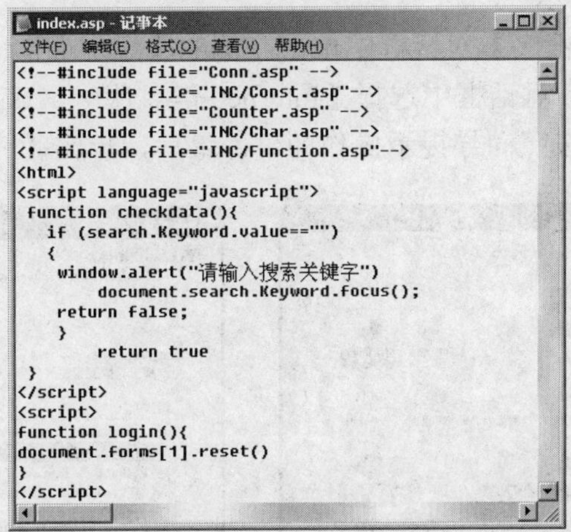

图 2-9　记事本程序窗口

这里需要说明一下，ASCII 的全称是 American Standard Code for Information Interchange。ASCII 码是目前计算机中最通用的编码标准，因为计算机只能接收数字信息，所以 ASCII 码将字符用数字来表示，以便计算机能够处理。在本书的有些实例中使用了 CHR(10)这样的代码(意思是换行)，这就是典型的 ASCII 码调用。

在 Excel 中新建一个空白工作簿，在 A1 中输入数字 1，选中 A1 并按住 Ctrl 键不放向下拖动到 A126，在 B1 单元格输入=char(a1)并按回车键。选中 B1 单元格并将指针停留在右下角，当指针变成填充柄时双击，即可自动生成 126 个 ASCII 码字符。

记事本程序是 Windows 内置的文本编辑程序，在熟悉网站源代码的前提下，只需使用它即可完成网页文件的编写与修改操作。

这几种方法使用与否，要视各位读者对网页源代码的了解程度而言。如果对源代码不熟悉，使用图形编辑界面当然最为合适。如果熟悉源代码，那么使用记事本程序就够了。

任务 2　安装与配置 IIS 服务器

IIS 作为 ASP 等开发工具的运行平台，因其方便性和易用性，目前已成为最为流行 Web 服务器平台。ASP 的正确执行离不开 IIS 服务器的支持，就常见的 Windows NT Server/Windows2000/Windows XP 而言，IIS 一般内置于操作系统中，如果没有安装，则需安装和配置 IIS。

在本任务中，将为 Windows XP 完成 IIS 服务器的安装与配置。

子任务 1　安装 IIS

IIS 是微软公司推出的提供 Web 站点服务的组件，使用 IIS 可以方便地设置和设置和管理 Web 站点，可以通过如下步骤完成 IIS 的安装与配置。

1. 安装

（1）在光驱中放入 Windows XP 操作系统光盘。

（2）选择执行【开始】→【控制面板】→【添加或删除程序】命令，弹出【添加或删除程序】对话框，如图 1-2 所示。

（3）在【添加或删除程序】对话框中单击左侧的【添加/删除 Windows 组件】按钮，在弹出【Windows 组件向导】对话框中选择【Internet 信息服务（IIS）】及其他所需要安装的组件，如图 2-10 所示，然后按照向导提示操作即可。最后，单击【完成】按钮完成 IIS 的安装。

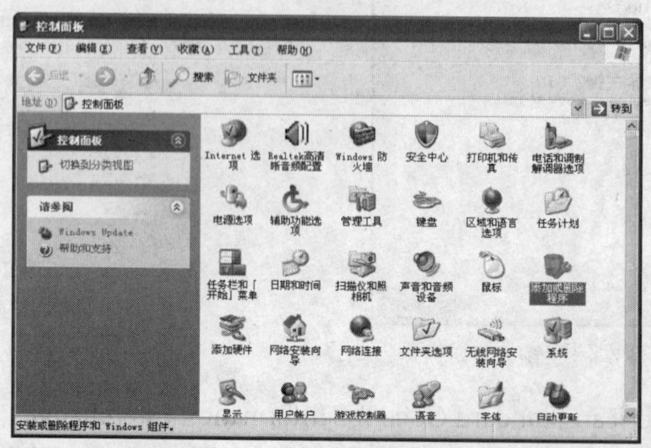

图 2-10　“添加或删除程序”对话框

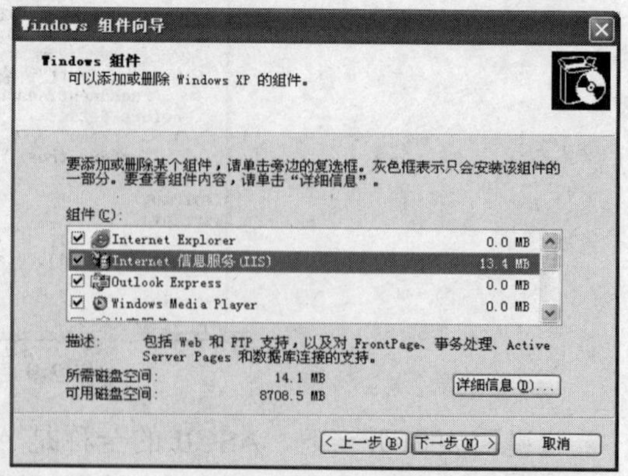

图 2-11　安装 IIS

2. 配置 IIS 服务器

（1）选择执行【开始】→【所以程序】→【管理工具】→【Internet 信息服务命令，启动【Internet 信息服务】控制面板，如图 2-12 所示。

（2）在【Internet 信息服务】控制面板中右击【默认网站】，在弹出的快捷菜单中选择【属性】选项，在 Web 站点的【属性】对话框中即可完成 Web 站点的配置，如图 2-13 所示。

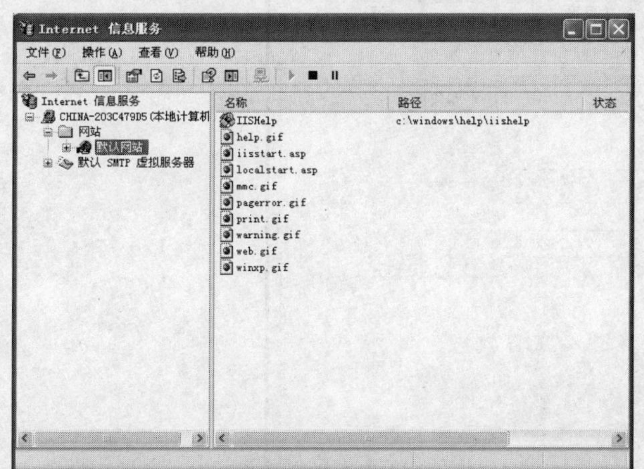

图 2-12 “Internet 信息服务”控制面板

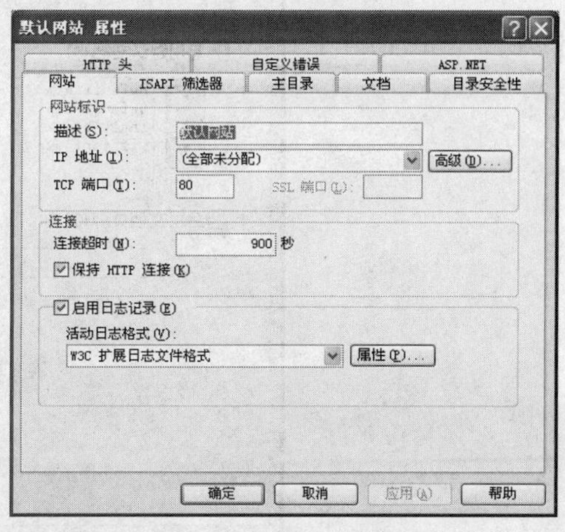

图 2-13 “默认网站 属性”对话框

下面介绍一下 Web 站点几个主要参数的配置过程。

1）配置 Web 站点的主目录。每个 Web 站点都必须有一个主目录，主目录是存放网站文件的主要场所。在【主目录】选项卡下，可以指定主目录的物理位置，设置访问该网站的权限和应用程序，如图 2-14 所示。

2）配置应用程序选项。在【主目录】选项卡中单击【配置】按钮，弹出【应用程序配置】对话框，在该对话框中单击【选项】选项卡，可以设置应用程序是否启用会话状况功能、会话超时的时间，是否启用缓冲、父路径和默认的 ASP 脚本语言和 ASP 脚本的超时时间，如图 2-15 所示。

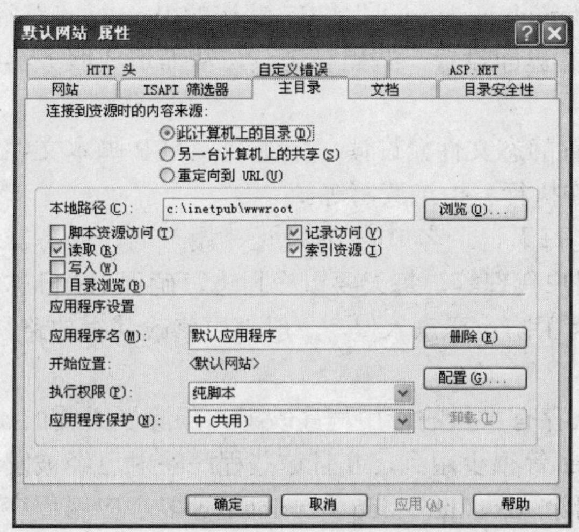

图 2-14 主目录设置

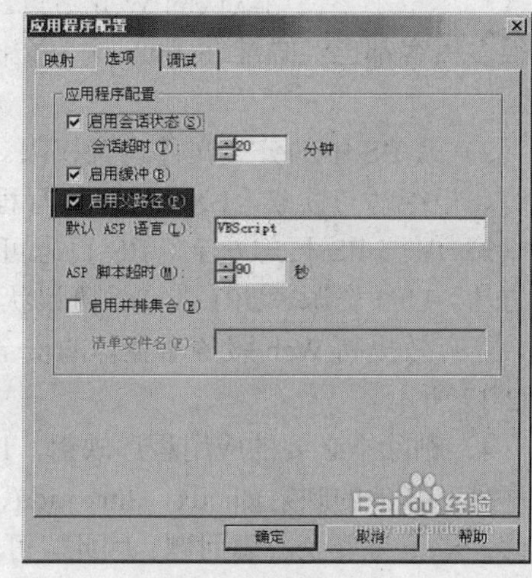

图 2-15 应用程序配置

3）设定默认文档。每个网站都会有默认文档，默认文档就是访问者访问站点时首先要访问的那个文件，如 index.htm、index.asp、default.asp 等，这时需要指定默认文档的名称和顺序，如图 2-16 所示。

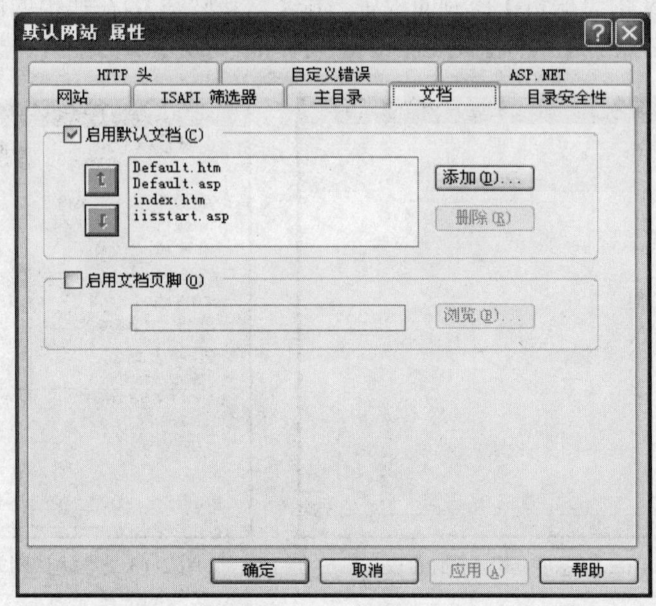

图 2-16　默认文档设置

子任务 2　IIS 服务器安全设置方法

作为世界最受欢迎的 Web 服务器软件，IIS 的安全性也一直备受人们的质疑，主要原因在于它经常被发现有安全漏洞。其实，完全可通过对 IIS 服务器的合理配置来提高 IIS 服务器的安全性。

在 IIS 服务器的安全配置方面，主要应把握以下几点：

(1)尽量不要使用默认的 Web 站点。“c:\intetpub\wwwroot\”是 IIS 默认的 Web 站点路径，目前很多黑客都已经瞄准 inetpub 这个文件夹，并里面设置一些黑客工具，从而造成服务器的瘫痪。

（2）为 IIS 中的分类文件设置权限。如设置静态文件允许读、拒绝写，ASP 脚本文件允许执行、拒绝写与读取，EXE 等可执行程序允许执行、拒绝读写等。

（3）保护 IIS 日志安全。IIS 日志可以指定每天记录客户的 IP 地址、用户名、服务器端口、方法、URI 资源、URI 查询、协议状态、用户代理等，每天要审查日志，确保 IIS 日志的安全，能有效提高 Web 服务器整体的安全性。为了防止恶意入侵，一般都要修改其存放路径，如图 2-17 所示。

（4）删除不必要的应用程序映射。IIS 默认存有大量的应用程序映射，但除了必需的.asp 等程序外，其他的映射如.cdx、.htr、.idq、.printer 等很少用到，并且这些程序映射已经被发现存有缓冲溢出等安全隐患问题。因此，可依次删除.cdx、.htr、.idq 和.printer 等多个应用程序映射，如图 2-18 所示。

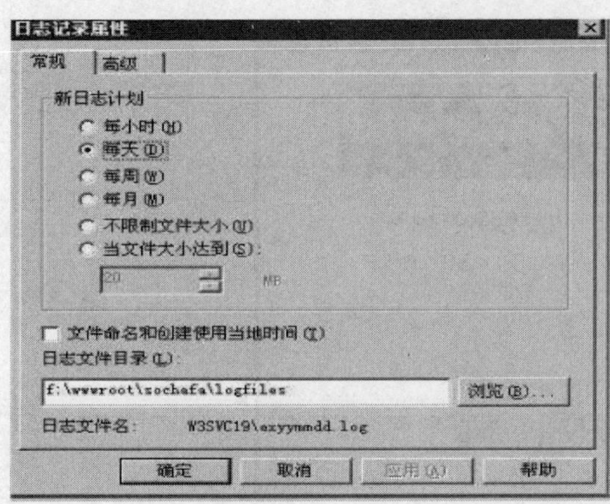

图 2-17　存放路径

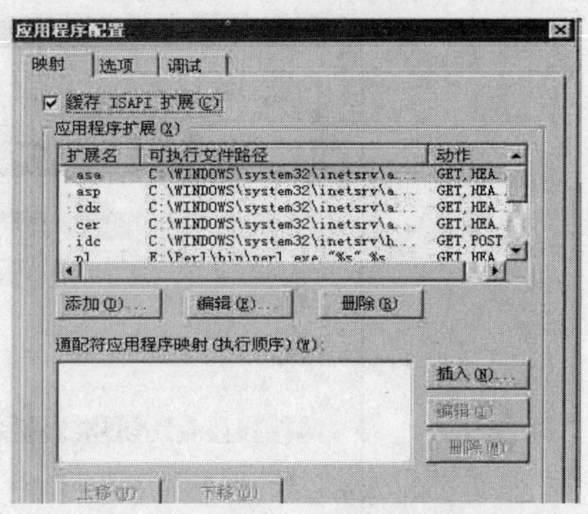

图 2-18　删除不必要的用程序映射

任务 3　Dreamweaver 环境下创建 ASP 网页

Dreamweaver 是由美国 Macromedia 公司开发的集网页制作、网站管理和程序开发于一身的“所见即所得”形式的网页编辑器。利用 Dreamweaver，可以在本地计算机上创建站点的框架，从整体上对站点全局进行把握。

要制作一个完整的网站，首先需要创建一个站点，只有建立了站点，才能更好地完成网页制作和站点文件管理。

子任务 1　Dreamweaver 中创建站点

（1）在本地计算机的合适位置创建站点文件夹，如“D:\ec”，并在该文件夹下创建本站点的目录结构，如图 2-19 所示。

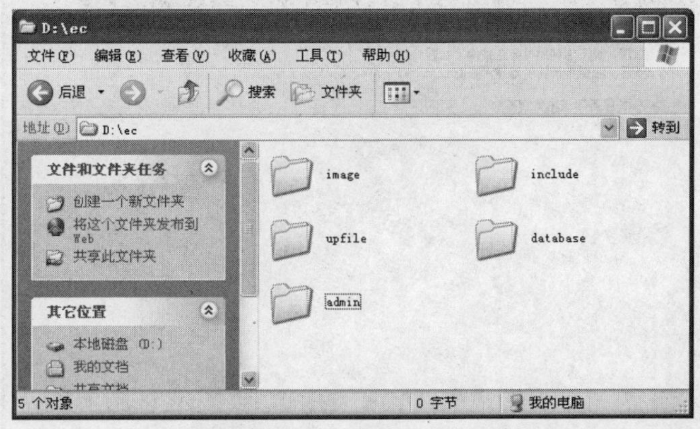

图 2-19　创建站点文件夹

（2）启动 Dreamweaver，选择【站点】→【新建站点】命令，弹出【站点定义】对话框，如图 2-20 所示。在【您打算为您的站点起什么名字？】文本框中输入网站的名字，如“网上购物系统”；在【您的站点的 HTTP 地址（URL）是什么？】文本框中输入站点的 HTTP 地址，如“http://www.xywlxx.com”，此项也可以不填，由系统自动生成，在此选择不填。

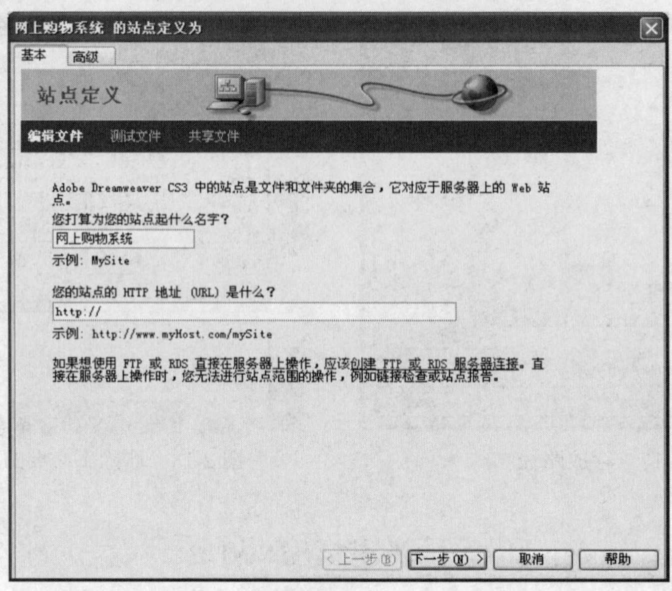

图 2-20　定义站点名称和 URL 地址

（3）单击【下一步】按钮，在打开的【编辑文件，第 2 部分】页面中，如果选择【否，我不想使用服务器技术。】单选按钮，表示将建设的站点是一个静态站点，没有动态网页；如果要使用 ASP、ASP.NET、JSP 或 PHP 等脚本技术创建动态网页，则应选择【是，我想使用服务器技术。】单选按钮，然后在【哪种服务器技术？】下拉列表中选择采用的脚本，如 ASP VBScript，如图 2-21 所示。

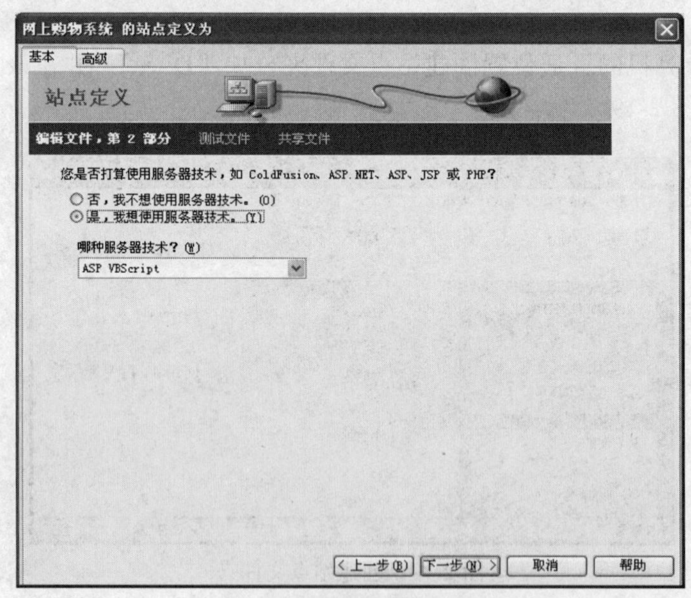

图 2-21　服务器技术选择

（4）单击【下一步】按钮，在弹出的【编辑文件，第 3 部分】页面中选择【在本地进行编辑和测试（我的测试器是这台计算机）】单选按钮；并在【您将把文件存储在计算机上的什么位置？】文本框中输入本地站点位置，如“D:\ec”，如图 2-22 所示。

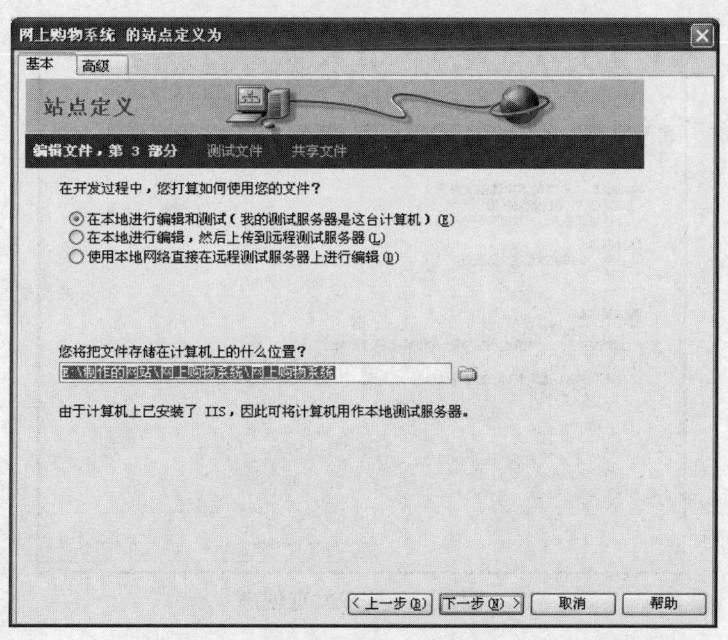

图 2-22　定义站点文件夹

（5）单击【下一步】按钮，弹出【测试文件】页面，系统会显示先前输入或自动生成的URL，当然也可以在此时录入新的 URL，单击【测试 URL】按钮进行前缀测试，如果返回测试成功提示框，则说明该 URL 字符串可以使用，否则需要进行更改，如图 2-23 所示。

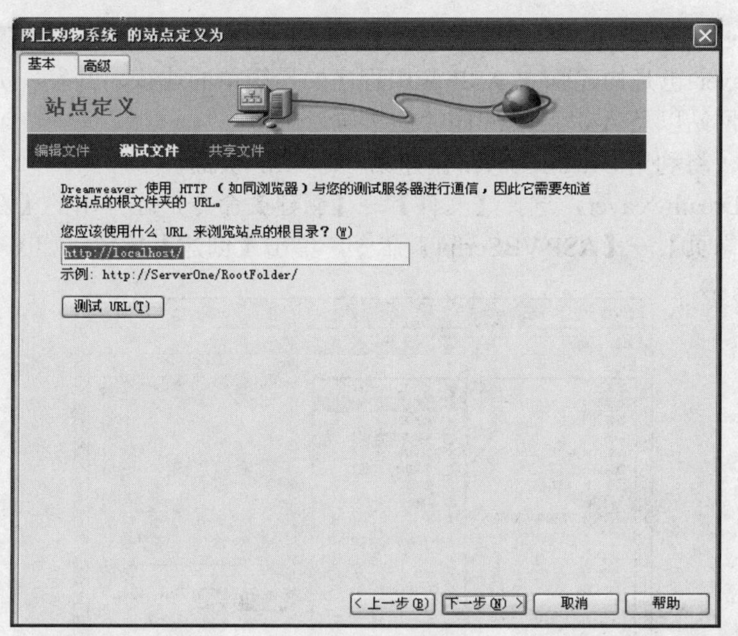

图 2-23　站点测试

（6）单击【下一步】按钮，并在弹出的对话框中选择【否】单选按钮，表示以本地为测试服务器；继续单击【下一步】按钮，在弹出的【总结】页面中简要列举了网站的信息，如站点名称、本地存放文件夹、远程服务和测试服务器等相关的信息，如图 2-24 所示。

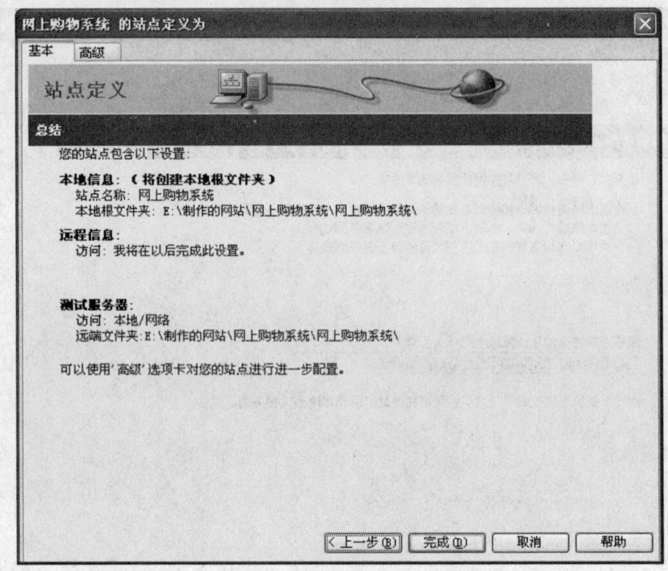

图 2-24　完成站点创建

（7）单击【完成】按钮，完成网站的设置。

到现在为止已经定义好了“网上购物系统”站点，接下来就可以往里面添加各种文档和图片资源，编辑自己的网页了。

子任务 2　使用 Dreamweaver 创建 ASP 网页

Dreamweaver 不仅可以轻而易举地制作出跨域平台限制和跨越浏览器限制的充满动感的网页，Dreamweaver 也是构建强大 ASP 应用程序的最简单的途径，开发人员可以在一个开发环境下快速实现网站以及 ASP 应用程序的创建与管理。

在本任务中，将利用 Dreamweaver 创建第一个 ASP 页面。

（1）启动 Dreamweaver，选择【文件】→【新建】命令，在弹出的【新建文本文档】对话框中选择【动态页】→【ASP VBScript】命令，单击【创建】按钮，如图 2-25 所示。

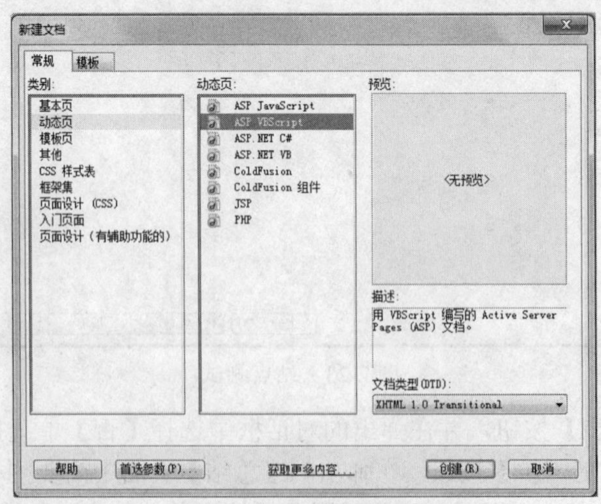

图 2-25　新建 ASP 文档

（2）在新建的 ASP 页面中，单击编辑窗口中的【代码】按钮切换到代码视图，在标签<boby>与</boby>之间加入相关 ASP 代码，如图 2-26 所示。

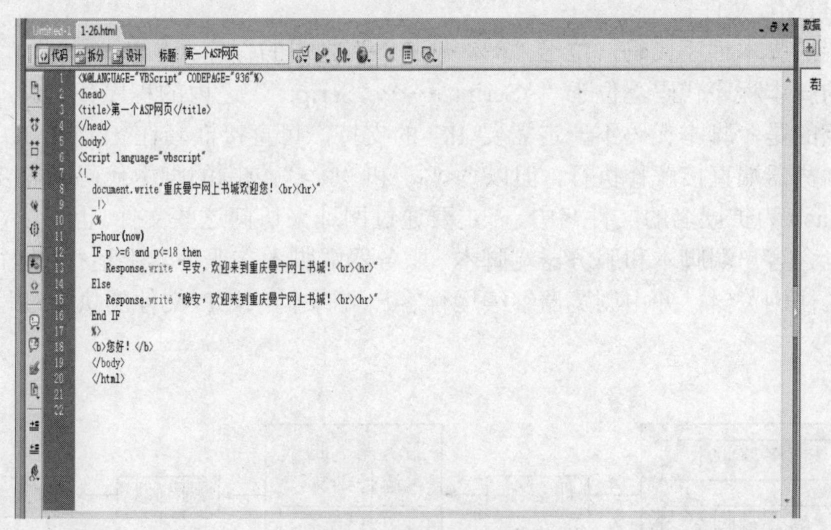

图 2-26　ASP 文档代码

（3）选择【文件】→【另存为】命令，并以 test.ASP 为名保存 ASP 文档。

说明：

①主脚本在 ASP 程序的第一行用“<%@language=...%>”语句指定，如果不指明主脚本语言，则默认的主脚本语言是 VBScript。

②程序中的<head><title></title></head><body></body>等均是 HTML 的标记，指明页面上标题等信息的显示属性。

③“<%”和“%>”之间的是主脚本命令，包括主脚本语言所允许的语句、表达式和操作符等。

④在 ASP 程序中，可以使用多做脚本语言混合编程，即除了主脚本语言外，还可以在页面的局部使用其他脚本语言。在使用其他脚本语言时，要用 HTML 的“<Script>”和“</Script>”进行标记，其格式为：

```
<Script language=脚本语言名称  RunAt=Server
……
/Script>
```

在客户端运行的脚本是嵌在网页中的一段程序，由浏览器解释执行；由于有些浏览器不能识别<Script>标记及内容，这样只会将有关的代码显示在页面上，为了避免这种情况，应该使用注释标记“<!--”和“--!>”将有关的语句括起来。

服务器端脚本可以使用 ASP 内置的服务器对象，如 Response、Request、Session、Application、Server 等；需注意的是，在服务器端脚本中使用<Script>和</Script>标记时，不要再用“<!--”和“--!>”注释标记屏蔽程序代码。

ASP 程序中除了使用脚本语言外，还可以使用输出命令，其格式：<%=表达式 %>，该命令的作用是将表达式的值送到浏览器上。

从上面可以看出，ASP 代码是嵌入到 HTML 代码中的，它是依托 HTML 而存在的，也就是说必须把脚本代码放在 ASP 文档中，否则将无法执行。

一般来说，一个简单的 ASP 程序可以包括以下三个部分：

普通的 HTML 文件；

服务器端的脚本程序代码，位于“<%……%>”之内的程序代码；

客户端的脚本程序代码，位于“<Script>……</Script>”之内的程序代码。

需要注意的是，脚本代码不一定需要 IIS 的支持，可直接嵌套在 HTML 中，并以*.html 文件存储在浏览器端直接解释执行，但以“<%”和“%>”包围的脚本代码则需要 IIS 的支持，且要保存以*.asp 为扩展名的文件名中，一定要通过网址来访问这些文件。也可以在同一个 ASP 页面上同时包含客户端脚本和服务器端脚本，服务器端脚本在服务器上运行，运行的结果连同客户端将被送往浏览器，并由浏览器继续运行客户端脚本。ASP 文件的执行过程可用图 2-27 表示。

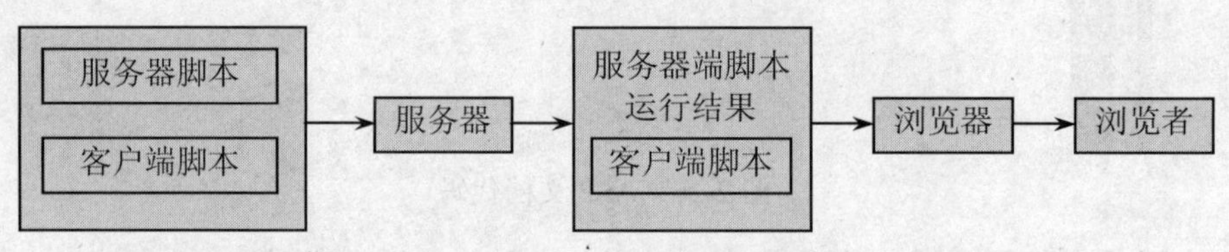

图 2-27　ASP 文件的执行过程

拓展知识：ASP 技术简介

一、关于 ASP

Active Server Pages（ASP）是服务器端脚本编写环境，使用它可以创建和运行动态、交互的 Web 服务器应用程序。使用 ASP 可以组合 HTML 页、脚本命令和 ActiveX 组件以创建交互的 Web 页和基于 Web 的功能强大的应用程序。ASP 应用程序很容易开发和修改。

如果您是位 HTML 编写人员，将发现 ASP 脚本提供了创建交互页的简便方法。如果曾想从 HTML 表格中收集数据，或用顾客的姓名个人化 HTML 文件，或根据浏览器的不同使用不同的特性，您会发现 ASP 提供了一个出色的解决方案。以前，要想从 HTML 表格中收集数据，就不得不学习一门编程语言来创建一个 CGI 应用程序。现在，您只要将一些简单的指令嵌入到 HTML 文件中，就可以从表格中收集数据并进行分析。您再不必学习完整的编程语言或者单独编译程序来创建交互页。

随着不断掌握使用 ASP 和脚本语言的技巧，您可以创建更复杂的脚本。对于 ASP，您可以便捷地使用 ActiveX 组件来执行复杂的任务，比如连接数据库以存储和检索信息。

如果您已经掌握一门脚本语言，如 VBScript、JavaScript 或 PERL，而且您已经了解使用 ASP 的方法。只要安装了符合 ActiveX 脚本标准的相应脚本引擎，就可以在 ASP 页中使用任何一种脚本语言。ASP 带有 Microsoft Visual Basic Scripting Edition（VBScript）和 Microsoft JScript 的脚本引擎，这样就可以立即开始编辑脚本。PERL、REXX 和 Python 的 ActiveX 脚本引擎可以从第三方开发人员处获得。Web 开发人员如果已经掌握了一门编程语言，如 Visual Basic，将发现 ASP 是快速创建 Web 应用程序的一个非常灵活的方法。通过向 HTML 中添加脚本命令，您能够创建应用程序的 HTML 接口。通过创建自己的 ActiveX 组件，可以将应用程序中的商业逻辑封装到能够从脚本、其他组件或从其他程序中调用的模块。

使用 ASP 进行计算的 Web 可转化为有形的利益，它使 Web 供应商能够提供交互的商业应用而不仅仅是发布内容。例如，旅行社能够比公布航空时刻表做得更多；用 ASP 脚本可以让客户查看现有的航班、比较费用并预定座位。

包含在 Windows NT Option pack 中的 Microsoft Transaction Server（MTS）可以降低在服务器上构造程序的复杂性和费用。MTS 可以解决开发那些保密性强的、可分级的以及可靠的 Web 应用程序的复杂性问题。

Active Server Pages 模型

浏览器从 Web 服务器上请求.asp 文件时，ASP 脚本开始运行，然后 Web 服务器调用 ASP，ASP 全面读取请求的文件，执行所有脚本命令，并将 Web 页传送给浏览器。

由于脚本在服务器上而不是在客户端运行，传送到浏览器上的 Web 页是在 Web 服务器上生成的。所以不必担心浏览器能否处理脚本：Web 服务器已经完成了所有脚本的处理，并将标准的 HTML 传输到浏览器。由于只有脚本的结果返回到浏览器，所以服务器端脚本不易复制。用户看不到创建他们正在浏览的页的脚本命令。

二、ASP 的新功能

Active Server Pages 在功能方面有所增强，更易于开发应用程序。

Microsoft 脚本调试程序。您可以使用脚本调试程序调试.asp 文件。请参阅调试 ASP 脚本。

事务性脚本。ASP 页和页中使用的对象可以运行于事务环境之下。在页上的全部工作只有两种结果：提交或终止。事务可以保护应用程序免于因失败而导致数据丢失。请参阅创建事务性脚本。

管理工具。许多应用程序设置可在 Internet 服务管理器上进行，这是 Internet Information Server 和 Personal Web Server（在 WindowsNT Workstation 上）的管理工具。请参阅配置 ASP 应用程序。

隔离 ASP 应用程序。您可以隔离 ASP 应用程序以便它们能在 Web 服务器上独立的内存空间内运行。万一某个应用程序失败时，可以保护其他应用程序和 Web 服务器。它也使您可以在不停止 Web 服务器的情况下，停止一个应用程序或从内存中卸载其组件。请参阅隔离应用程序。

文件上载。浏览器可以通过 Posting Acceptor 应用程序将文件上载到 Web 服务器。可以编写 ASP 脚本来发送带有从 Posting Acceptor 传来的信息的 email，如每一个上载文件的位置和名称。请参阅 Posting Accepter 文档（在 Microsoft Site Server Express 的目录表中）。

新的 ASP 组件。ASP 提供了新的基础组件。有关概述请参阅 ActiveX 组件。

应用程序根目录的改变。ASP 应用程序的根目录在您的 Web 站点上可以是物理目录。以前，根目录必须映射为虚拟目录。现在可以用 Internet 服务管理器指示 ASP 应用程序的根目录。请参阅创建应用程序。必须将.asp 文件置于应用程序树中，Web 服务器才能检测文件的改变并且自动重装它们。

支持 Internet Explorer 4.0 通道和 Web 预测。当 ASP 要发送包含通道定义命令的文件时，它会自动告诉 Internet Explorer 4.0。使用 ASP 很容易就能生成通道定义（.cdf）文件。

支持 HTTP1.1 协议。Internet Information Server 和 Personal Web Server 支持 HTTP1.1 协议。

在响应支持HTTP1.1的浏览器（例如Internet Explorer 4.0）时，这一支持可使ASP利用新协议的高效率。例如，当向浏览器返回页的时候，ASP使用大块转换编码以提高网络效率。

三、创建ASP页

Active Server Pages（ASP）文件是以.asp为扩展名的文本文件，这个文本文件可以包括下列部分的任意组合：

- 文本
- HTML标记
- ASP脚本命令

创建.asp文件非常容易。如果要在HTML文件中添加脚本，只需将该文件的扩展名.htm或.html替换为.asp就可以了。要使.asp文件可用于Web用户，请将这个新文件保存在Web站点上的目录中（请确定启用了该目录的脚本和执行权限）。使用浏览器查看该文件时，可以看到ASP处理并返回了HTML页。现在可以在.asp文件中添加脚本命令了。

注意因为.asp文件需要额外的处理，请不要将所有的HTML页都转换为ASP页。应该只将包含脚本命令的文件转换为.asp文件。.asp和.htm文件可以放置在相同的目录中。

使用任何的文本编辑器都可以创建.asp文件。使用那些带有ASP增强支持的编辑器将更能提高效率，如Microsoft Visual InterDev。如果您从未使用过HTML，请考虑先使用Microsoft FrontPage。使用FrontPage创建文档和格式化文本就像使用文字处理工具一样简单。接下来还可以使用Insert Script命令在FrontPage创建的HTML页中加入简单的ASP命令。

1. 加入Script命令

脚本是一系列的命令和指令。与HTML标签不同，Script命令指示Web服务器执行操作，而HTML标签只是简单地格式化文本或读取图形、视频及音频文件。Script命令可以在变量中存储用户名，在返回到浏览器的页中显示用户名或将用户名存储在数据库中。

脚本命令通过定界符与文本区别开来。定界符是字符或一串字符，它标志单元开始或结束。HTML使用定界符的小于号（<）和大于号（>）括入HTML标签。ASP使用定界符 <% 和 %> 括入脚本命令。您可以在定界符中括入任何命令，只要这些命令对正在使用的脚本语言有效。下面的例子展示了包含脚本命令的简单的HTML页：

```
<HTML>
<BODY>
This page was last refreshed on <%= Now %>.
</BODY>
</HTML>
```

VBScript函数Now返回当前的日期和时间。Web服务器处理该页时，会使用当前的日期和时间替换<% =Now %>并且将该页返回到浏览器：

This page was last refreshed on 8/1/97 2:20:00 PM.

定界符括入的命令被称为主脚本命令。这些命令被主脚本语言处理。在脚本定界符中使用的任何命令都必须对主脚本语言有效。默认情况下，主脚本语言是VBScript。要设置另一种语言。请参阅使用脚本语言。

如果您已经熟悉了客户端脚本编写（编写在浏览器上运行的脚本），请注意不要用HTML<SCRIPT>元素括入表达式。在编写服务器端脚本时，只用<SCRIPT>元素在主脚本语言外的其他语言中定义过程。关于详细信息，请参阅使用脚本语言。

2. 合成 HTML 和脚本命令

在 ASP 定界符中可以包含任何在主脚本语言中合法的语句、表达式、过程或操作符。在 VBScript 和其他脚本语言中，语句是语法完整的单元，该单元表达某项活动、声明或定义。下面的条件语句 If...Then...Else 是一条常见的 VBScript 语句。

```
<% If Time >= #12:00:00 AM# And Time < #12:00:00 PM# Then
Greeting = "Good Morning!"
Else
Greeting = "Hello!"
End If
%>
<%= Greeting %>
```

这条语句将值"Good Morning!"或值"Hello!"存储在变量 greeting 中。<%= Greeting %>命令将当前的变量值发送到浏览器中。

这样，在（Web 服务器所在时区的）正午 12 点前浏览该脚本的用户将看到：Good Morning!

在正午 12 点或以后浏览此脚本的用户将看到：Hello!

在语句的不同部分之间可以加入 HTML 文本。例如，下面的脚本在 If...Then...Else 语句中加入了 HTML，产生了与上面脚本同样的结果：

```
<% If Time >= #12:00:00 AM# And Time < #12:00:00 PM# Then %>
Good Morning!
<% Else %>
Hello!
<% End If %>
```

如果条件为真，也就是说，如果时间为午夜、午夜以后或者中午以前，那么 Web 服务器将跟随条件（"Good Morning"）的 HTML 发送到浏览器；否则，将跟随 Else 的 HTML（"Hello"）发送到浏览器。这种混合 HTML 和脚本命令的方式可以方便地将 If...Then...Else 语句变换为几行 HTML 文本。如果要在 Web 页上显示多处问候，前一个例子更为有用。只需要设置一次变量，就可以重复显示。

最好从脚本命令中将 HTML 文本返回到浏览器，而不用脚本命令散布 HTML 文本。要将文本返回到浏览器，请使用 ASP 的内建对象 Response。下面的例子可以产生与前一个脚本同样的结果：

```
<%
If Time >= #12:00:00 AM# And Time < #12:00:00 PM# Then
Response.Write "Good Morning!"
Else
Response.Write "Hello!"
End If
%>
```

Response.Write 将跟随的文本发送到浏览器。要动态构造返回浏览器的文本，请在语句中使用 Response.Write。例如，可能要构造包含一些变量值的字符串。

在使用组件和对象以及向浏览器传送内容中将了解到更多有关 Response 对象和一般对象的信息。现在，先了解将脚本命令插入到 HTML 页中的几种方法。

在 ASP 定界符中可以包含用默认主脚本语言编写的过程。详细信息请参阅使用脚本语言。

如果正在使用 JScript 命令，可以插入花括号指示语句块直接进入 ASP 命令，而不用考虑它是否夹杂着 HTML 标签和文本。例如：

```
<% if (screenresolution == "low") { %>
This is the text version of a page.
<% } else { %>
This is the multimedia version of a page.
<% } %>
```

3. 使用 ASP 指令

ASP 提供了您使用的脚本语言以外的指令。这是一些输出指令和处理指令。

ASP 的输出指令<%= expression %>显示表达式的值。这个输出指令等同于使用 Response.Write 显示信息。例如，输出表达式 <%= sport %> 将文字 climbing（变量当前的值）传送到浏览器。

ASP 处理指令 <%@ keyword %>为 ASP 提供处理 .asp 文件所需的信息。例如，下面的指令将 VBScript 设为该页的主脚本语言：<%@ LANGUAGE=VBScript %>。

处理指令必须出现在.asp 文件的第一行。不要将处理指令放在包含#include 语句的文件中。必须在 at 标记（@）和关键字之间加入一个空格。处理指令有下列关键字：

- LANGUAGE 关键字设置页的脚本语言，请参阅使用脚本语言。
- CODEPAGE 关键字设置页的代码页（字符编码），请参阅使用国际站点。
- LCID 关键字设置页的现场标识符，请参阅使用国际站点。
- TRANSACTION 关键字指定将在事务处理环境下运行的页，请参阅创建事务处理脚本。
- ENABLESESSIONSTATE 关键字指定 ASP 页是否使用会话状态，请参阅管理会话。

可以在单个指令中包含多个关键字；关键字/值对之间必须由空格分开。不要在等号（=）左右加入空格。下面的例子中设置了脚本语言和代码页：

```
<%@ LANGUAGE=JScript CODEPAGE=932 %>
```

4. 在脚本中的空白字符

如果您的主脚本语言是 VBScript 或者 JScript，ASP 从指令中删除空白字符。使用其他脚本语言时，ASP 保留空白字符，这样那些需要使用位置和缩进的语言，如 Python 就可以被正确解释了。空白字符包括空格、制表符、回车和换行符。

使用 VBScript 和 JScript 时，在打开定界符之后和关闭定界符之前使用空白字符更容易阅读命令。下面的命令都是合法的：

```
<% Color = "Green" %>
<%Color="Green"%>
<%
Color = "Green"
%>
```

ASP 将一个语句的关闭定界符与下一个语句的打开定界符之间的空白字符删除。要保留两个语句间的空白字符，比如在句子中显示变量值的时候，请使用 HTML 不间断空符（ ）。例如：

```
<% 'Define two variables with string values.
Hello = "Hello"
```

```
World = "World"
%>
<P>My response is to say "<%= Hello %> <%= World %>." </P>
```

四、使用脚本语言

脚本语言是介于 HTML 和 Java、C++和 Visual Basic 之类的编程语言之间的语言。HTML 通常用于格式化文本和链接网页。编程语言通常用于向计算机发送一系列复杂指令。脚本语言也可用来向计算机发送指令，但它们的语法和规则没有可编译的编程语言那样严格和复杂。脚本语言主要用于格式化文本和使用以编程语言编写的已编译好的组件。

Active Server Pages 使 Web 开发商用多种脚本语言编写完整的过程成为可能。事实上，在单个.asp 文件内部就可以使用多种脚本语言。另外，由于脚本是在服务器端读取和处理的，所以请求.asp 文件的客户端浏览器并不需要支持脚本。

您可以使用任意一种其相应的脚本引擎已安装在 Web 服务器上的脚本语言。脚本引擎是处理用某种语言书写的命令的程序。Active Server Pages 带有两个脚本引擎：Microsoft Visual Basic Scripting Edition（VBScript）和 Microsoft JScript。您也可以安装和使用其他的脚本语言引擎，例如 REXX 和 Perl。

如果已经是 Visual Basic 程序员，就可以马上使用 VBScript，它是 Visual Basic 的子集。如果您是 Java、C 或 C++程序员，您会发现 JScript 语法对您来说是熟悉的，虽然 JScript 与 Java 或 C 并没有联系。

如果您熟悉其他脚本语言，例如 REXX 或 Perl，您可获取和安装相应的脚本引擎，这样就可以使用您熟悉的脚本语言了。Active Server Pages 是 ActiveX 脚本的宿主。要使用一种语言，必须安装脚本引擎，该引擎必须遵循 ActiveX 脚本标准并作为一个 COM（组件对象模型）对象驻留在 Web 服务器上。

1. 设置主脚本语言

ASP 主脚本语言是用来处理在分界符 <% 和 %> 内部的命令的语言。默认时，主脚本语言是 VBScript。您可以将任何一种具有脚本引擎的脚本语言作为主脚本语言。可以逐页设置主脚本语言，也可以在 ASP 应用程序中设置所有页的主脚本语言。

2. 为某页设置语言

要设置单个页的主脚本语言，可将<%@ LANGUAGE %>指令添加到.asp 文件的开头。该指令的语法是：

```
<%@ LANGUAGE=ScriptingLanguage %>
```

其中 Scripting Language 就是所设置页的主脚本语言。如果对某页进行了设置，那么该页将忽略在应用程序中对所有页的全局设置。

请遵循使用 ASP 指令的指导。详细信息请参阅“创建 ASP 页”。

注意要将不支持 Object.Method 语法的语言作为主脚本语言使用，必须先创建 Language Engines 注册表键。详细信息请参阅注册表。

3. 为应用程序设置语言

在应用程序中，如要为所有页设置主脚本语言，可在 Internet 服务管理器的“App 选项”选项卡上设置“默认的 ASP 语言”属性。详细信息请参阅配置 ASP 应用程序。

4. 在服务器上使用 VBScript 和 JScript

在服务端通过 ASP 使用 VBScript 时，两个 VBScript 特征将失效。由于 Active Server Pages 脚本是在服务器端执行的，表示用户接口的元素的 VBScript 语句 InputBox 和 MsgBox 将不被支持。另外，在服务器端的脚本中，请不要使用 VBScript 函数 CreateObject 和 GetObject。而要使用 Server.CreateObject，这样 ASP 就可以跟踪对象实例了。用 CreateObject 或 GetObject 创建的对象不能访问 ASP 内建对象，也不能参与事务处理。该规则的一个例外是如果使用的是 Admin 对象和 Java monikers。详细信息请参阅 IIS Admin 对象和创建 Java 类的实例。

关于所有 VBScript 和 JScript 的操作符、函数、语句、对象、属性及方法的列表及详细说明，请参阅 VBScript 语言参考和 JScript 语言参考。

5. 包含注释

由于 ASP 脚本是在服务器端处理的，所以即使客户端的浏览器不支持脚本语言，也不必通过包含进 HTML 注释标记来隐藏脚本，但客户端的脚本则通常需要这样处理。在内容送到浏览器之前，所有 ASP 命令都已被处理好了。您可用 HTML 注释将注释加进 HTML 页。注释将返回给浏览器，若用户浏览 HTML 源文件，就可以看见。

6. VBScript 注释

VBScript 支持撇号型注释。与 HTML 注释不同，当处理脚本时，它们将被删除，而不是被送到浏览器。

```
<%
'This line and the following two are comments.
'The PrintTable function prints all
'the elements in an array.
Call PrintTable(myarray())
%>
```

输出表达式不能包括注释。例如，下面的第一行将正常运行，而第二行则不能，因为它是以<%=开头的。

```
<% i = i +1 'this increments i. This script will work. %>
<%= name 'this prints the variable name. This script will fail. %>
```

JScript 注释

JScript 支持//注释符。每一个注释行中都必须使用该注释符。

```
<% Call PrintDate %>
<SCRIPT LANGUAGE=JScript RUNAT=Server>
// This is a definition for the procedure PrintDate.
function PrintDate()
{
var x
x = new Date()
// This line sends the current date to the browser,
// translated to a string.
Response.Write(x.toString())
}
</SCRIPT>
```

7. 大小写敏感性

VBScript 不区分大小写。例如，可以用 Request 或 request 来引用 ASP Request 对象。不区分大小写的后果是您不能用大小写来区分变量名。

例如，不能创建两个名为 Color 和 color 的单独变量。

JScript 区分大小写。要在脚本中使用 JScript 关键字，就必须按参考页中所示的大小写来书写。例如，用 date 来代替 Date 将导致错误。在 JScript 中，对象名必须大写；方法名和属性名可大写也可小写。本文所示的 ASP 内建对象的情况将在 JScript 命令中正常工作。

项目3 网站数据库的建设与使用

数据库是一个网站的核心，对于网站而言，数据库有着提供数据支持和用户管理等非常重要的作用。因而，学习数据库知识在网站建设中是必不可少的。本节内容将向读者介绍数据库技术的基本知识，使读者了解数据库技术的常用概念，为本书后面知识的学习打下基础。

任务1　数据库基础知识

子任务1　什么是数据库

随着计算机技术、通信技术和网络技术的飞速发展，信息系统渗透到社会各个领域，作为其核心的数据库技术更是得到了广泛的应用。数据的建设规模、数据库的信息量大小及使用频度已成为衡量一个国家信息化程度的重要标志。

从性质上讲，数据库就是存储信息的工具，是依照某种数据模型组织起来的并存放在存储器中的数据集合。这种数据集合具有如下特点：

（1）尽可能不重复，以最优方式为某个特定组织的多种应用服务；

（2）对数据的增、删、改和检索由统一软件进行管理和控制。从发展的历史看，数据库是数据管理的高级阶段，它是由文件管理系统发展起来的。

数据库技术是随着数据管理的需要而产生的。数据管理指的是对数据的分类、组织、编码、存储、检索和维护，它是数据处理的核心。随着计算机硬件技术和软件技术的发展，数据管理经历了如下三个阶段：

①人工管理

②文件系统处理

③数据库管理

当人们收集了大量的数据后，应该把它们按照一定格式保存起来以便进一步处理。随着社会发展和数据量急剧增长，现在人们就借助计算机和数据库技术科学地保存大量的数据，以便能更好地利用这些数据资源。自此，数据库便成为计算机领域的常用技术。

所以，从数据库的特点和应用上理解，数据库是指“长期储存在计算机内的、有组织的、可共享的数据集合”。

在 Web 应用程序只能中，需要显示各种各样的信息，而这些显示的信息是以数据库中存储的数据为基础的。数据库技术和动态站点开发技术相互结合，为广大用户奉献了丰富多彩的 Web 页面。

数据库包含关系数据库、面向对象数据库及新兴的 XML 数据库等多种，目前应用最广泛的是关系数据库。

子任务 2 数据库的常用概念

本部分内容将向读者介绍数据库技术几个常用的概念，以加深读者对数据库技术的理解。

1. 数据库管理

数据库管理是有关建立、存储、修改和存取数据库中信息的技术，是指为保证数据库系统的正常运行和服务质量，有关人员进行的技术管理工作。负责这些技术管理工作的个人或集体称为数据库管理员（DBA）。数据库管理的主要内容有数据库的建立、数据库的调整、数据库的重组、数据库的重构、数据库的安全控制、数据库的完整性控制和对用户提供技术支持。

2. 数据库

数据库是长期存储在计算机内有组织的大量共享的数据集合，它可以提供各种用户共享且具有最小冗余数和较高的数据与程序独立性。

3. 数据模型

数据模型是现实世界数据特征的抽象，是数据技术的核心和基础。它是数据库系统的数学形式框架，是用来描述数据的一组概念和定义，主要包括如下方面的内容：

（1）静态特征：对数据结构和关系的描述。

（2）动态特征：在数据库上的操作，例如添加、删除和修改。

（3）完整性约束：数据库中的数据必须满足规则。

4. 概念模型

概念模型用于信息世界的建模，人们常常先将信息世界抽象为信息世界，然后讲信息世界转换为机器世界，而概念模型是现实世界到机器世界的一个中间层次。

概念模型是对信息世界的建模，可以用 E-R 图来描述概念模型。E-R 图提供了表示实体型、属性和联系的方法。

实体型：用矩形表示，框内写实体名称。

属性：用椭圆表示，框内写属性名称。

联系：用菱形表示，框内写联系名称。

例如，如图 3-1 所示为实体－属性图的一个实例。

如图 3-2 所示为实体－联系图的一个实例。

5. 数据模型

不同的数据模型具有不同的数据结构。目前最为常用的数据模型有层次模型、网状模型、关系模型和面向对象数据库。其中层次模型和网状模型统称为非关系模型。

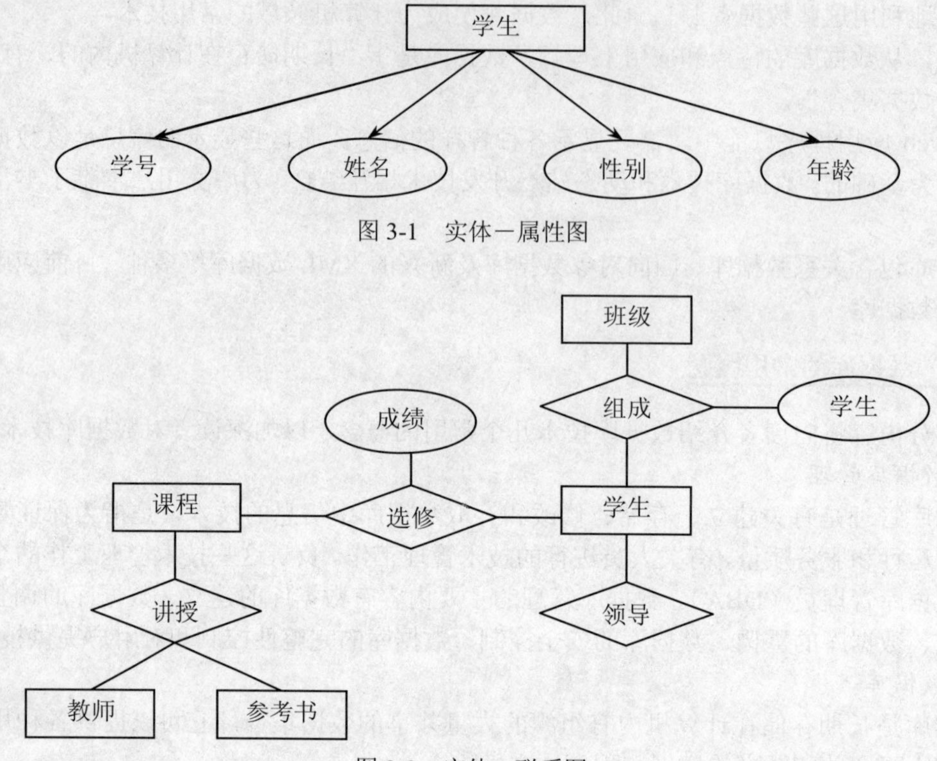

图 3-1　实体一属性图

图 3-2　实体一联系图

概念模型是从用户的角度对数据和信息进行建模，而数据模型是从计算机系统的角度对数据进行建模。

6. 关系数据模型

关系数据模型是当前应用最广泛的一种模型。关系数据库都采用关系模型作为作为数据的组织方式。自从 20 世纪 80 年代以来，计算机厂商推出的数据库管理系统几乎都支持关系模型。

关系模型的基本要求是关系必须要规范，即要求关系模型必须满足一定的规范条件，关系的分量必须是一个不可再分的数据项。

7. 数据库系统的结构

设计数据库时，强调的是数据库结构；使用数据库时，关心的是数据库中的数据。从数据库系统角度看，数据库系统通常采用三级模式结构，这是数据库管理系统的内部系统结构。

数据库系统的三级模式结构是指数据库系统由外模式（物理模式）、模式（逻辑模式）和内模式三级抽象模式构成，这是数据库系统的体系结构或总结构。上述具体结构如图 3-3 所示。

8. 数据库管理系统

数据库管理系统即 DBMS，是为数据库的建立、使用和维护而配置的软件。它建立在操作系统的基础之上，是位于操作系统与用户之间的一层数据管理软件，负责对数据库进行统一的管理和控制。

数据库管理系统的功能主要包括 6 个方面，即数据定义、数据操作、数据库运行管理、数据组织、存储和管理、数据库的建立和维护、数据通信接口。

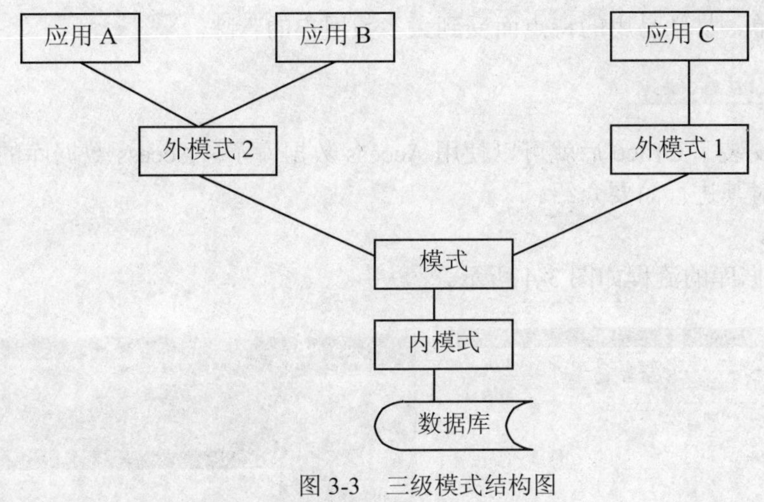

图 3-3　三级模式结构图

任务 2　创建 Access 数据库

本书后面讲解的实例都是基于 Access 数据库的，在本节的内容中，将对 Access 数据库的基本知识进行简要介绍。

子任务 1　Access 概述

Access 是微软 Office 工具中的一种数据库管理程序，可赋予更加的用户体验，并且具有导入、导出和处理 XML 数据文件等功能。

Microsoft Access 是一种关系式数据库，有一系列表组成。表由一系列行和列组成，每一行是一个记录，每一列是一个字段，每个字段有一个字段名，字段名在一个表中不能重复。

Access 数据库由如下 6 种对象组成：

（1）表（Table）：是数据库的基本对象，是创建其他 5 种对象的基础。表由记录组成，记录由字段组成，表用来存储数据库的数据，故又称数据表。

（2）查询（Query）：可以按索引快速查找需要的记录，按要求筛选记录并能连接若干个表的字段组成新表。

（3）窗体（Form）：也称之为表单，它提供了一种方便浏览、输入及更改数据的窗口；还可以创建子窗体显示相关联的表的内容。

（4）报表（Report）：功能是将数据库中的数据分类汇总，然后打印出来，以便分析。

（5）宏（Macro）：它相当于 DOS 中的批处理，用来自动执行一系列操作。Access 列出了一些常用的操作供用户选择，使用起来十分方便。

（6）模块（Module）：其功能与宏类似，但它定义的操作比宏更精细和复杂，用户可以根据自己的需要编写程序。

Access 适用于小型商务活动，用以存储和管理商务活动所需要的数据。Access 不仅是一个数据库，而且具有强大的数据管理功能，它可以方便地利用各种数据源，生成窗体（表单）、查询、报表和应用程序等。再利用 ASP 开发小型项目时，Access 往往是首先被考虑的数据库工具。它以操作简单、易学易用的特点而受到大多数用户的青睐。

子任务 2　启动和关闭 Access

在个人机器上安装了 Office 后就可以使用 Access 数据库了。Access 数据库的启动和关闭十分简单，下面将对其进行简要介绍。

1. 启动 Access

启动 Access 数据库的流程如图 3-4 所示。

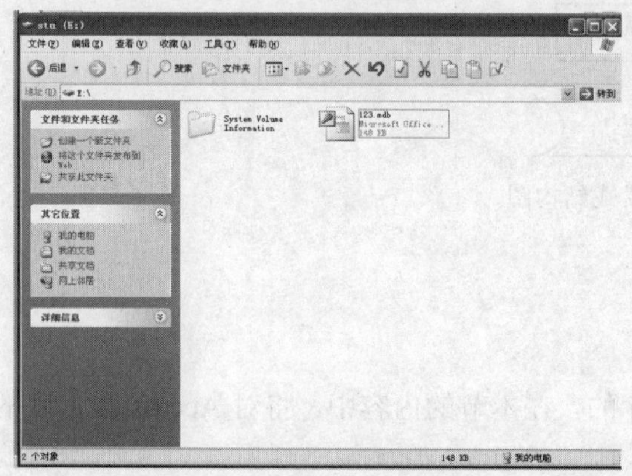

鼠标双击要启动的数据库文件图标

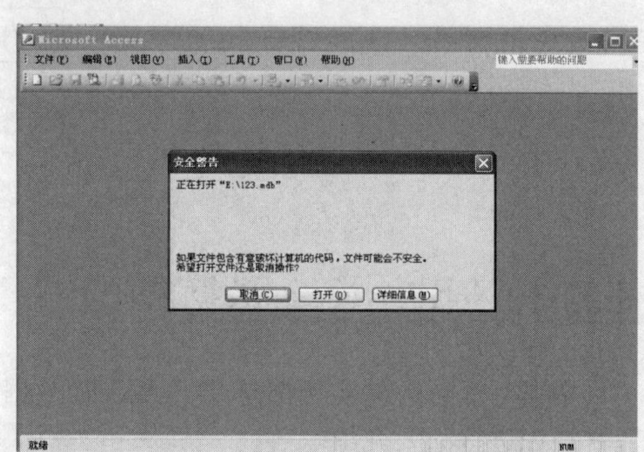

在弹出的安全警告窗口中单击“打开”按钮

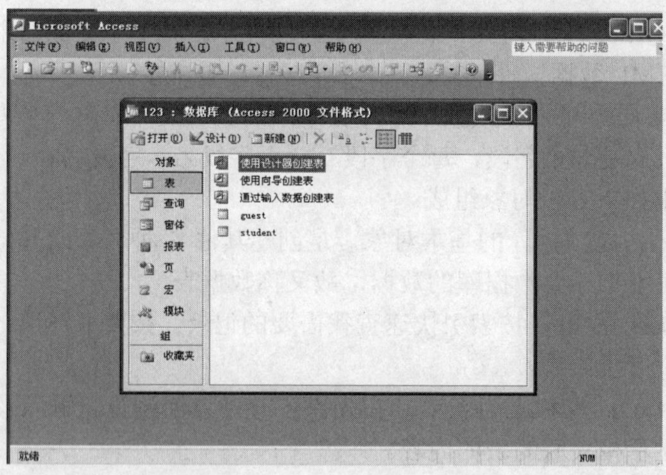

启动后的 Access 数据库界面

图 3-4　Access 启动流程图

2. 关闭 Access

关闭 Access 数据库的方法十分简单，只需要单击界面右上角的关闭图标即可。

启动 Access 时的安全警告对话框时 Office 关于“不安全表达式“的安全警告。对普通用户而言，可以将其关闭，这样就不会遇到类似的提示问题了。具体操作方法如下：启动 Access，在“工具“菜单上依次选择“宏”、“安全性”，单击“安全级”选项卡，然后单击“低”，最后单击“确定”按钮，重新启动 Access 即可。

子任务 3　Access 的基本操作

数据库最重要的功能是保存数据，Access 数据库中的数据保存在它的表面里。下面对 Access 中表的操作进行简要介绍。

1. 新建表

新建表即在库中创建一个新的表，具体操作流程如图 3-5 所示。

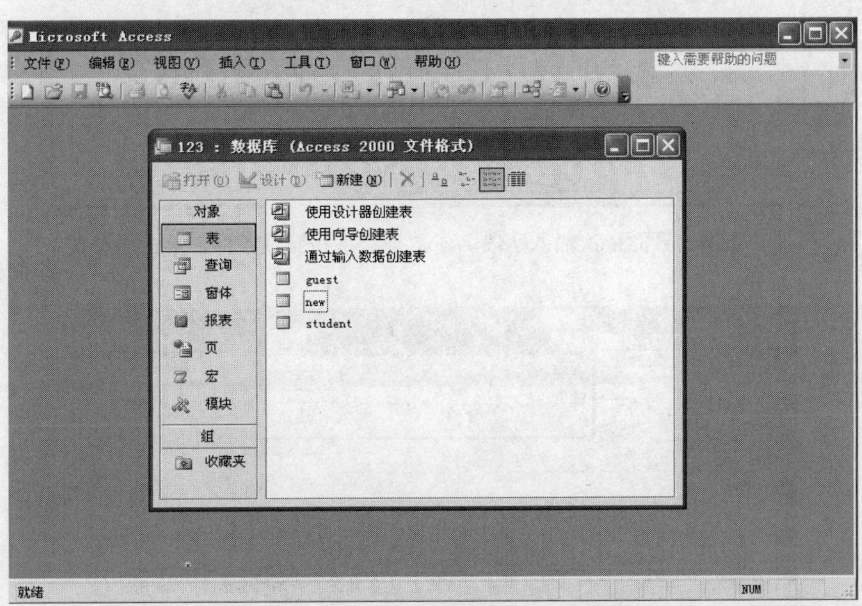

（一）启动操作数据库后单击“表”选项

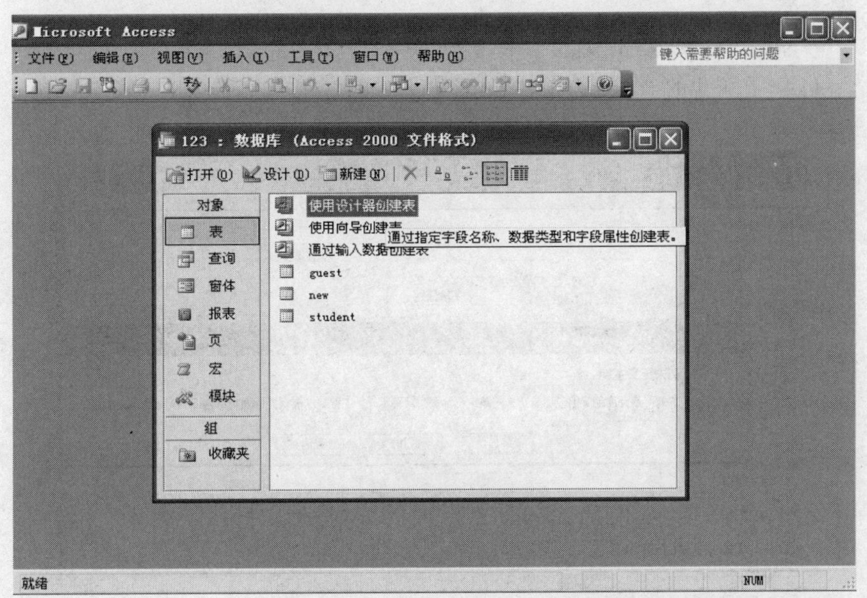

（二）在弹出界面中单击“使用设计器创建表”选项

图 3-5　新建表流程图

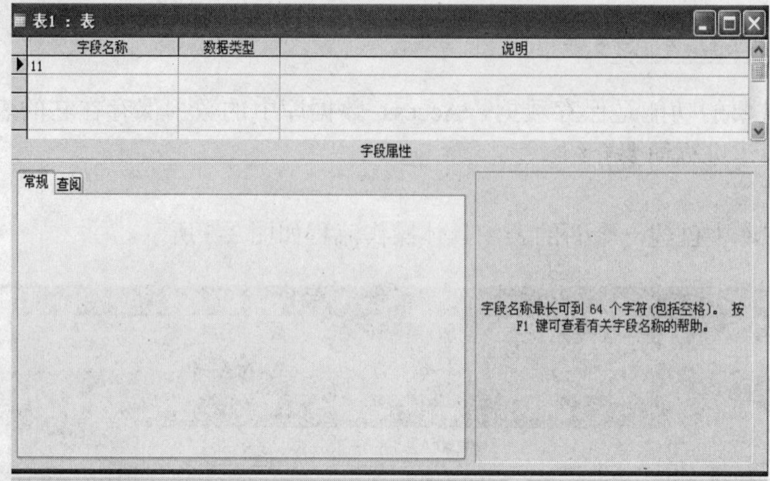

（三）在弹出界面依次输入字段名、数据类型和属性条件，单击保存按钮

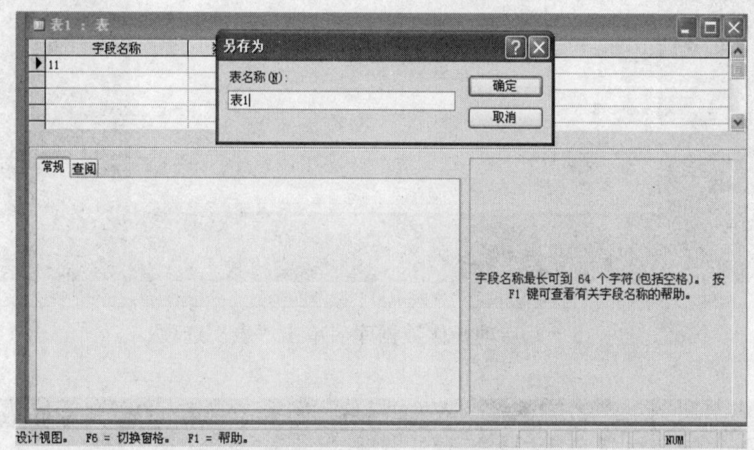

（四）在弹出的“另存为”对话框中输入表的名称，然后单击“确定”按钮

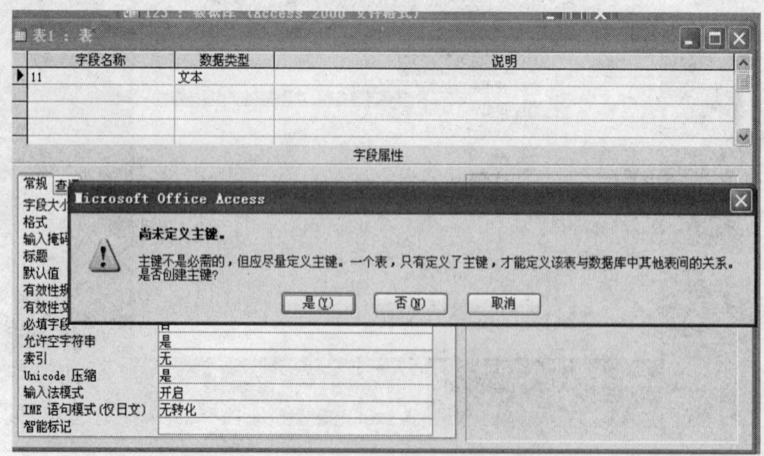

（五）在弹出的尚未定义主键界面中单击“是”按钮，完成此表的创建

图 3-5　新建表流程图（续）

2. 修改表

可以对已创建的 Access 数据库表进行修改，其具体操作流程如图 3-6 所示。

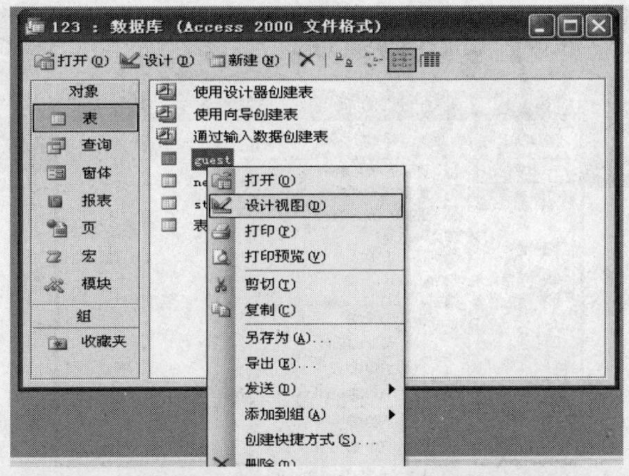

（一）在修改的表上右击“设计视图”选项

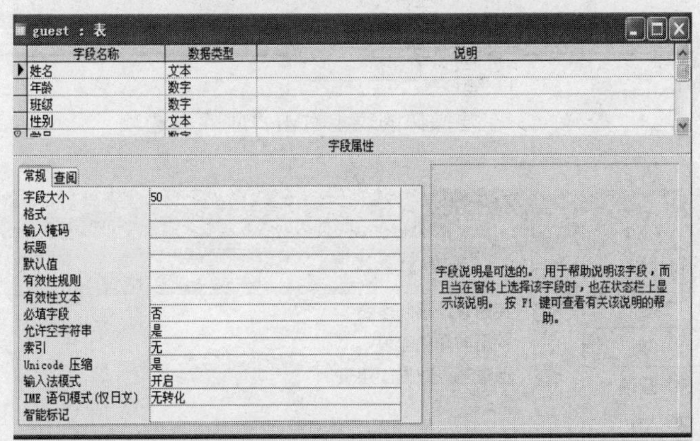

（二）在弹出的表属性界面中对此表数据、数据类型和属性进行修改

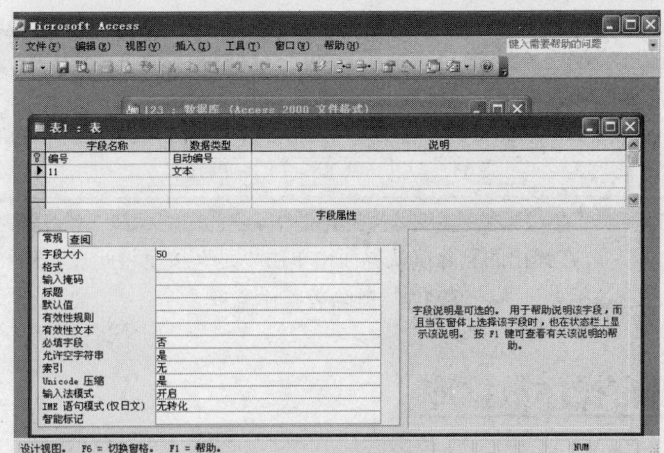

（三）单击“保存”按钮后即完成修改

图 3-6　修改表操作流程

3. 删除表

根据系统的具体需要，可以删除已创建的 Access 数据库表，其具体操作流程如图 3-7 所示。

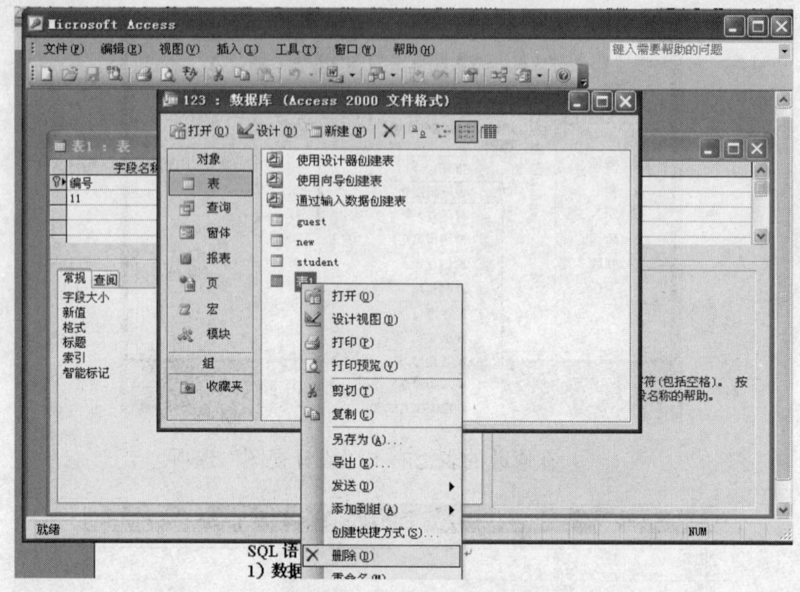

（一）在要操作的表上右击“删除”选项

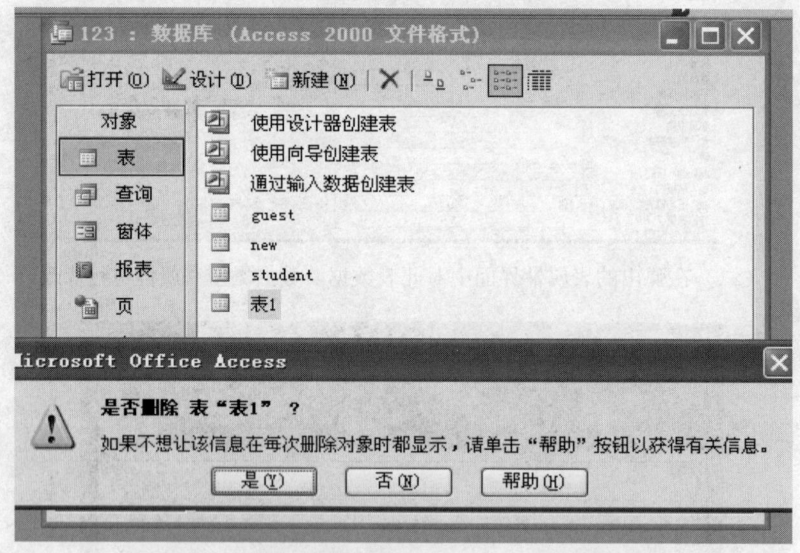

（二）在弹出的删除确认界面中单击“是”按钮将此表删除

图 3-7 删除表操作流程

任务 3 SQL 语言操作数据库

SQL 又称为结构化查询语言，1986 年 10 月美国国家标准局确立了 SQL 标准，1987 年，国际标准化组织也通过了这一标准。自此，SQL 成为了国际标准语音，所以各个数据库厂家纷纷推出各自支持的 SQL 软件或接口软件。

SQL 成为国际标准，对数据库以外的领域也产生了很大的影响，有不少软件产品讲 SQL 语言的数据查询功能与图形功能、软件工程工具、软件开发工具、人工智能程序结合起来。SQL 已经成为了关系数据库领域中的一个主流语言。

SQL 语言主要具有如下功能：

1）数据定义

2）数据操作

3）视图

在下面的内容中，将对 SQL 的上述基本功能的实现进行简要介绍。

子任务 1　数据定义

关系数据库是由模式、外模式和内模式构成的，所以关系数据库的基本对象是表、视图和索引。因此 SQL 的数据定义功能包括定义表、定义视图和定义索引。

1. 数据库操作

数据库是一个包括了很多基本表的数据集，使用 SQL 创建数据库的语句格式如下：

Create database<数据库名>（其他参数）

其中，“数据库名”在系统中必须是唯一的，不能重复，不然将导致数据存取失误；“其他参数”因具体数据库实现系统不同而异。

例如，可以通过如下语句建立一个名为 manage 的数据库。

Create database manage;

将数据库及其全部内容从系统中删除的语法格式如下：

Drop database <数据库名>;

例如，可以通过如下语句删除前面创建的数据库 manage：

Drop database manage;

2. 表操作

表是数据库中的最重要构成部分，可以存储大量的数据。

（1）创建表。SQL 语言使用 Create table 语句定义基本表，其具体语法格式如下：

Create table <表名>;

例如，创建一个职工表 zhigong，它由职工编号 id、姓名 name、性别 sex、年龄 age 和部门 dept 五个属性组成。具体实现代码如下：

```
Create table zhigong
  (id char(5),
Name char (20)
Sex char (1)
Age int,
Dept char(15));
```

上述代码中的 char()和 int 是这些属性的数据类型。

（2）修改表。随着应用环境和应用需求的变化，有时需要修改已经建立好的表。其具体语法格式如下：

Alter table<表名>

(Add<新列名><数据类型>(完整性约束))

(Drop<完整性约束名>)

(Modify<列名><数据类型>);

其中，“表名”是指要修改的表，“Add”向表内添加新列和新的完整性约束条件，“Drop”子句用于删除指定的完整性约束条件，“Modify”子句用于修改原有的列定义。

例如，通过如下语句向表 zhigong 增加工作时间列“shijian”，数据类型为日期型。

Alter table zhigong ADD shijian Date;

（3）删除表。当删除某个不再需要的表时，可以使用 SQL 语句中的 Drop table 语句进行删除。其具体语法格式如下：

Drop table<表名>

例如，通过如下语句可以删除表 zhigong：

Drop table zhigong;

使用 Drop table 命令时一定要小心。一旦一个表被删除之后，将无法恢复。

在建立一个站点时，很可能需要向数据库中输入测试数据。而当将这个站点推出时，需要清空表中的这些测试信息。如果想清除表中的所有数据但不删除这个表，可以使用 Truncate table 语句。例如，如下代码从表 zhigong 中删除所有数据。

Truncate table mytable

3．索引操作

建立索引是加快表的查询速度的有效手段。读者可以根据个人需求在基本表上建立一个或多个索引，从而提高系统的查询效率。建立和删除索引是由数据库管理员或表的属性负责完成。

（1）建立索引。在数据库中建立索引的语法格式如下：

Create(unique | fulltext | spatial)index index_name

(using index_type)

On tb1_name (index_col_name,…)

Index_col_name:

    Col_name ((length))(asc | desc)

Create index 被映射到一个 Alter table 语句上，用于创建索引。通常，当使用 Create index 创建表时，也同时在表中创建了所有的索引，Create index 允许向已有的表中添加索引。

例如，通过如下语句为表 zhigong 建立索引，按照职工号升序和姓名降序建立唯一索引。

Create unique index no_index on zhigong(id asc,name desc);

（2）删除索引。通过 Drop 子句可以删除已经创建的索引，具体语法格式如下：

Drop index <索引名>

子任务 2　数据操纵

SQL 的数据操纵功能包括 Select、Insert、Delete 和 Update 四个语句，即检索查询和更新两部分功能，在下面内容中将分别介绍上述功能的实现。

1. SQL 查询语句

SQL 的意思是结构化查询语言，其主要功能是同各种数据库建立联系沟通。查询指的是对存储于SQL的数据的请求。查询要完成的任务是将SELECT语句的结果集提供给用户。Select 语句从 SQL 中检索出数据，然后以一个或多个结果集的形式将其返回给用户。

Select 查询的基本语法结构如下：

```
Select (predicate){* | table.* | (table.))field(,(table.)field2(,…)}
(as alias1(,alias2(,…)))
(into new_table_name)
From tableexpression(,…)
(where…)
(group by…)
(order by…)(asc | desc))
```

参数说明如下：

"predicate"：指定返回记录（行）的数量，可选 ALL、TOP。

"*"：指定表中所有字段（列）。

"table"：指定表名称。

"field"：指定表中字段（列）的名称。

"(AS alias)"：表中实际字段（列）名称的别名。

"(INTO new_table_name)"：创建新表及名称。

"tableexpression"：表的名称。

"(GROUP BY…)"：表示以该字段的值分组。

"(ORDER BY…)"：表示按升序排列，降序选 DESC。

例如，可以通过如下代码获取表 zhigong 内的所有职工信息。

```
Select*
From zhigong;
```

通过如下代码选择获取表 zhigong 内的部分表职工信息。

```
Select id ,name
Form zhigong;
```

上述代码只是获取了职工表中的职工编号和姓名信息。

```
Select*
From zhigong
Where name="红红";
```

上述代码获取职工表中姓名为"红红"的职工信息。

通过如下代码获取表 zhigong 内年龄大于 30 岁的职工信息。

```
Select*
From users
Where age>30
```

2. SQL 更新语句

SQL 的更新语句包括修改、删除和插入三类，下面将分别介绍。

（1）修改。SQL 语句的修改语法格式如下：

Update <表名>set<列名>=<新列名>

Where<表达式>

例如，如下代码将表 zhigong 内名为“红红”的职工年龄修改为 50 岁。

```
Update zhigong set age=50
Where name="红红"
```

同样，用 UPDATE 语句也可以同时更新多个字段，例如，如下代码将表 ZHIGONG 内名为“红红”的职工年龄修改为 50，所属部门修改为“化学”。

```
Update zhigong set age="50",dpt="化学"
Where name="红红"
```

（2）删除。SQL 语句的删除语法格式如下：

Delete

From<表名>

Where<表达式>

例如，如下代码将表 zhigong 内名为“红红”的职工信息删除。

```
Delete zhigong where name="红红"
```

（3）插入。SQL 语句的插入新表语法格式如下：

Insert into<表名>

Values (value1,value2….)

插入一行数据在指定的字段上的语法格式如下：

Insert into<表名>(column1,column2…)

Values (value1,value2….)

例如，通过如下代码向表 zhigong 插入名为“红红”、年龄为“20”的职工信息。

```
Insert into zhigong(tname,age)
Values("红红","20")
```

子任务 3　视图

视图是关系数据库系统提供给用户以多种角度观察数据库中数据的重要机制。视图是从一个或几个表导出的表，它与基本表不同，是一个虚表。数据库中只存放视图的定义，而不存放视图对应的数据。

视图一经定义后，就可以和基本表一样被查询、删除，也可以在一个视图之上再定义新的视图。在下面内容中，将对视图的操作知识进行简要介绍。

（1）建立视图。SQL 语句建立视图的语法格式如下：

Create view<视图名>((列名))

As <子查询>

(where check option)

例如，通过如下代码建立不及格学生的视图。

```
Create view v_101 不及格(学号,姓名,课程号,成绩)
As select top 1000
Xs_kc.课程号,xs_kc.成绩,xsqk.学号,姓名
From xs_kc,xsqk
```

```
Where 课程号="101"and 成绩<60
Order by 学号
```

注意　上面的子查询可以是任意复杂的 Select 语句，但是通常不允许含有 Order by 的子句和 disting 短句。

（2）删除视图。SQL 语句删除视图的语法格式如下：

Drop view<视图名>

例如，通过如下代码删除不及格学生的视图 v_101。

```
Drop view v_101;
```

也可以一次删除多个视图，示例如下：

```
Drop view view1,view_2
```

（3）修改视图。SQL 语句修改视图的语法格式如下：

```
Alter view(<datdbase_name>.)(<owner>.)view_name((column(,…n)))
As
Select_statement
(with check option)
```

子任务4　SQL 高级操作

经过前面内容的学习，读者应该初步掌握了 SQL 语言的基本语法格式。在下面的内容里，向读者介绍 SQL 语言高级操作方面的知识。

1. 查询运算符

通过查询运算符，不但可以将库中的数据以更加精确的格式显示出来，而且可以指定操作数据。

(1)UNION 运算符。UNION 运算符通过组合其他两个结果表(例如 TABLE1 和 TABLE2）并消去表中任何重复行而派生出一个结果表。当 ALL 随 UNION 一起使用时(即 UNION ALL)，不消除重复行。两种情况下，派生表的每一行不是来自 TABLE1 就是来自 TABLE2。

（2）EXCEPT 运算符。EXCEPT 运算符通过包括所有在 TABLE1 中但不在 TABLE2 中的行并消除所有重复行而派生出一个结果表。当 ALL 随 EXCEPT 一起使用时（EXCEPT ALL)，不消除重复行。

（3）INTERSECT 运算符。INTERSECT 运算符通过只包括 TABLE1 和 TABLE2 中都有的行并消除所有重复行而派生出一个结果表。当 ALL 随 INTERSECT 一起使用时(INTERSECT ALL)，不消除重复行。

注意　使用运算符的几个查询结果行必须是一致的。

2. 连接查询

（1）左外连接。左外连接（左连接）：结果集既包括连接表的匹配行，也包括左连接表的所有行。语法如下：

```
Select a.a,a.b,a.c,a.d,b.c,b.d,b.f from a leet out join b on a.a=b.c
```

（2）右外连接。右外连接（右连接）：结果集既包括连接表的匹配连接行，也包括右连接的所有行。

（3）全外连接。全外连接：不仅包括符合连接表的匹配行，还包括两个连接表中的所有记录。

3．跨数据库操作

例如，通过如下语句实现跨数据库的表的复制功能。

```
Insert into b(a,b,c)select d,e,f from b in"data.mdb" where 条件
```

注意 此处的数据库必须使用其绝对路径。

4．Between的用法

Between限制查询数据范围时包括了边界值，not between表示不包括。示例如下：

```
Select*from table where time between time1 and time2
Select a,b,c from table1 where a not between 数值1and 数值2
```

5．关联表操作

例如，如下代码删除主表中已经在副表中没有的信息：

```
Delect*from table1 where not exists (select*from table2 where table1.field1=table2.field1)
```

如下代码实现了4表联查：

```
Select*from a left inner join b on a.a=b.b right inner join c on a.a=c.c inner join d on a.a=d.d where…..
```

至此，数据库技术的基础知识介绍完毕。由于篇幅有限，只对其基本的知识进行了简要介绍，至于更加详尽和完善的具体使用知识，读者可以参阅相关资料。本系统的数据库该如何设计呢？

子任务5　购物系统数据库设计

1．数据库设计说明

结合前面进行的系统功能分析和需求分析，并应用数据库相关知识，设计如下面所示的数据项和数据结构。

A．商品信息：包括商品分类、商品名称、编号、价格等。

B．用户信息：包括用户名、密码、电子邮件、手机号码、QQ、真实姓名、密码提示问题及答案、详细地址等。

C．购物信息：包括购物用户、购物商品、购物总价、购物时间等。

D．留言信息：包括留言人姓名、留言内容、留言时间。

用户－商品关系图如图3-8所示。

2．系统数据库逻辑结构设计

逻辑结构设计的任务就是把概念结构设计阶段设计好的基本E-R图转换为与选用DBMS产品所支持的数据模型相符合的逻辑结构（本系统所使用的是Microsoft的Access 2003为关系型DBMS）。下面运用关系数据库规范化理论，使E-R图向关系模型的转换。

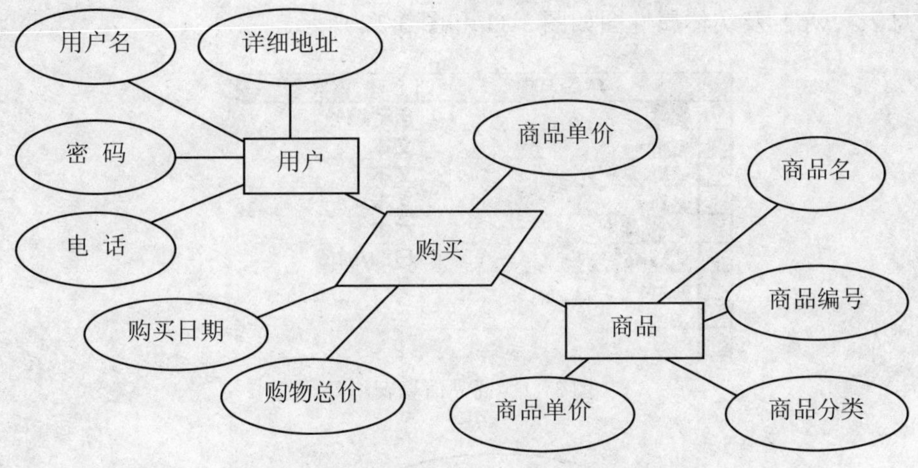

图 3-8　用户－商品关系图

数据库中的主要表结构如下：

用户信息表（User）及实体属性图如图 3-9 和图 3-10 所示。

字段名称	数据类型
id	自动编号
username	文本
password	文本
time	日期/时间
useremail	文本
UserQuestion	文本
UserAnswer	文本
realname	文本
welcomeshengbuy	文本
UserMobile	文本
userqq	文本
post	文本

图 3-9　用户信息表

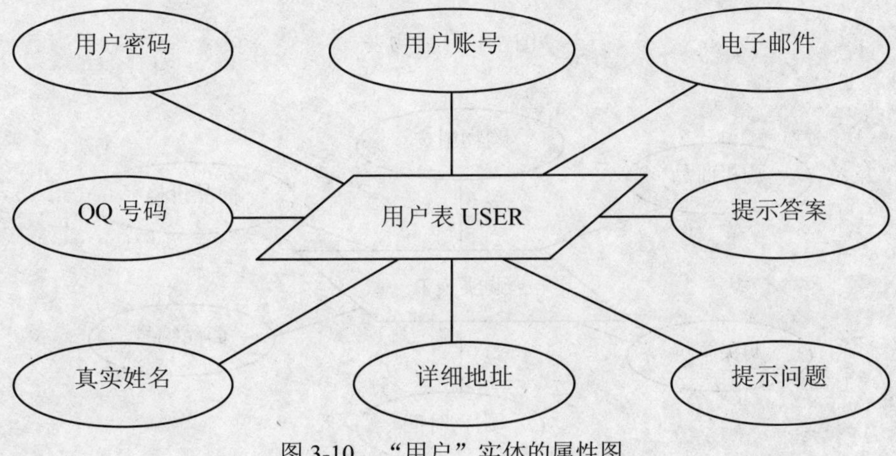

图 3-10　“用户”实体的属性图

商品信息表（wp）及实体属性图如图 3-11 和图 3-12 所示。

字段名称	数据类型
a_id	自动编号
a_name	文本
a_hb	文本
a_img	文本
a_type	文本
a_time	日期/时间
a_buy	是/否

图 3-11　商品信息表

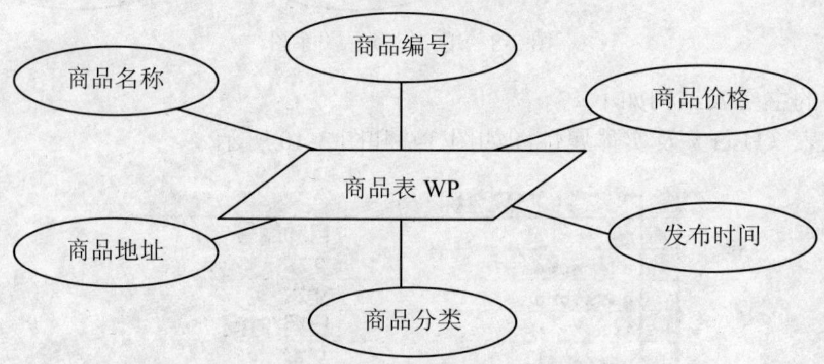

图 3-12　“商品”实体的属性图

购物表（p）及实体属性图如图 3-13 和图 3-14 所示。

字段名称	数据类型
id	自动编号
uname	文本
p_id	数字
state	是/否
p_img	文本

图 3-13　购物表

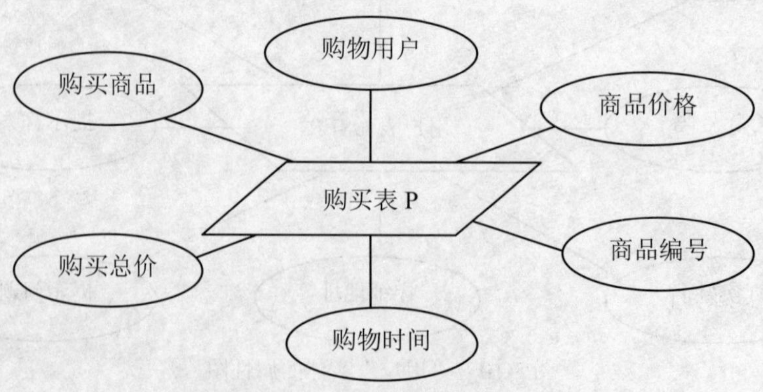

图 3-14　“购物”实体的属性图

留言表（liuyan）及实体属性图如图 3-15 和图 3-16 所示。

字段名称	数据类型
b_id	自动编号
b_name	文本
b_title	文本
b_neirong	文本
b_time	日期/时间

图 3-15　留言表

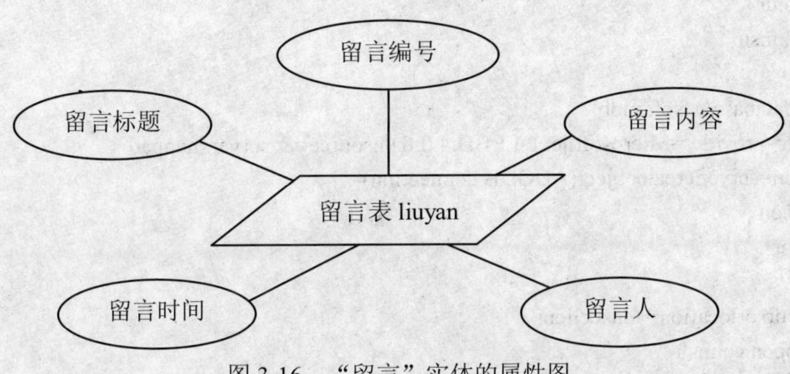

图 3-16　“留言”实体的属性图

任务 4　创建数据库连接

使用数据库时，必须首先建立和数据库的连接。只有建立连接后，系统程序才能调用和控制数据库中的数据。本节将对数据库连接方面的知识进行简要介绍。

子任务 1　代码连接

代码连接是指利用数据库的连接参数进行连接。主要包括如下参数：

（1）数据库位置：数据库的保存路径。

（2）数据库密码：数据库设置的密码。

上面介绍的数据库路径既可以是相对路径，也可以是绝对路径。例如，下面代码使用绝对路径建立数据库连接。

```
<%
Set conn = server.createobject(ADODB.connection)
Strconn=DEIVER= {microsoft access driver(*.mdb)};
Strconn=strconn & DBQ= e: \ yanhang \ database.mdb
 Conn.open strconn
%>
```

下面代码使用相对路径建立数据库连接。

```
<%
Set conn = server.createobject(ADODB.connection)
```

```
Strconn=DEIVER= {microsoft access driver(*.mdb)} ;
Strconn=strconn&DBQ=&server.mappath
("/database/yanhang.mdb")
Conn.open strconn
%>
```

在实际中的具体应用系统中，数据库连接文件往往是通用文件，是系统首先需要读取的代码通常使用 include 语句调用。在实际的系统开发过程中，为提高系统安全性，需要经常在数据库连接文件中，设置一些安全措施。例如，如下代码不仅能够建立数据库连接，而且能够过滤掉系统的单引号，实现字符相互转换。

```
<%
Dim conn
Dim connstr
Dim db
Db=" database/trfsoft.mdb"
Connstr=provider=Microsoft,jet.OLEBD.4.0;datasource=& server.mappath
Set conn=server.createobject(ADODB.connection)
If err then
Err.clear
End if
Conn.cursorlocation=aduseclient
Conn.open connstr
Sub closeconn()
    Conn.close()
    Set conn=nothing
End sub
Function realstring(strscr)
Realstring=replace(trim(strscr),",")
End function
Function convert(strscr)
    Convert=server.HTMLENcode(replace(trim(strscr),""""")
    Convert=replace(convert,chr(13),"<br>")
End function
%>
```

如果连接字符串中的数据库路径一旦泄露，将会危及到整个系统的安全。例如，如果知道了 Access 数据库的存放路径，在浏览器地址栏中输入路径地址后，就可以轻易地把数据库文件下载到本地的机器中。

在建立和 Access 数据库的连接时，笔者提出如下建议：

1）非常规方法命名。防止数据库被找到的最简便方法是为 Access 数据库文件起一个复杂的非常规名字，并存放在多层目录下，另外加上特殊字符，并且以.asp 之类的格式作为后缀。例如，对于网上商城系统的数据库文件，不要简单地命名为“shop.mdb”等，而是要起个非常规的名字。例如，#faq19bal*.asp，再把它放在如./ffgfg6t/kjgf/zcd/av 之类的深层目录下。

2）数据库编码、加密处理。为了维护 Access 数据库的安全性，最好对数据库文件进行编码及加密。数据库编码处理的操作流程如图 3-17 所示。

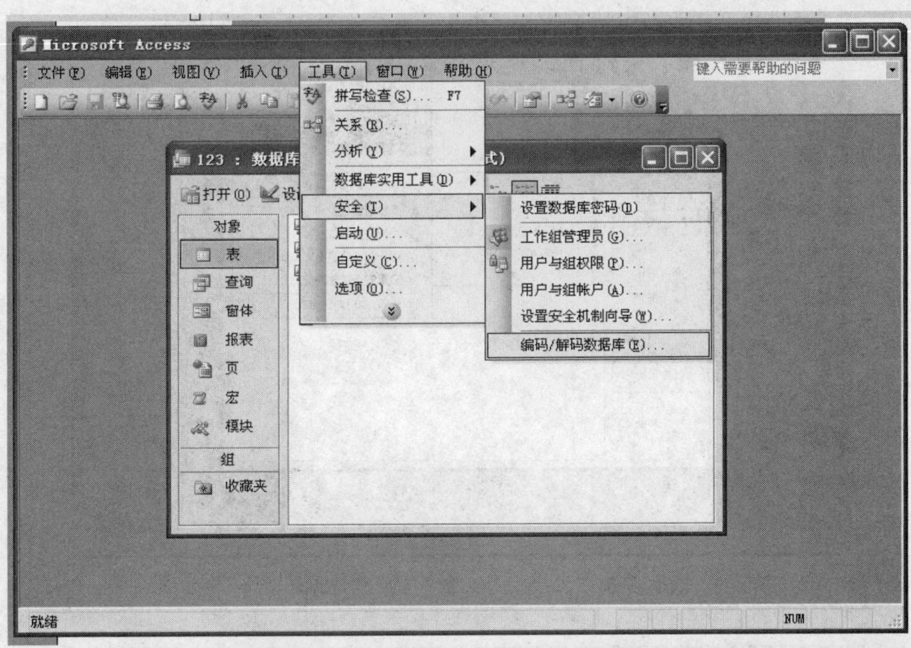

（一）依次单击“工具”“安全”“编码/解码数据库”选项，选取要加密的数据库

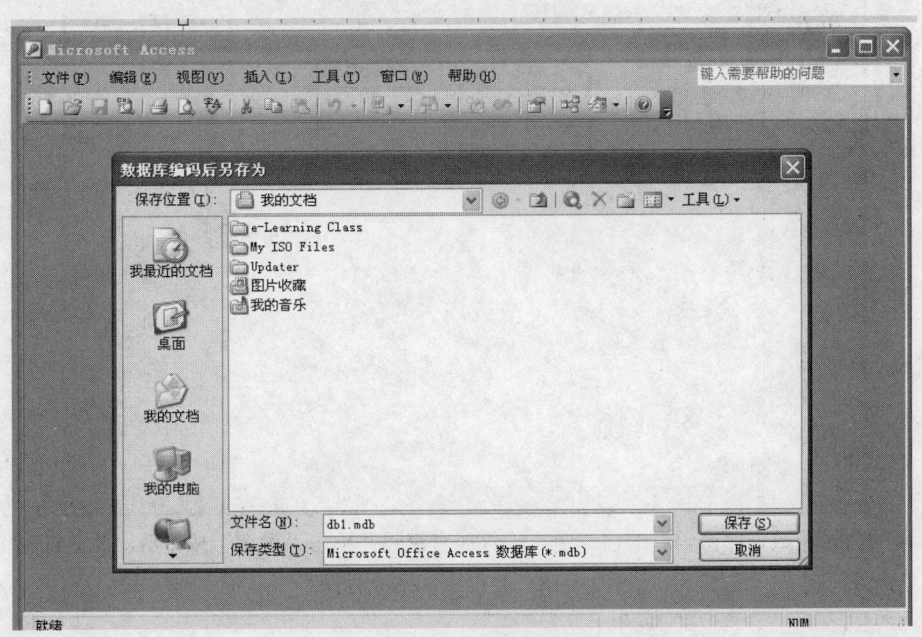

（二）在出现的“数据库编码后另存为”的窗口中，保存编码后的数据库。

单击“确定”按钮后数据库将会被编码

图 3-17　数据库编码流程图

以上的操作并不是对数据库设置密码，而只是对数据库文件加以编码，目的是为了防止他人使用别的工具来查看数据库文件的内容。

接下来要为数据库加密，具体操作流程如图 3-18 所示。

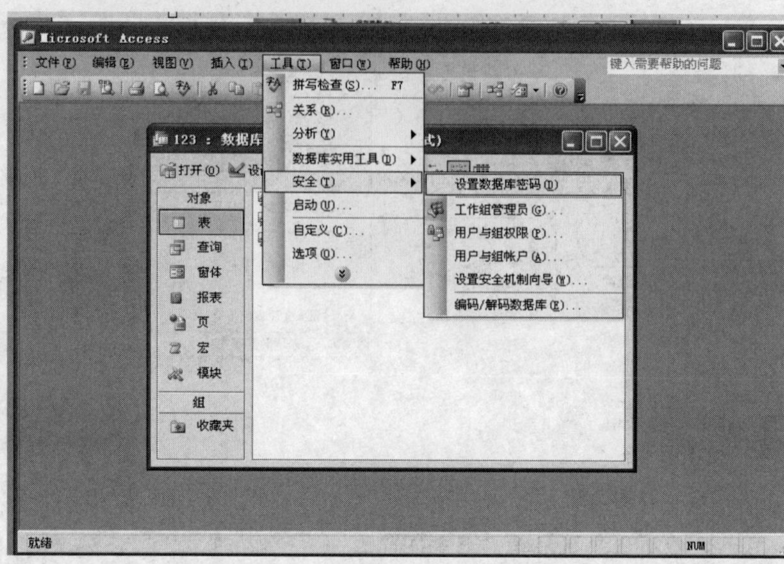

（一）依次单击“工具”“安全”“设置数据库密码”选项

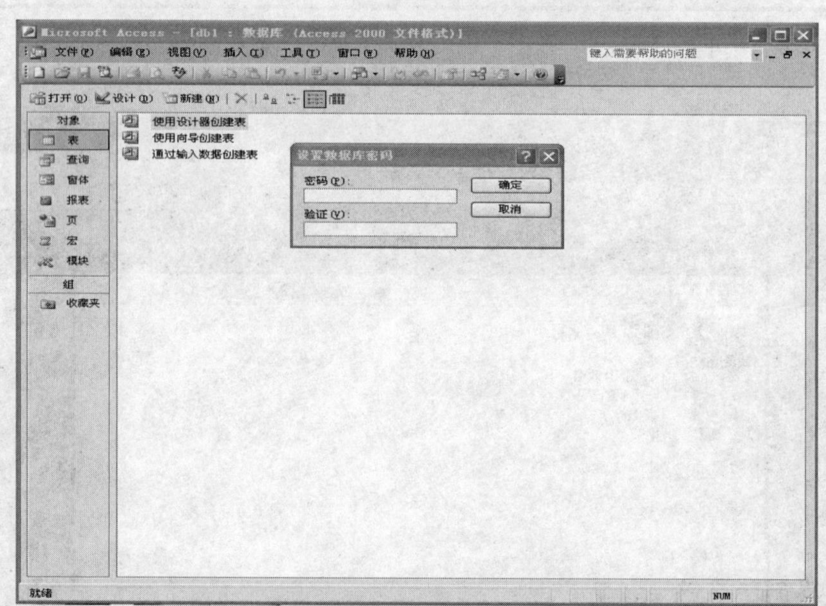

（二）在出现的“设置数据库密码”的窗口中，输入加密密码并单击“确定”按钮后，此数据库将会被加密

图 3-18　数据库加密流程图

子任务 2　数据源连接

利用数据源连接（DSN）连接，即利用 ODBC 数据源进行连接。在使用此方法前，需要首先给连接数据库起一个数据源名，然后利用数据源名进行连接。

要创建一个数据源连接，首先给服务器提供数据库的名字、通信所需要的 ODBC 驱动程序以及在网络中的地址。下面以 Access 数据库为例，介绍数据源的创建流程。具体操作流程如图 3-19 所示。

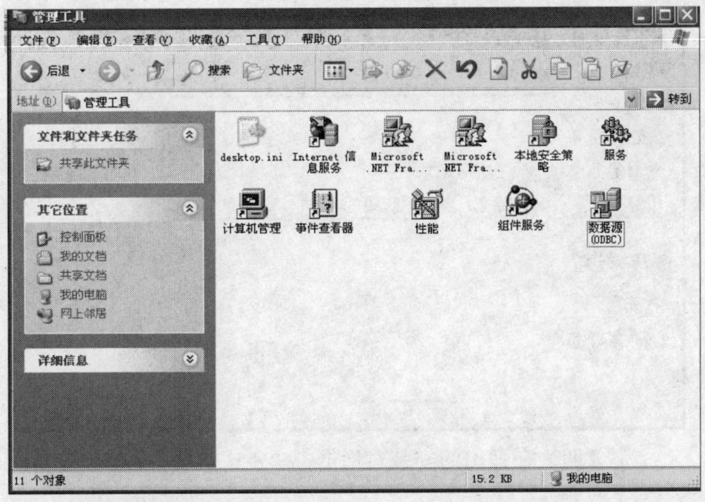

（一）在控制面板的管理工具中双击打开数据源（ODBC）

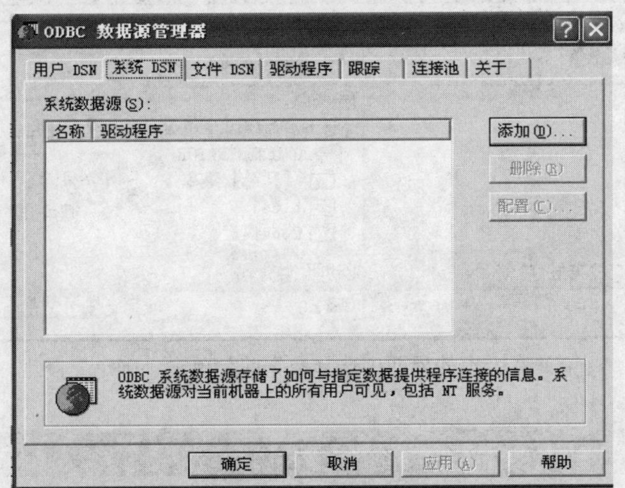

（二）在数据源管理器窗口中选择“系统 DSN”，然后单击“添加”按钮

（三）选择 Access（*.mdb）选项后单击“完成”按钮

图 3-19　数据设置流程图

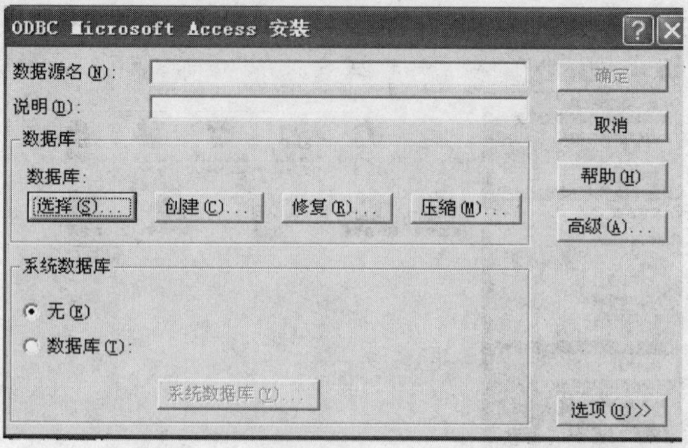

（四）在弹出的安装对话框中单击“选择”按钮

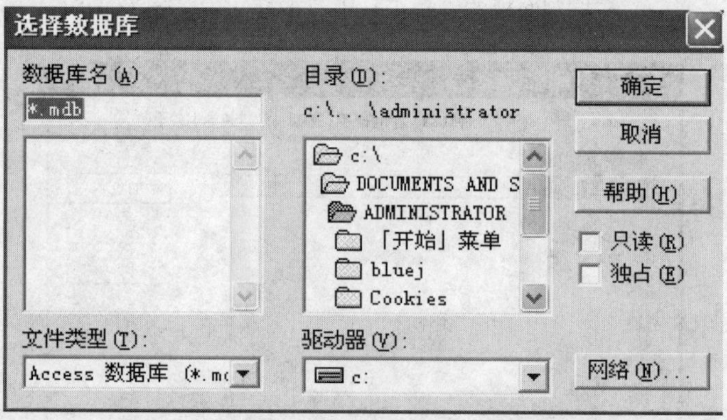

（五）在弹出的界面中选择数据库，单击“确定”按钮

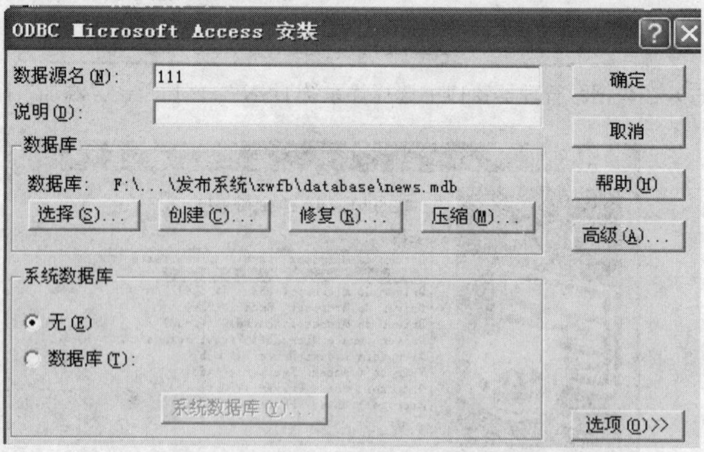

（六）输入数据源名后，单击“确定”按钮完成操作

图 3-19　数据源设置流程图（续）

经过上述流程的数据源设置后，就可以建立数据库的连接了。如果连接数据库没有设置访问密码，可以通过如下代码实现连接：

```
<%
Set conn=server.createobject(ADODB.connection)
Conn.open 111
%>
```

其中“111”是在如图2-6所示流程中建立的数据源名，username和password是具有访问权限的用户名和对应得密码。

在ASP程序设计中，应尽量使用ODBC数据源连接数据库。不要把数据库名直接写在程序中，否则，数据库名将随asp源代码的失密而一同失密。

拓展知识：ODBC技术和Recordset记录集

ActiveX Data Objects（ADO）是一项容易使用并且可扩展的将数据库访问添加到Web页的技术。可以使用 ADO 去编写紧凑简明的脚本以便连接到 Open Database Connectivity（ODBC）兼容的数据库和OLE DB兼容的数据源。

如果您是一个对数据库连接有一定了解的脚本编写人员，那么您将发现ADO命令语句并不复杂而且容易掌握。同样地，如果您是一个经验丰富的数据库编程人员，您将会正确认识ADO的先进的与语言无关性和查询处理功能。

1. 创建ODBC DSN文件

在创建数据库脚本之前，必须提供一条使ADO定位、标识和与数据库通讯的途径。数据库驱动程序使用Data Source Name（DSN）定位和标识特定的ODBC兼容数据库，将信息从Web应用程序传递给数据库。典型情况下，DSN包含数据库配置、用户安全性和定位信息，且可以获取 Windows NT注册表项中或文本文件的表格。

通过ODBC，您可以选择希望创建的DSN的类型：用户、系统或文件。用户和系统DSN存储在Windows NT注册表中。系统DSN允许所有的用户登录到特定的服务器上去访问数据库，而用户DSN使用适当的安全身份证明限制数据库到特定用户的连接。文件DSN用于从文本文件中获取表格，提供了对多用户的访问，并且通过复制DSN文件，可以轻易地从一个服务器转移到另一个服务器。

由于以上原因，本主题中的示例将使用文件DSN。

通过在 Windows 的“开始”菜单打开“控制面板”，可以创建基于 DSN 的文件。双击“ODBC”图标，然后选择“文件 DSN”属性页，单击“添加”，选择数据库驱动程序，然后单击“下一步”按钮。按照后面的指示配置适用于您的数据库软件的DSN。

2. 配置Microsoft Access数据库的文件 DSN

在“创建新数据源”对话框中，从列表框选择“Microsoft Access Driver”，然后单击“下一步”按钮。

键入您的DSN文件名，然后单击“下一步”按钮。

单击“完成”按钮创建数据源。

在“ODBC Microsoft Access 97 安装程序”对话框中，单击“选择”按钮。选择Microsoft Access数据库文件（*.mdb），然后单击“确定”按钮。

注意由于性能和可靠性的原因，我们极力推荐使用“客户－服务器数据库引擎”配置由这样一种 Web 应用程序驱动的数据，这些 Web 应用程序必须满足 10 个以上的用户同时访问。尽管 ASP 可以使用任何 ODBC 兼容的数据库，但它是为使用客户－服务器数据库而设计的，而且经过了严格的测试，这些数据库包括 Microsoft SQL Server、Oracle 等。

ASP 支持共享文件数据库（如 Microsoft Access 或 Microsoft FoxPro）作为有效的数据源。尽管在 ASP 文档中的一些示例使用共享文件数据库，但我们建议只将此类数据库引擎用于开发或有限的配置方案。共享文件数据库可能无法很好地适用于可满足高需求、高质量的 Web 应用程序的客户－服务器数据库。

3. 配置 SQL Server 数据库文件 DSN

注意如果数据库驻留在远程服务器上，请与服务器管理员联系，获取附加的配置信息；下面的过程使用 SQL Server 的 ODBC 默认的设置，它可能不适用于您的硬件配置。

在“创建新数据源”对话框中，从列表框中选择“SQL Server”，然后单击“下一步”按钮。

键入 DSN 文件的名称，然后单击“下一步”按钮。

单击“完成”按钮创建数据源。

键入运行 SQL 服务程序的服务器的名称、登录 ID 和密码。

在“创建 SQL Server 的新数据源”对话框中，在“服务器”列表框中键入包含 SQL Server 数据库的服务器的名称，然后单击“下一步”按钮。

选择验证登录 ID 的方式。

如果要选择 SQL 服务器验证，请输入一个登录 ID 和密码，然后单击“下一步”按钮。

在“创建 SQL Server 的新数据源”对话框中，设置默认数据库、存储过程设置的驱动程序和 ANSI 标识，然后单击“下一步”按钮（要获取详细信息，请单击“帮助”）。

在对话框（同样名为“创建 SQL Server 的新数据源”）中，选择一种字符转换方法，然后单击“下一步”按钮（详细信息，请单击“帮助”）。

在下一个对话框（同样名为“创建 SQL Server 的新数据源”）中，选择登录设置。

注意典型情况下，只能使用日志来调试数据库访问问题。

在“ODBCMicrosoft SQL Server 安装程序”对话框中，单击“测试数据源”。如果 DSN 正确创建，“测试结果”对话框将指出测试成功完成。

4. SQL Server 连接和安全信息

如果您正在开发用于连接远程 SQL Server 数据库的 ASP 数据库应用程序，应考虑以下问题：

连接方案：您可以选择 TCP/IP 套接字和命名管道的方法访问远程的 SQL Server 数据库。当使用命名管道时，因为在建立连接之前，数据库用户必须被 Windows NT 确认，所以对只有适当的 SQL Server 访问身份而在该计算机上没有 Windows NT 用户账号的用户可能会被拒绝访问命名管道。作为一种替代方案，使用 TCP/IP 套接字的连接可直接连接到数据库服务器，而不必通过使用命名管道的中间计算机。因为使用 TCP/IP 套接字连接可直接连接到数据库 Server，所以通过 SQL Server 的确认，用户就可以获得访问权，而不必通过 Windows NT 的确认。

注意在连接到远程数据库时使用 TCP/IP 套接字可提高性能。

安全性：如果您使用 SQL Server 的集成或混合安全特性，并且 SQL Server 数据库位于远程服务器上，则不能使用 Windows NT 请求/响应的确认。也就是说，不能将 Windows NT 请求/响应身份证转发到远程计算机上，而只能使用基本身份验证，它根据用户提供用户名和口令信息进行。

有关这一主题的详细信息，请参阅 http://www.microsoft.com/sqlsupport/上的 Microsoft SQL Server 技术支持主页。

5. 配置 Oracle 数据库文件 DSN

首先要确保 Oracle 用户软件被正确地安装要创建 DSN 的计算机上。详细信息请与服务器管理员联系或参阅数据库软件文档。

在“创建新数据源”对话框中，从列表框中选择“MicrosoftODBCfor Oracle”，然后单击“下一步”按钮。

键入 DSN 文件的名称，然后单击“下一步”按钮。

单击“完成”按钮创建数据源。

输入用户名、密码和服务器名，然后单击“确定”按钮。

注意DSN文件用.dsn扩展名，位于 \\Programs\\Common Files\\ODBC\\Data Sources 目录中。

有关创建DSN文件的详细信息，请访问 Microsoft ODBC Web 站点：http://microsoft.com/odbc/。

6. 连接数据库

访问数据库信息的第一步是和数据库源建立连接。ADO 提供 Connection 对象，可以使用该对象建立和管理应用程序和 ODBC 数据库之间的连接。Connection 对象具有各种属性和方法，可以使用它们打开和关闭数据库连接，并且发出查询请求来更新信息。要建立数据库连接，首先应创建 Connection 对象的实例。例如，下面的脚本创建 Connection 对象，接着打开数据库连接：

```
<%
\'Create a connection object
Set cn = Server.CreateObject(\"ADODB.Connection\")
\'Open a connection; the string refers to the DSN
cn.Open \"FILEDSN=MyDatabase.dsn\"
%>
```

注意无论在等号（=）之前还是之后，DSN 字符串都不能包含空格。

在这种情况下，Connection 对象的 Open 方法引用基于 DSN 的文件，其中包含关于数据库的位置和配置信息。也可以不引用 DSN，直接显式引用供应程序、数据源、用户 ID 和密码。有关建立连接的可选方法的详细信息，请参阅 Microsoft ActiveX Data Objects（ADO）。

7. 用 Connection 对象执行查询

用 Connection 对象的 Execute 方法，您可以发出结构化查询语言（SQL）查询数据库源并检索结果。SQL 是用于与数据库通信的工业标准语言，它有许多命令可用来检索和更新信息。

下面的脚本使用 Connection 对象的 Execute 方法在 SQL INSERT 命令的表格中发出查询，该命令将数据插入特定的数据库表格。在下面的示例中，脚本将名称 Jose Lugo 插入名为 Customers 的数据库表中。

```
<%
\'Define file based DSN
strDSN = \"FILEDSN=MyDatabase.dsn\"
\'Instantiate the Connection object and open a database connection
```

```
Set cn = Server.CreateObject(\"ADODB.Connection\")
cn.Open strDSN
\'Define SQL SELECT statement
strSQL = \"INSERT INTO Customers (FirstName, LastName) VALUES
(\'Jose\',\'Lugo\')\"
\'Use the Execute method to issue a SQL query to database
cn.Execute(strSQL)
%>
```

注意基于 DSN 路径字符串的文件在等号（=）前后不应包含空格。

除了 SQL INSERT 命令以外，您也可以使用 SQL UPDATE 和 DELETE 命令更改和删除数据库信息。

用 SQL UPDATE 命令，您可以改变数据库表中各项目值。下面的脚本使用 UPDATE 命令将 Customers 表中每个 LastName 字段包含姓 Smith 记录的 FirstName 字段更改为 Jeff。

```
<%
Set cn = Server.CreateObject(\"ADODB.Connection\")
cn.Open \"FILEDSN=MyDatabase.dsn\"
cn.Execute \"UPDATE Customers SET FirstName = \'Jeff\' WHERE LastName =
\'Smith\' \"
%>
```

要想从数据库表中删除特定的记录，可使用 SQL DELETE 命令。下面的脚本从 Customers 表中删除了所有姓 Smith 的行：

```
<%
Set cn = Server.CreateObject(\"ADODB.Connection\")
cn.Open \"FILEDSN=MyDatabase.dsn\"
cn.Execute \"DELETE FROM Customers WHERE LastName = \'Smith\'\"
%>
```

注意在使用 SQL DELETE 命令时，必须谨慎从事。当使用不带 WHERE 子句的 DELETE 命令时，它将删除表中的所有行。一定要包含 SQL WHERE 子句来指定要删除的确切行。

8. 使用 Recordset 对象处理结果

尽管 Connection 对象简化了连接数据库和查询任务，但 Connection 对象仍有许多不足。确切地说，检索和显示数据库信息的 Connection 对象不能用于创建脚本；您必须确切知道要对数据库作出的更改，然后才能使用查询实现更改。

对于检索数据、检查结果、更改数据库，ADO 提供了 Recordset 对象。正如它的名称所暗示的那样，Recordset 对象有许多可以使用的特性，根据您的查询限制，检索并且显示一组数据库行，即记录。Recordset 对象保持查询返回的记录的位置，允许一次一项逐步扫描结果。

根据 Recordset 对象的指针类型属性设置，可以滚动和更新记录。数据库指针可以在一组记录中定位到特定的项。指针还用于检索和检查记录，然后在这些记录的基础上执行操作。Recordset 对象有一些属性，可用于精确地控制指针的行为，提高检查和更新结果的能力。例如，可以使用 CursorType 和 CursorLocation 属性设置指针的类型，将结果返回给客户端应用程序（结果通常保留在数据库服务器上）并显示其他用户对数据库的最后一次更改。有关配置 Recordset 对象指针的信息，请参阅 Microsoft ActiveX Data Objects（ADO）。

9. 检索记录

一个成功的数据库应用程序都使用 Connection 对象建立链接并使用 Recordset 对象处理返回的数据。通过“协调”两个对象的特定功能，您可以开发出几乎可以执行任何数据处理任务的数据库应用程序。例如，下面的服务器端脚本使用 Recordset 对象执行 SQL SELECT 命令。SELECT 命令检索一组基于查询限制的信息。查询也包含 SQL WHERE 子句，用来缩小查询的范围。此例中，WHERE 子句将查询限制为所有的 Customers 数据库表中包含的姓 Smith 的记录。

```
<%
\'Establish a connection with data source
strDSN = \"FILEDSN=MyDatabase.dsn\"
Set cn = Server.CreateObject(\"ADODB.Connection\")
cn.Open strDSN
\'Instantiate a Recordset object
Set rsCustomers = Server.CreateObject(\"ADODB.Recordset\")
\'Open a recordset using the Open method
\' and use the connection established by the Connection object
strSQL = \"SELECT FirstName, LastName FROM Customers WHERE LastName =
\'Smith\' \"
rsCustomers.Open strSQL, cn
Cycle through record set and display the results
\' and increment record position with MoveNext method
Set objFirstName = rsCustomers(\"FirstName\")
Set objLastName = rsCustomers(\"LastName\")
Do Until rsCustomers.EOF
Response.Write objFirstName & \" \" & objLastName & \"<BR>\"
rsCustomers.MoveNext
Loop
%>
```

注意，在前面的例子中，用来建立数据库连接的 Connection 对象和 Recordset 对象使用该连接从数据库中检索结果。当您需要精确地设置和数据库建立链接所采用的方式时，这个方法是非常有用的。例如，如果需要在连接尝试失败之前指定等待的时间，则需要使用 Connection 对象去设置属性。但是，如果仅仅想使用 ADO 默认的连接属性建立连接，则应该使用 Recordset 对象的 Open 方法去建立链接：

```
<%
strDSN = \"FILEDSN=MyDatabase.dsn\"
strSQL = \"SELECT FirstName, LastName FROM Customers WHERE LastName =
\'Smith\' \"
Set rsCustomers = Server.CreateObject(\"ADODB.Recordset\")
\'Open a connection using the Open method
\'and use the connection established by the Connection object
rsCustomers.Open strSQL, strDSN
\'Cycle through the record set, display the results,
\' and increment record position with MoveNext method
Set objFirstName = rsCustomers(\"FirstName\")
```

```
Set objLastName = rsCustomers(\"LastName\")
Do Until rsCustomers.EOF
Response.Write objFirstName & \" \" & objLastName & \"<BR>\"
rsCustomers.MoveNext
Loop
%>
```

当使用 Recordset 对象的 Open 方法建立一个连接时，必须使用 Connection 对象去保证连接的安全。详细信息请参阅 Microsoft ActiveX Data Objects（ADO）。

项目 4 电子商务网站中注册和登录功能的设计与制作

任务 1 实现电子商务网站中的注册功能

几乎所有的电子商务网站都需要进行会员注册及登录的操作，才能在网站上进行购物，一般情况下，登录及注册模块的功能比较单一，除了实现验证用户信息的有效性和一些必要的安全设置外，更多的是如何提高程序的可操作性，更好地方便用户。登录及注册模块由用户注册、用户登录和找回密码三部分组成。

子任务 1 用户注册流程

用户注册的信息分为必填信息及可选信息。必填信息默认是可见的，而可选信息默认是隐藏的。在必填信息不完整的时候“注册”按钮是不可用的。对于可选信息，用户可以选择填写或者不填写。用户注册成功后显示成功信息，同时将用户名保存到 session 中，并跳转到主页面。用户注册流程图如图 4-1 所示。

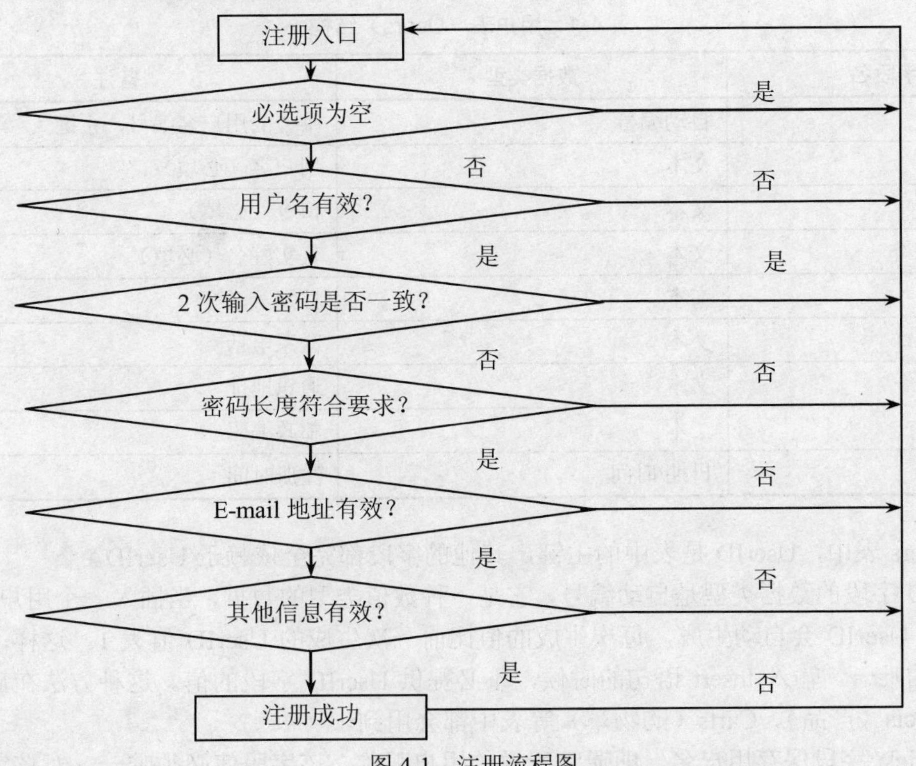

图 4-1 注册流程图

子任务 2　模块功能分析

注册系统一般由注册信息填写和注册信息处理两大部分构成。

注册信息填写部分：注册信息填写一般是由用户完成，在填写的过程中应该有相应的提示，比如用户名、密码填写要求，对于不符合的填写应给出说明，这个页面也就是本系统的 Reg.asp。

注册信息处理部分：注册信息填写完成后，用户单击“注册”按钮，应该调用相应的信息处理程序，将客户填写的信息添加到相应的数据库中，如果客户填写的信息不符合要求，则提示填写有误，请用户重新填写。

注册系统逻辑功能如图 4-2 所示。

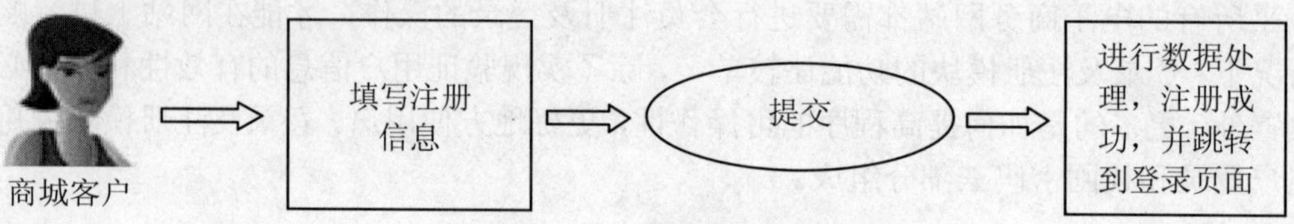

图 4-2　客户注册逻辑功能图

子任务 3　数据库设计

1. 用户表结构

用户表结构如表 4-1 所示。

表 4-1　用户表（Users）结构

字段名	数据类型	备注
UserID	自动编号	唯一的用户名编号、主键
User	文本	用户名（必填）
Pwd	文本	口令（必填）
Turename	文本	真实姓名（必填）
Sex	文本	性别
Tele	文本	联系电话
Address	文本	通讯地址
PostCode	文本	邮政编码
RegTime	日期/时间	注册时间

在 Users 表中，UserID 是表中的主键，其他的字段都完全依赖于 UserID。

UserID 字段的数据类型是自动编号，它是一种数值类型的数据，当插入一个用户记录时，Users 表的 UserID 会自动生成，每次生成的值比前一次生成的 UserID 值大 1。这样，就能保证主键值的唯一，输入 Insert 语句的时候，不必提供 UserID 字段的值。这种方法在后面要介绍的 Products（产品）、Carts（购物车）等表中都会用到。

UserNick 字段保存用户名，即通常所说的用户昵称，该字段值必须唯一，对该字段值的控制可以在用户注册页面中实现。

UserName 字段保存用户真实姓名。

UserTypeID 保存用户类型的编号，编号代表的用户类型名称在 UserType 表中保存。

用户类别表 UserType 表的结构如表 4-2 所示。

表 4-2　用户类型表（UserType）结构

字段名	数据类型	备注
UserTypeID	自动编号	唯一的用户名类型编号、主键
UserType	文本	用户类型

在本网站中，UserType 字段值含义：1－普通用户；2－管理员。

一个电子商务网站要长期生存和发展，必须拥有稳定的用户群。目前，一个有效的保持稳定的用户群的方法是实行注册制，即注册会员可以享受到更多、更方便、更个性化的服务。例如，定期向会员发送关于服务或产品的信息等，这些都可以成为吸引用户注册的因素。注册往往也是用户享受公司服务和产品的开始，这些注册信息的积累以及用户消费数据的积累，可以帮助企业分析用户消费习惯，为制定下一步经营策略提供依据。

注册信息一般分为两类：一类是必填的，要求用户必须填写，如果不填写，将无法完成注册步骤。这些数据中有些是鉴别用户身份的重要数据，如用户名、口令、用户姓名、E-mail 地址；另外一类是联系用户的信息，如地址、电话等，这些数据项是可选的，这些数据的存在可以让网站更好地为用户提供服务和更方便地联系用户。

完成注册以后，用户每次访问时，用注册的用户名和口令登录。登录以后，就可以享受网站提供的服务了，例如，订购商品、查看订购历史及订单等。

2. 注册功能的实现

用户注册时，需要填写的必填信息填写完整并且正确后，“注册”按钮才被激活。这时用户可以选择注册或者填写详细信息后再进行注册。在整个注册过程中，用户的每一次操作，系统都应该给出友好的提示，来帮助用户完成注册。注册功能的运行结果如图 4-3 所示。

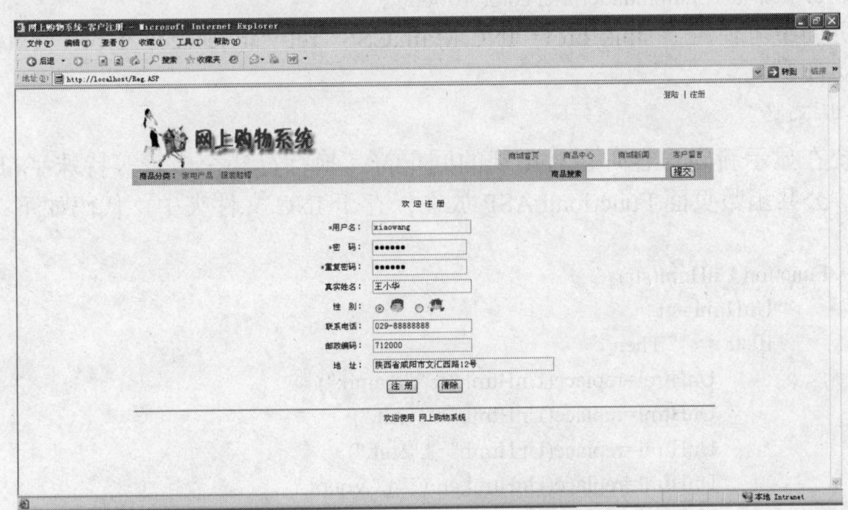

图 4-3　用户注册界面

用户信息填写完成后，单击“注册”按钮，将会出现如图 4-4 所示的界面。

图 4-4　注册成功提示界面

注册功能实现需要以下几个页面：

（1）数据库连接文件。

数据库连接文件 Conn.ASP，利用该页面可以建立每个 ASP 页面与数据库的连接，便于程序是维护。代码如下：

```
<%
    Dim Conn,Str,db
    db = "data/data.mdb"
    Set Conn = Server.CreateObject("ADODB.Connection")
    Str = "Provider=Microsoft.Jet.OLEDB.4.0;Data Source="&Server.MapPath(""&db&"")
    Conn.Open Str
%>
```

在其他页面中可使用“<!--#include file="Conn.ASP" -->”的方法将此文件包含进来。

（2）样式表文件。

样式表文件 Main.CSS，保存于 INC 文件夹中。代码如下：

```
body,tr,td {font-family:"宋体"; font-size:12px;line-height: normal;}
A:link {text-decoration:none; color:#255BCC;}
A:active {text-decoration:none; color:#255BCC;}
A:visited {text-decoration:none; color:#255BCC;}
A:hover {text-decoration:underline; color:#ff0000;}
```

在其他页面中可使用“<link href="INC/Main.CSS" rel="stylesheet" type="text/css">”的方法连接到该文件。

（3）公共函数。

新闻系统在显示新闻内容时会对出现的回车符、换行符和空格符等特殊字符进行处理才能显示出来。公共函数页面 Functiong.ASP 放在保存于 INC 文件夹中，代码如下：

```
<%
    Function UnHtml(str)
        UnHtml=str
        If str <> "" Then
            UnHtml=replace(UnHtml,"&","&amp;")
            UnHtml=replace(UnHtml,"<","&lt;")
            UnHtml=replace(UnHtml,">","&gt;")
            UnHtml=replace(UnHtml,chr(34),"&quot;")
            UnHtml=replace(UnHtml,chr(13),"<br>")
```

```
            UnHtml=replace(UnHtml,chr(32)," ")
        End If
    End Function
%>
```

在其他页面中可使用"<!--#include file=" INC/Function.ASP" -->"的方法将此文件包含进来。

（4）填写注册信息页面。

```
<!--#include file="Conn.ASP" -->
<!--#include file="ADMIN/INC/FUNCTION.ASP" -->
<html>
<head>
<meta http-equiv="Content-Type" content="text/html; charset=gb2312">
<title>网上购物系统-客户注册</title>
<link href="INC/Main.CSS" rel="stylesheet" type="text/css">
<Script language="javascript">
function ChkregFrm()
{
    if(document.regFrm.User.value == "")
    {
        alert('请输入用户名！');
        document.regFrm.User.focus();
        return false;
    }
    if(document.regFrm.Pwd.value == "")
    {
        alert('请输入密码！');
        document.regFrm.Pwd.focus();
        return false;
    }
    if(document.regFrm.rePwd.value != document.regFrm.Pwd.value)
    {
        alert('重复密码不正确！');
        document.regFrm.rePwd.focus();
        return false;
    }
}
</Script>
</head>

<body leftmargin="0" topmargin="0">
<table width="900" border="0" align="center" cellpadding="0" cellspacing="0">
  <tr>
    <td><!--#include file="top.asp" --></td>
  </tr>
  <tr>
    <td> </td>
  </tr>
```

```
<tr>
  <td><table width="400" border="0" align="center" cellpadding="0" cellspacing="1">
  <form name="regFrm" method="post" action="?action=reg" onSubmit="return(ChkregFrm());">
   <tr>
    <td height="40" colspan="2" align="center">欢 迎 注 册</td>
   </tr>
   <tr>
    <td width="108" height="30" align="right"><font color="#FF0000">*</font>用户名：</td>
    <td width="254"> 
      <input name="User" type="text" id="User"></td>
   </tr>
   <tr>
    <td height="30" align="right"><font color="#FF0000">*</font>密  码：</td>
    <td> 
      <input name="Pwd" type="password" id="Pwd"></td>
   </tr>
   <tr>
    <td height="30" align="right"><font color="#FF0000">*</font>重复密码：</td>
    <td> 
      <input name="rePwd" type="password" id="rePwd"></td>
   </tr>
   <tr>
    <td height="30" align="right">真实姓名：</td>
    <td> 
      <input name="TrueName" type="text" id="TrueName"></td>
   </tr>
   <tr>
    <td height="30" align="right">性  别：</td>
    <td> 
      <input name="Gender" type="radio" value="1" checked>
      <img src="IMAGES/Boy.GIF" width="23" height="21"> 
      <input type="radio" name="Gender" value="1">
      <img src="IMAGES/Girl.GIF" width="23" height="21"></td>
   </tr>
   <tr>
    <td height="30" align="right">联系电话：</td>
    <td> 
      <input name="Tele" type="text" id="Tele"></td>
   </tr>
   <tr>
    <td height="30" align="right">邮政编码：</td>
    <td> 
      <input name="PostCode" type="text" id="PostCode"></td>
   </tr>
   <tr>
    <td height="30" align="right">地  址：</td>
```

```
        <td> 
          <input name="Address" type="text" id="Address" size="38"></td>
      </tr>

      <tr>
        <td height="35" colspan="2" align="center"><input type="submit" name="Submit" value="注  册">
    <input type="reset" name="Submit2" value="清除"></td>
      </tr>
      </form>
    </table></td>
    </tr>
    <tr>
      <td><!--#include file="Bottom.ASP" --></td>
    </tr>
</table>
</body>
</html>
<%  If Request("action")="reg" Then
        Call ChkReg()
    End If

    Sub ChkReg()
        Dim User,Pwd,Gender,Tele,Email
        User = Trim(Request.Form("User"))
        Pwd = Trim(Request.Form("Pwd"))
        TrueName = Trim(Request.Form("TrueName"))
        Gender = Request.Form("Gender")
        Tele = Trim(Request.Form("Tele"))
        PostCode = Trim(Request.Form("PostCode"))
        Address = Trim(Request.Form("Address"))

        If ChkUserIsExist(User) = True Then
            Response.Write "<Script>alert('注册用户名重复，请重新选一个！');history.go(-1);</Script>"
        Else
            Dim Rs,Sql
            Set Rs = Server.CreateObject("ADODB.RecordSet")
            Sql = "Select * From [User]"
            Rs.Open Sql,Conn,2,3
            Rs.AddNew
            Rs("User") = User
            Rs("Pwd") = Pwd
            Rs("TrueName") = TrueName
            Rs("Gender") = Gender
            Rs("Tele")  = Tele
            Rs("PostCode")  = PostCode
            Rs("Address")     = Address
```

```
				Rs("RegTime") = Now()
				Rs.Update
				Rs.Close
				Set Rs = nothing
				Response.Write "<Script>alert('恭喜您，注册已成功！');location.href='login.asp';</Script>"
				Response.End
			End If
		End Sub

		Function ChkUserIsExist(tmp_user)
			Dim fRs,fSql
			Set fRs = Server.CreateObject("ADODB.RecordSet")
			fSql = "Select * From [User] Where User='"&tmp_user&"'"
			fRs.Open fSql,Conn,1,1
			If fRs.Eof And fRs.Bof Then
				ChkUserIsExist = false
			Else
				ChkUserIsExist = true
			End If
			fRs.Close
			Set fRs = nothing
		End Function
	%>
```

任务 2　登录模块的设计与实现

登录功能是一个电子商务网站最基本的功能之一，登录以后，网站可以识别用户是否有权限执行某些操作，或者可以记录用户执行的操作。登录功能包括 3 个部分：登录信息输入、登录信息检查和检测用户的登录状态。

功能：本页面中，在登录组件中输入账号、密码后，Form 表单将数据传输到 check.asp 程序段进行处理，验证用户身份。成功则进入系统，否则重新输入。除此之外，还可以看到其他相关的详细资料的页面。

输入：账号、密码。

处理：从 Form 表单中获取输入数据。当按下“登录”按钮后，输入的数据有 Form 表单提交到 check.asp 页面。在 check.asp 页面首先要使用 Request 对象获取输入数据。

判断是否为空，空则重新输入。已条件语句判断输入是否为空，为空则进行脚本语言，显示出错提示框，将页面导向首页，重新输入；若不为空，则进行数据库链接。

检索用户数据表，查看用户是否从在。使用 ODBC 方法连接数据库，根据用户不同的登录身份，打开不同的数据库。以用户名为检索条件，查看用户是否存在。存在则将该用户访问次数加一，进入系统；若不存在，给出出错提示，返回首页重新输入，或进行注册。

输出：登录成功或失败页面。

用户登录页面如图 4-5 所示。

图 4-5　登录页面

登录模块所使用的数据表。本页使用了 data.mdb 数据库中的会员数据表，如图 4-6 所示。

User : 表

	ID	User	Pwd	TrueName	Gender	Tele	Address	PostCode	RegTime
▶	1	华华	123456	李建华	1	029-3500002	咸阳市文汇路12号	712000	12-5-7 11:51:51
	2	123	123	123	1	123	123	1231	2-5-31 15:50:02
	3	05lihaiping	123		1				2-5-31 18:08:37
	4	xiaowang	123456	王小华	1	029-88888888	陕西省咸阳市文汇	712000	2-5-31 18:39:12
*	(自动编号)				0				

图 4-6　会员数据表

模块的 ASP 代码。本页面中，在登录组件中输入账号、密码后，Form 表单将数据传送到 check.asp 程序段进行处理，验证用户身份。成功则进入系统；否则，重新输入。

用户可以在后台进行密码修改或者是找回密码。

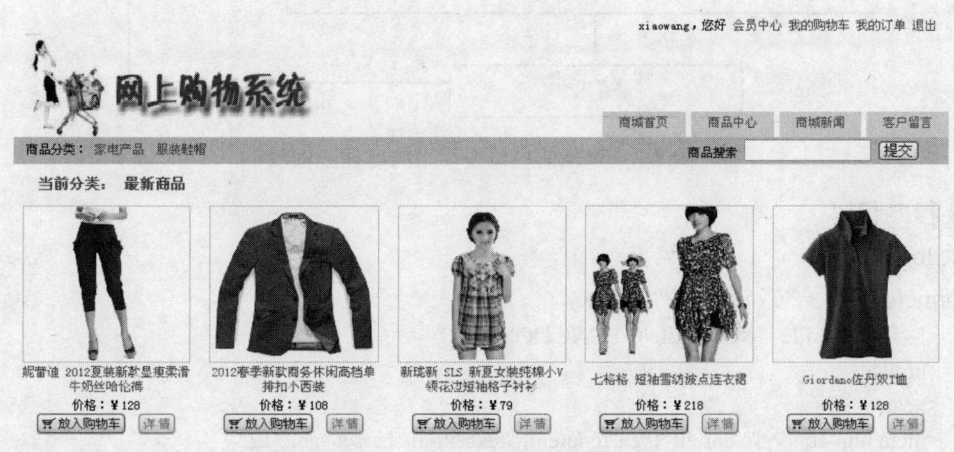

图 4-7　用户登录后显示的页面

1. 制作登录信息检查页面

登录信息检查页面的功能是把用户输入的登录信息和数据库中得用户信息相比，如果一致，则允许用户进入登录状态，如果不一致，则提醒用户重新输入。

页面首先从 Request.Form 数据集合中获取用户输入的登录信息（即用户名和密码），然后检查用户名和密码是否有一个为空，如果有空，则中止。否则，根据用户名从数据库中读取用户记录，然后再对比用户记录中的密码与用户输入的密码是否一致，如果一致，说明是合法用户，设置用户的登录状态。

以上检查登录信息的方法比较繁琐，但这是为了防止 SQL 注入漏洞。如果数据库采用的

SQL Server，也可以利用存储过程来检查登录信息，不过，这时也要注意 SQL 注入漏洞。

登录信息检查页面的处理流程图如图 4-8 所示。

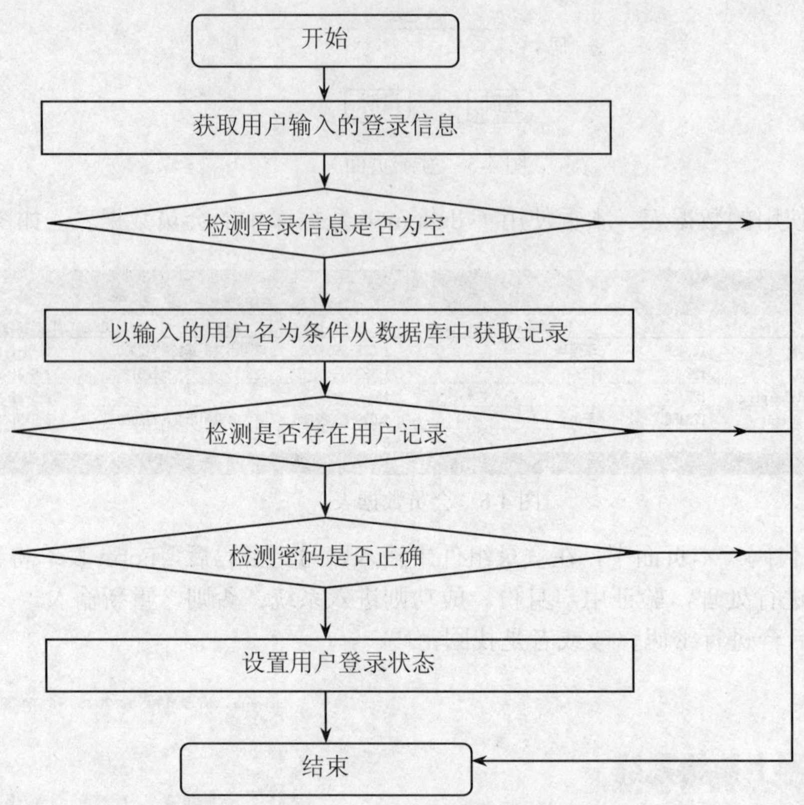

图 4-8　登录信息检查页面的处理流程图

主要程序代码：

登录 login.asp：

```
<!--#include file="Conn.ASP" -->
    <!--#include file="ADMIN/INC/FUNCTION.ASP" -->
    <html>
    <head>
    <meta http-equiv="Content-Type" content="text/html; charset=gb2312">
    <title>网上购物系统-登录</title>
    <link href="INC/Main.CSS" rel="stylesheet" type="text/css">
    <Script language="javascript">
    function ChkloginFrm()
    {
        if(document.loginFrm.User.value == "")
        {
            alert('请输入用户名！');
            document.loginFrm.User.focus();
            return false;
        }
```

```
        if(document.loginFrm.Pwd.value =="")
        {
            alert('请输入密码！');
            document.loginFrm.Pwd.focus();
            return false;
        }
}
</Script>
</head>
<%
    id=Request("id")
%>
<body leftmargin="0" topmargin="0">
<table width="900" border="0" align="center" cellpadding="0" cellspacing="0">
  <tr>
    <td><!--#include file="top.asp" --></td>
  </tr>
  <tr>
    <td height="30"> 
     <%
     Dim MsgI
     MsgI=Request("MsgI")
     If MsgI<>""  then
     Response.Write  Msg(MsgI)
     End If
     %></td>
  </tr>
  <tr>
    <td><table width="265" border="0" align="center" cellpadding="0" cellspacing="1" bordercolor=
"#666666" bgcolor="#eeeeee">
    <form name="loginFrm" method="post" action="?action=login" onSubmit="return(ChkloginFrm());">
     <tr>
       <td height="40" colspan="2" align="center" >欢 迎 登 录</td>
    </tr>
    <tr>
       <td width="81" height="30" align="right">用户名：</td>
       <td width="178"> 
          <input name="User" type="text" id="User" size="20"></td>
    </tr>
    <tr>
       <td height="30" align="right">密  码：</td>
       <td> 
          <input name="Pwd" type="password" id="Pwd" size="21"></td>
    </tr>
    <tr>
       <td height="35" colspan="2" align="center" ><input type="submit" name="Submit" value="登录">
    <input type="reset" name="Submit2" value="清除"></td>
```

```
  </tr>
    </form>
  </table></td>
  </tr>
  <tr>
    <td><!--#include file="Bottom.ASP" --></td>
  </tr>
</table>
</body>
</html>
<%  If Request("action")="login" Then
        Call ChkLogin()
    End If

    Sub ChkLogin()
        Dim User,Pwd,Rs,Sql
        User = Trim(Request.Form("User"))
        Pwd   = Trim(Request.Form("Pwd"))

        Set Rs = Server.CreateObject("ADODB.Recordset")
        Sql = "Select * From [User] Where User='"&User&"'"
        Rs.Open Sql,Conn,2,3
        If Rs.EOF And Rs.BOF Then
            Response.Write "<Script>alert('用户名错误，请重新输入！');history.go(-1);</Script>"
        Else
            If Rs("Pwd") = Pwd Then
                Session("User") = User
                Response.Redirect "index.asp"
            Else
                Response.Write "<Script>alert('密码错误，请重新输入！');history.go(-1);</Script>"
            End If
        End If
        Rs.Close
        Set Rs = nothing
    End Sub
%>
```

找回密码：

```
Dim strsql,rs,user_name
user_name=request.Form("user_name")
strsql="select user_question from [user_info] where user_name='"& user_name &"'"
set rs=conn.execute(strsql)
if rs.bof or rs.eof then
  call msgbox("没有这个用户名","Back","")
  response.End()
end if
%>
```

修改密码：

```
if session("user_id")="" then
response.write "<script language='javascript'>" & VbCRlf
response.write "alert('非法操作!');" & VbCrlf
response.write "history.go(-1);" & vbCrlf
response.write "</script>" & VbCRLF
else
%>
<%
if trim(request("submit"))<>empty then
dim password1,password2,user_question,user_answer,strsq,rs1
set rs1=server.CreateObject("adodb.recordset")
strsq="select * from [user_info] where user_ID="& cint(Session("user_ID"))
rs1.open strsq,conn,1,3
  if
request.Form("password1")<>empty
and request.Form("password2")<>empty then
  if request.Form("password1")<>request.Form("password2") then
  call msgbox("两次输入密码不一样","Back","")
  response.End()
  else
  rs1("user_password")=md5(encodestr(request.Form("password1")),16)
  end if
  end if
  if request.Form("user_question")<>empty
and
request.Form("user_answer")<>empty
 and
request.Form("answer1")<>request.Form("user_answer") then
  rs1("user_question")=encodestr(request.Form("user_question"))
  rs1("user_answer")=encodestr(request.Form("user_answer"))
  end if
  rs1.update
  rs1.close
  set rs1=nothing
  conn.close
  set conn=nothing
  call msgbox("修改成功","GoUrl","changpw.asp")
  response.End()
end if
```

2. 制作退出登录状态功能

用户登录后，用户编号、用户名和用户类型都保存在服务器的 session 变量中，用户在网站上完成购物或管理活动后，可以单击网站首页上的“退出”按钮，以结束用户在网站上的登录状态。此时系统调用 CheckOut.asp 页面清楚用户的登录信息。

退出登录状态页面 CheckOut.asp 的源代码如下：

```
<%
      session("UserNick")= ""
```

```
        session("UserID")= ""
        session("UserTypeID")= ""
        response.redirect"Default.asp"
    %>
```

将用户名、用户编号和用户类型编号清空后，用户就不再处于登录状态。

拓展知识：VBScript 脚本技术

1．使用 VBScript 配置 ASP

ASP 本身并不是一种脚本语言，但它却为嵌入 HTML 页面中的脚本语言提供了运行环境。在 ASP 程序中常用的脚本语言有 VBScript 和 JScript 等语言，系统默认的语言为 VBScript。在本节和后续章节中，将介绍一些与 ASP 开发相关的或是很重要的 VBScript 基础知识。

脚本是由一系列的脚本命令所组成的，如同一般的程序，脚本可以将一个值赋给一个变量，可以命令 Web 服务器发送一个值到客户浏览器，还可以将一系列命令定义成一个过程。

VBScript 来源于 Visual Basic 的子集 VBA（Visual Basic for Application）。VBA 是 Microsoft Office Suite 和其他应用程序的宏编程语言，利用它可以扩展 Office 的功能。

ASP 能支持多种脚本语言，在编写 ASP 代码时通常有 3 种方法来声明所使用的脚本语言种类：用 IIS 指定默认脚本语言，在 ASP 文件中进行脚本语言声明，以及在<Script>标记中加入所需的语言。

用户可通过 IIS 指定默认使用的脚本语言，只要是<%和%>之间的代码，ASP 在解释时会认为使用的是默认脚本语言。

【例 1】通过【Internet 信息服务】控制台来设定 ASP 的默认脚本语言为 VBScript。

（1）选择【开始】→【运行】命令，打开【运行】对话框，输入 inetmgr 命令，并按 Enter 键。

（2）系统打开 IIS 的管理工具【Internet 信息服务】控制台，右击欲设置的网站名称，从弹出的快捷菜单中选择【属性】命令，如图 4-9 所示。

（3）打开【主目录】选项卡，单击【配置】按钮，打开【应用程序配置】对话框，并打开【选项】选项卡，如图 4-10 所示。

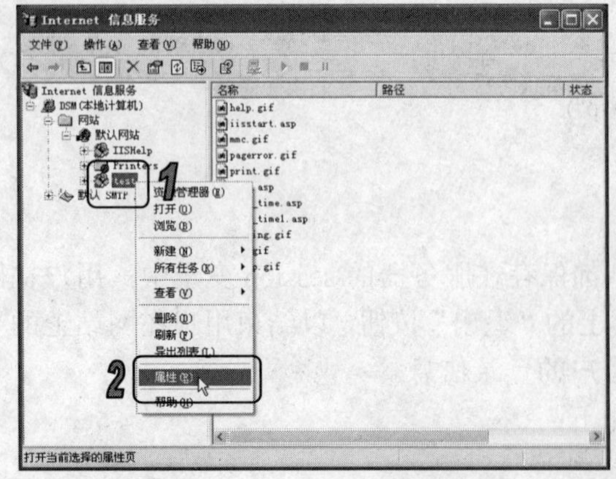

图 4-9　右击需要设置的网站

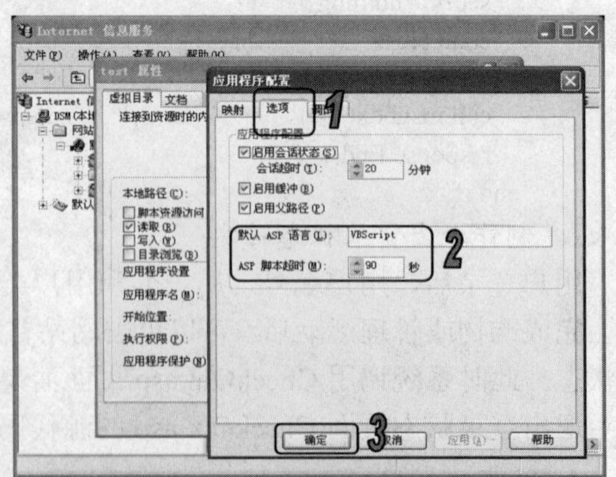

图 4-10　【应用程序配置】对话框

（4）在【默认 ASP 语言】文本框中输入 VBScript，然后单击【确定】按钮。

如果在某一单个页面指定脚本语言，可在文件初始部分用一条声明语句进行指定。需要特别注意的是，该语句一定要放在所有语句之前，如下例所示：

```
<%@   Language=VBScript %>
<Html><Head>
……
</Html></Head>
```

最灵活、作用范围最小的脚本语言指定方法是使用<Script>标记，即在<Script>标记中加入所需的语言。在一个已设定主脚本语言的页面中，使用<Script>标记仍可以指定页面的某一部分采用其他的脚本语言，如下例：

```
<Html><Head>
<Body>
<Script Language="VBScript" Runat="Server">
Response.Write("hello world!")                    '在屏幕上输出 hello world!
</Script>
</Body>
</Html></Head>
```

在这里，<Script>标记的 Language 属性限定了包含的语句使用了哪一种语言。Runat 属性指出该脚本应当在 Server 端还是在 Client 端（浏览器上）实现。有时为了某种需要，可能也会指定 VBScript 代码放在客户端执行，此时将 Runat="Server"删去即可，如下例所示：

```
<Script Language="VBScript" >
Msgbox("这是一个弹出信息对话框")                  '弹出一个显示括号内信息的对话框
</Script>
```

MsgBox 用于显示一个信息对话框，而 InputBox 用于产生一个文本输入框，它们都是解释后立即在当前位置执行的语句，所以它们不能在服务器端脚本中使用。

在 ASP 程序中，可以灵活地反复使用<Script>标记，这样不仅可以混合使用服务器端脚本和客户端脚本，而且还可以混合多种脚本语言代码。

2. VBScript 的基本元素

VBScript 是 Visual Basic 的子集，编程方法和 Visual Basic 基本相同。本节将学习 VBScript 中的数据类型、运算符、常量、变量和数组等基本元素的概念和使用方法。

VBScript 只有一种数据类型，即 Variant 类型，也叫做变体类型。Variant 类型可以在不同的场合代表不同类型的数据。例如，Variant 类型用于数字时，将作为数值处理；用于字符串时，将作为字符串处理。

由于 Variant 类型是 VBScript 中唯一的数据类型，因此也是 VBScript 中所有函数返回值的数据类型。

大多数情况下，Variant 类型会按照最适用于其包含的数据方式进行操作。例如：

```
Variable=2004               'VBScript 会把 Variable 当成整数对待
Variable= "2004"            'VBScript 会把 Variable 当成字符串对待
Variable=#2004-07-13#       'VBScript 会把 Variable 当成日期对待
```

VBScript 还会根据代码的上下文自动转换数据的子类型。例如 Variable_1="2004"，这里把 Variable_1 看作为一个字符串，而如果下面有一句 Variable_2= Variable_1+3，这时 VBScript

就会自动将 Variable_1 转换为整数变量，然后参与运算。

根据 Variant 类型所能够包含的数值信息类型的不同，可以将这种特殊的数据类型细分为多种子类型，各子类型名称及其说明如表 4-3 所示。

表 4-3　Variant 类型的子类型

子类型	说明
Empty	声明一个变量后，如果还没有初始化，则该变量的值是 Empty。可以用 IsEmpty()函数来测试变量是否已初始化。当变量为 Empty 值时，可以在表达式中使用，至于是将其作为 0 还是作为零长度的字符串来处理，要根据具体的表达式来定。只要将任何值（包括 0、零长度字符串或 Null）赋予变量，Empty 值就会消失；而将关键字 Empty 赋予变量，就可以将变量恢复为 Empty 值
Null	空值，表示不包含任何有效数据。Null 常用于数据库应用程序，表示未知数据或丢失的数据。如果表达式中包含 Null，那么计算结果总是 Null。将 Null、值为 Null 的变量或计算结果为 Null 的表达式作为参数传递给大多数函数，将使函数返回 Null。可以使用 IsNull()函数来测试表达式是否包含任何有效的数据
Boolean	包含逻辑值，只有 True 或 False 这两个值
Byte	表示 0~255 之间的整数
Integer	表示－32 768~32 767 之间的整数
Currency	表示－922 337 203 685 477.580 8～922 337 203 685 477.580 7 之间的数。Currency 是一个精确的定点类型，适用于货币运算
Long	表示－2 147 483 648～2 147 483 647 之间的整数
Single	单精度浮点数，负数范围从－4.402 823E38~－1.401 298E－45，正数范围为 1.401 298E－45～4.402 823E38
Double	双精度浮点数，负数范围为－1.797 693 134 862 32E308～－4.940 656 454 841 247E－324，正数范围为 4.940 656 458 412 47E－324～1.797 693 134 862 32E308
Date(Time)	表示日期数值，日期范围从公元 100 年 1 月 1 日至公元 9999 年 12 月 31 日。时间值从 00:00:00 至 23:59:59。在代码中使用日期和时间值时，必须用一对#号将其括起来，如#3－10－2007 4:20:16 PM#等。AM 表示上午，PM 表示下午
String	表示字符串数值，字符串的最大长度可为 20 亿个字符
Object	引用程序所能识别的任何对象
Error	包含错误号

一、运算符

VBScript 提供了 4 种类型的运算符，即算术运算符、连接运算符、关系运算符和逻辑运算符。将运算符和操作数连接起来，就构成了表达式。

1. 算术运算符

算术运算符就是日常的数学运算符，如加（+）、减（－）、乘（*）、除（/）、整除（\）、取模（Mod）、指数（^）和一元减（数值取反）。

2. 连接运算符

连接运算是将两个字符表达式连接起来，生成一个新的字符串。连接运算符有+和&两个。

使用&运算符时，参与连接的两个表达式可以不全是字符串，即&运算符能强制性地将两个表达式的值作为字符串连接。例如：

```
<%
money=56
strTemp="应收金额="&money
%>
```

而使用+运算符时，操作数必须是字符串。例如：

```
<%
money="56"
strTemp="应收金额="+money
%>
```

3. 关系运算符

关系运算符用来比较两个表达式的值的大小，如大于（>）、小于（<）、大于等于（>=）、小于等于（<=）、不等于（< >）和等于（=）。关系运算的结果是逻辑值 True 或 False。关系运算可用于数值间的比较，也可用于字符串间的比较。当用于字符串间的比较时，将按 ASCII 码值的大小由左向右依次逐个比较字符，直到比较出结果为止。

4. 逻辑运算符

逻辑运算通常也称为布尔运算，专门用于逻辑值之间的运算。逻辑运算的各运算符及其含义如表 4-4 所示。

表 4-4　逻辑运算符

运算符	含义	举例	结果	说明	优先级
Not	逻辑非	Not(3>1)	False	3 大于 1 为真，取反后为假	
And	逻辑与	(3>1) And(2<4)	True	两个表达式的值都为真时才为真	高
Or	逻辑或	(3>1) Or(2=4)	True	两个表达式的值有一个为真即为真	↑
Xor	逻辑异或	(3>1) Xor(2<4)	False	两个表达式的值有一个且只有一个为真时才为真	
Eqv	逻辑等于	(3-1) Eqv(4-2)	True	仅当两个表达式的值相同时才为真	
Imp	逻辑蕴涵	(3>1) Imp(2<4)	False	仅当第一个表达式的值为真时才为真	低

5. 运算符的优先级

当一个表达式包含有多个运算符时，执行运算的符号有一个固定的优先计算顺序，如下所示：

算术运算符>连接运算符>关系运算符>逻辑运算符

对于同优先级的运算符，以从左到右的顺序进行计算。在表达式中，可以使用括号改变计算的优先顺序，强令表达式的某些部分优先运算。括号内的运算总是优先于括号外的运算。

3. 常量

常量就是拥有固定数值的名称，常量可以代表字符串、数字等常数。常量一经声明，在程序执行期间，其值不会发生改变。

声明常量后可以在程序的任何部分使用该常量来代表特定的数值，从而方便程序的编写。例如，在计算程序中常用 PI 来表示 π 的近似值 3.141 592 6，这样既不容易出错，程序也更加简洁明了，并且在程序的其他地方就可以使用 PI 来表示 π 的近似值了。例如：

```
<%
Const PI=3.1415926                    '指定 PI 为常量，其值为 3.141 592 6
S=PI*R^2                              '求半径为 R 的圆的面积，并将值赋给 S
%>
```

如果要在多个 ASP 文件中使用一些相同的常量，则可以把常量定义放在单独的文件中，然后在所有使用这些常量的 ASP 文件中包含这些定义即可。

4. 变量

变量用于引用计算机内存地址，该地址可以存储程序运行时可更改的程序信息。在程序中，常用变量来临时存储数据。

（1）声明变量。声明变量有显式声明和隐式声明两种方式。显式声明要用到 Dim 语句、Public 语句和 Private 语句。例如：

```
<% Dim strUserName %>
```

声明多个变量时，可使用逗号来分隔变量。例如：

```
<% Dim strUserName,strPassword,b %>
```

隐式声明变量没有声明变量语句，而直接使用变量名。VBScript 在使用变量时，就会自动创建该变量。例如：

```
<% dtmToday =Now() %>
当前日期和时间是<% =dtmToday %>
```

（2）强制显式声明变量。变量采用隐式声明的方法很方便，但常常会导致难以查找的错误。例如：

```
<% dtmToday=Now() %>
当前日期和时间是<% =dtmToday %>
```

以上代码看起来好像没有问题，结果应该和前面的代码一样。但由于在 ASP 输出命令中将 dtmToday 写错了，因此无法显示出当前的日期和时间。这是因为当 VBScript 遇到新的名字时，无法确定到底是隐式声明了一个新变量，还是仅仅把现有变量名写错了，于是只好用新名字再创建一个新变量。

为了避免隐式声明时写错变量名引起的问题，VBScript 提供了 Option Explicit 语句来强制显式声明。如果在程序中使用该语句，则所有变量必须先声明，然后才能使用，否则会出错。Option Explicit 语句必须位于 ASP 处理命令之后，任何 HTML 文本或脚本命令之前。例如：

```
<% @   Language=VBScript % >
<% Option Explicit %>
<% Dim strUserName %>
```

（3）变量的命名。给变量起名时，一定要遵循 VBScript 的标准命名规则，变量命名必须遵循以下几点：

- 第一个字符必须是字母。
- 不能包含句点。
- 长度不能超过 255 个字符。
- 在声明的作用域内必须唯一。
- 名字不能和关键字同名。

VBScript 不区分变量名称的大小写。例如，将一个变量命名为 strUserName 和将其命名为 STRUSERNAME 效果是一样的。另外，给变量命名时，要含义清楚，便于记忆。建议尽量按表 4-5 所示的前缀来命名变量，以便通过变量的名称便可获知该变量的子类型。

表 4-5　用来表示子类型的名字前缀

子类型	前缀	示例	子类型	前缀	示例
Integer	int	intAge	Long	lng	lngSum
Currency	cur	curRevenue	Single	sng	sngTotal
Double	dbl	dblTolerance	Byte	byt	bytRasterData
Boolean	bln	blnMarried	String	str	strName
Date(Time)	dtm	dtmStart	Object	obj	objCurrent

（4）变量的作用域与存活期。变量的作用域由声明的位置决定。如果在过程中声明变量，则只有该过程中的代码可访问或更改变量值，此时变量具有局部作用域并称为过程级变量。如果在过程之外声明变量，则该变量可以被脚本中所有过程所识别，称为脚本级变量，具有脚本级作用域。

变量存在的时间称为存活期。脚本级变量的存活期从被声明的那一刻起，直到脚本运行结束。对于过程级变量，其存活期仅是该过程运行的时间，该过程结束后，变量随之消失。在执行过程时，局部变量是理想的临时存储空间。可以在不同过程中使用同名的局部变量，这是因为每个局部变量只被声明它的过程识别。

（5）数组变量。数组变量是一类具有相同名字，但有不同下标值的变量，简称数组。数组中的每个元素都用唯一的下标来识别。例如 intAge(9)中，intAge 是数组名，9 是下标。

数组变量的声明同简单变量相同，唯一的区别是声明数组变量时变量名后面带有括号，如下面的代码声明了一个包含 20 个元素的一维数组：

```
Dim lngSum (19)
```

数组的下标是从 0 开始的，数组元素的数目是括号中的显示的数目加 1，所以上面这个数组变量实际上包含 20 个元素。下面的代码可以对上面定义的数组进行赋值：

```
lngSum (0)=1
lngSum (1)=2
lngSum (2)=3
…
lngSum (19)=20
```

具有两个或多个下标的数组称为二维数组或多维数组。声明多维数组时用逗号分隔括号中的每个下标，如下面的代码就声明了一个 5 行 8 列的二维数组：

```
Dim intCounters(4,7)
```

如果事先不知道数组的大小，可声明一个动态数组。动态数组可以在运行脚本时根据实际需要，使用 ReDim 来调整数组的维数和每一维的大小。例如：

```
Dim curRevenue ()
ReDim curRevenue (25)
…
ReDim curRevenue (9,11)
```

二、VBscript 的常用语句

默认情况下，脚本中的代码总是按书写的先后顺序来执行的。但在实际应用中，通常要根据条件的成立与否来改变代码的执行顺序，这时就要使用控制结构。

在 VBScript 中，控制结构有判定结构和循环结构两种。判定结构主要是根据判断的结果来决定执行哪部分代码，它又分为条件结构和选择结构两种。

1. 条件语句

条件语句用于判断条件是 True 还是 False，并且根据判断结果来指定要运行的语句（语句既可为单条语句，也可以是由多条语句组成的复合语句）。条件语句有以下几种形式：

形式 1：

If 条件表达式 Then 语句 End If

如果条件表达式的值为 True，则执行 Then 后的语句，否则跳出该条件语句。

形式 2：

If 条件表达式 Then 语句 1　Else 语句 2　End If

如果条件表达式的值为 True，则执行 Then 后的语句 1，否则转去执行 Else 后的语句 2。

形式 3：

If 条件表达式 1 Then
语句 1
ElseIf 条件表达式 2 Then
语句 2
…
Else
语句 n+1
End If

如果条件表达式 1 的值为 True，则执行语句 1，然后跳出 If 语句；如果条件表达式 2 的值为 True，则执行语句 2，然后跳出 If 语句……若所有条件表达式的值都不为 True，执行语句 n+1。

【例 2】利用条件语句，创建一个成绩判断程序，运行效果如图 4-3 所示。

（1）创建一个名为 program.html 的网页，其代码如下所示：

```
<Html><Body>
    <Script Language="VBScript" >          '指定下面语句所采用的脚本语言为 VBScript
    Dim intGrade                           '定义一个存放分数的变量 intGrade
```

```
    intGrade = InputBox("请输入分数")
'弹出请求输入分数的对话框，并将输入分数赋值给 intGrade
    If intGrade>100 Or intGrade<0 Then
Msgbox("输入成绩有误")
'对输入的分数进行判断，如果大于 100 或小于 0，则弹出信息框提示【输入成绩有误】
    ElseIf intGrade>=85 Then
        Msgbox("成绩优秀，还要继续努力加油！")
'如分数大于 85，则弹出信息框提示【成绩优秀，还要继续努力加油!】
    ElseIf intGrade>=60 Then
        Msgbox("成绩及格")
'如分数大于 60，则弹出信息框提示【成绩及格】
    Else
Msgbox("不及格")
'否则，弹出信息框提示【不及格】
    End If
    </Script>
</Body></Html>
```

（2）运行 program.html 网页文档，效果如图 4-11 所示。

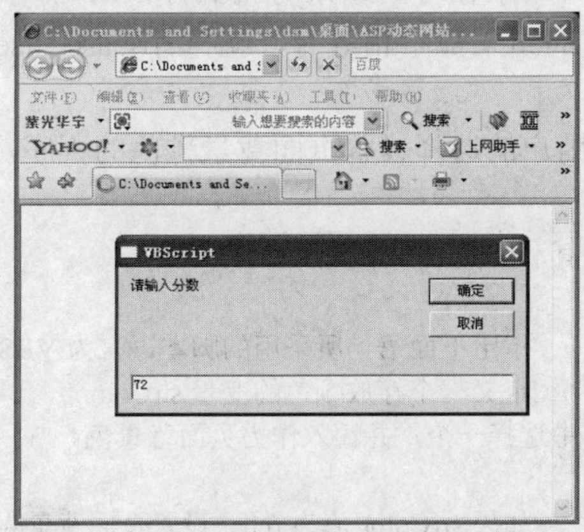

输入大于 60 的数字

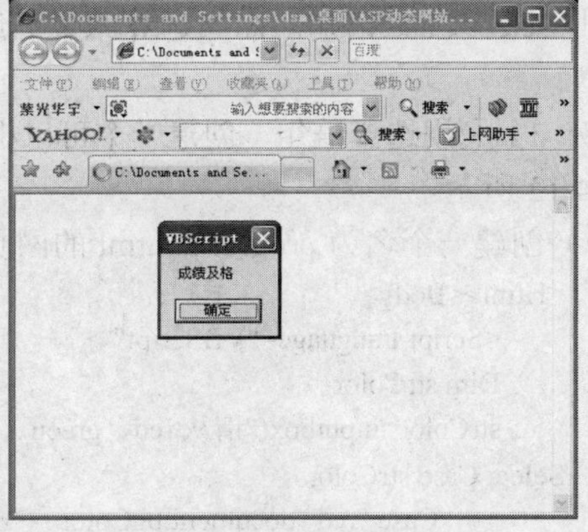

显示成绩及格

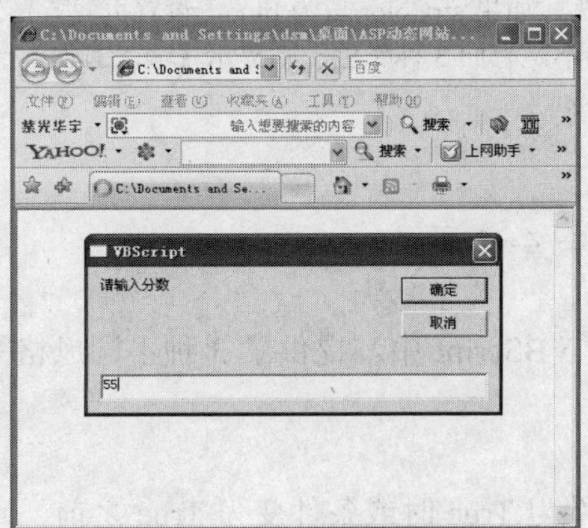

输入小于 60 的数字

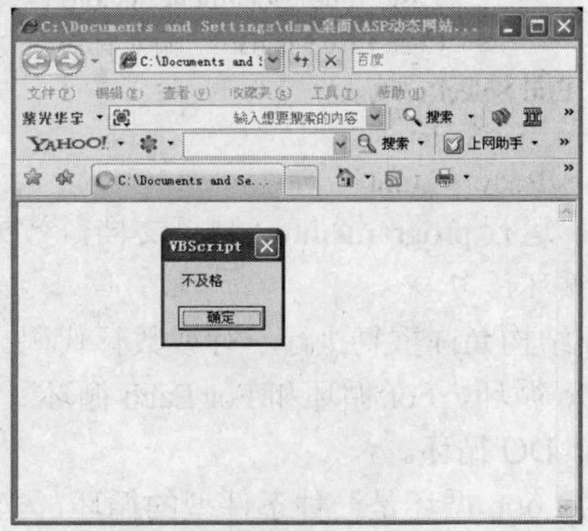

显示成绩不及格

图 4-11　program.html 的运行效果

2. 选择语句

选择语句 Select Case 是 If 语句多条件时的另外一种表示方法，可在多个执行语句中有选择地执行其中的一个。它的优点是程序更简洁易读，语法结构如下：

```
Select Case  表达式
Case  结果 1
    语句 1
Case  结果 2
    语句 2
…
Case  结果 n
    语句 n
Case Else
    语句 n+1
End Select
```

VBScript 首先对表达式进行运算，这个运算可以为数值运算或字符串运算，然后将运算结果依次与结果 1 到结果 n 作比较，当找到与计算结果相等的结果时就执行该语句，执行完毕后就跳出 Select Case 语句。而当运算结果与所有的结果都不相等时，就执行 Case Else 后面的语句 n+1。

【例 3】利用选择语句，创建一个可以根据用户的选择设置页面背景颜色的程序，运行效果如图 4-12 所示。

（1）创建一个名为 program2.html 的网页，其代码如下所示：

```
<Html><Body>
    <Script Language="VBScript" >                    '指定下面语句所采用的脚本语言为 VBScript
    Dim strColor                                     '定义一个存放颜色的变量 strColor
    strColor=inputbox("请从 red、green、blue 中选择一个，并输入作为页面背景色！")
Select Case strColor
        Case "red" document.bgColor = "red"          '如果 strColor 值为 red，设置页面背景为红色
        Case "green" document.bgColor = "green"      '如果 strColor 值为 green，设置页面背景为绿色
        Case "blue" document.bgColor = "blue"        '如果 strColor 值为 blue，设置页面背景为蓝色
        Case Else MsgBox "输入有误"   '如果不是上面 3 种颜色，则提示【输入有误】
End Select
    </Script>
</Body></Html>
```

（2）运行 program2.html 网页文档，效果如图 4-12 所示。

3. 循环语句

循环结构允许重复执行一行或数行代码。在 VBScript 中，提供了 3 种不同风格的循环语句，即 Do 循环、For 循环和 For Each 循环。

（1）DO 循环。

Do…Loop 循环是一种条件型的循环，当条件为 True 时或条件变为 True 之前，重复执行语句块，该循环共有 3 种形式。

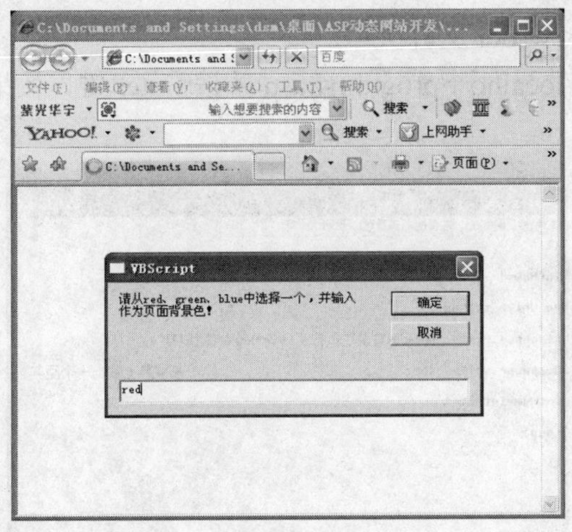

输入 red

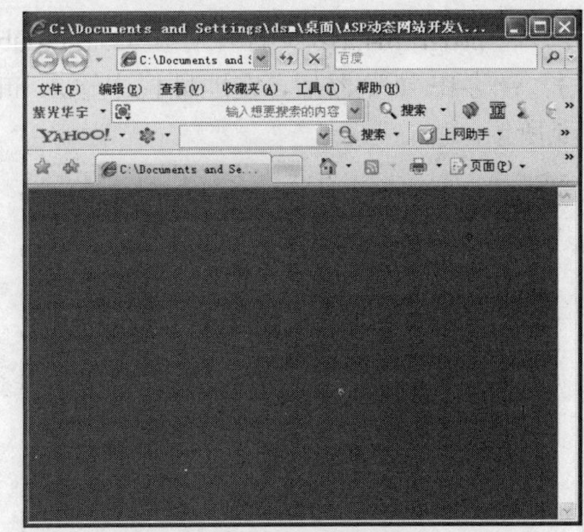

网页背景色变成红色

图 4-12　program2.html 的运行效果

形式 1：

Do While 条件表达式

语句

Loop

VBScript 首先检查条件表达式的值是否为 True，如果为 True 才会进入循环执行语句。另外，也可以对语句顺序进行调整，使它先进入循环执行一次后再对条件进行判断。

形式 2：

Do

语句

Loop While 条件表达式

如果把 Do 循环中的 While 换为 Until，则程序的运行过程和前面类似。不同的是，只要条件为 False 就执行循环。

形式 3：

Do

语句

Loop Until 条件表达式

【例 4】利用 Do 循环语句，创建一个可以显示循环语句的执行过程的程序，运行效果如图 4-13 所示。

1）创建一个名为 program3.asp 的网页，其代码如下（如图 4-14 所示）：

```
<%
intNum=1
Do While intNum<7
Response.Write "循环语句正在执行第"&intNum&"次循环"
Response.Write "<br>"                    '在屏幕上输出一个回车
intNum=intNum+1
Loop
%>
```

2）将 program4.asp 文件保存至 C:\Inetpub\wwwroot 文件夹中。

3）启动 IE 浏览器后，在地址栏中输入 http://localhost/program4.asp 并按 Enter 键，效果如图 4-5 所示。

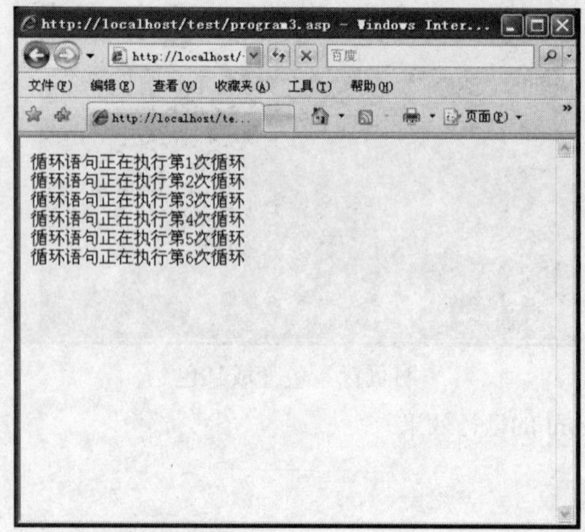

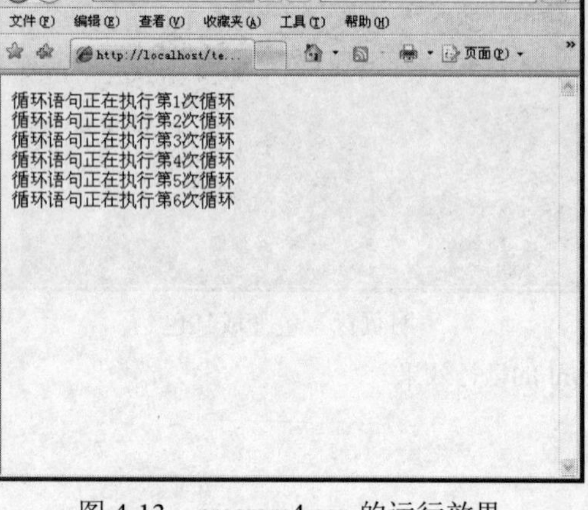

图 4-13　program4.asp 的运行效果

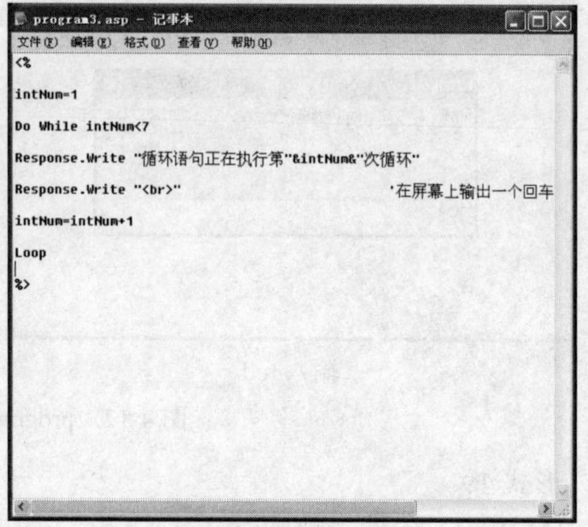

图 4-14　program4.asp 的代码

（2）For 循环。

For…Next 循环是一种强制性的循环，用于将循环体运行指定的次数。在 For 循环中有一个计数器变量，每重复一次循环，该变量的值都会增加或减少，其语法结构如下：

```
For 循环变量=初始值 To 结束值 [Step 步长值]
    执行语句
Next
```

For…Next 循环语句的执行步骤如下：

1）将循环变量设为初始值。

2）测试循环变量是否大于结束值，若是，则退出循环（若步长值为负，则测试循环变量是否小于结束值），否则执行循环中的语句。

3）执行语句运行完毕到 Next 语句时，VBScript 将循环变量值与步长值相加。

4）从 Next 语句跳转到 For 语句继续执行。

如果省略 Step 子句，那么步长的默认值是 1。

【例 5】利用 For 循环语句，创建一个可以求出并显示 1～100 的奇数和的网页程序，运行效果如图 4-15 所示。

1）创建一个名为 program4.asp 的网页，其代码如下（如图 4-16 所示）：

```
<%
Dim intNum,i,intSum
intNum=1
intSum=0
For I=1 To 100 Step 2
Response.Write "循环语句正在执行第"&intNum&"遍循环"&"<br>"
Response.Write "第"&intNum&"个欲相加的 I 值为"&i&"<br>"
Response.Write "SUM="&intSum&"+"&i&"="&intSum+i&"<br>"
```

```
intSum=intSum+i
intNum=intNum+1
Next
%>
```

2）将 program4.asp 文件保存至 C:\Inetpub\wwwroot 文件夹中。

3）启动 IE 浏览器后，在地址栏中输入 http://localhost/program4.asp 并按 Enter 键，效果如图 4-15 所示。

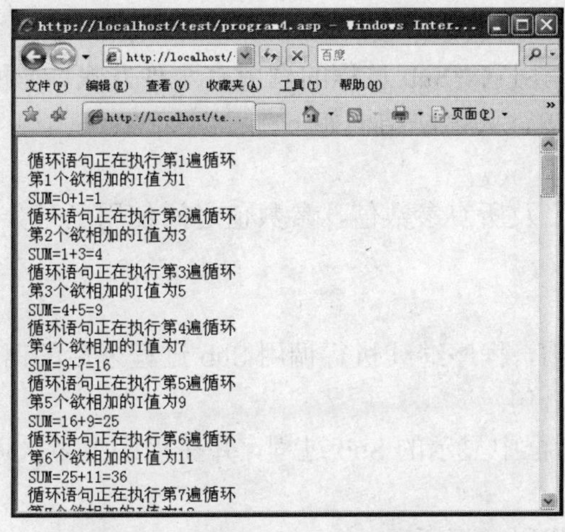

图 4-15　program4.html 的运行效果

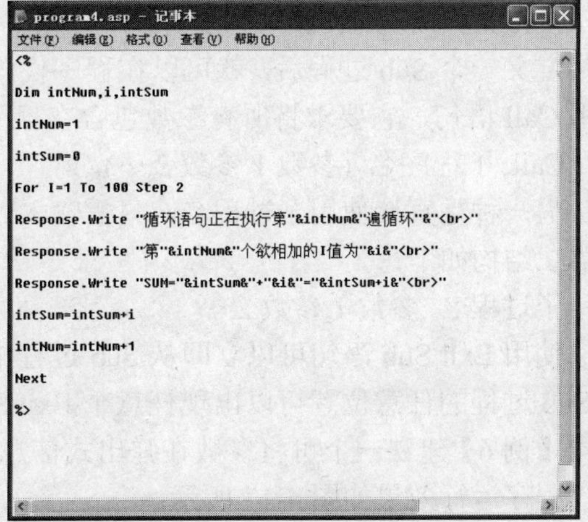

图 4-16　program4.html 的代码

（3）For Each 循环。

For Each…In 循环只针对数组或对象集合中每一个元素的遍历循环。执行循环的次数不再需要指定，只要有一个元素就循环一次，其语法结构如下：

```
For Each 元素 In 集合
语句
Next
```

如果不知道集合中有多少个元素，则用 For Each 循环非常方便。如下例可列举使用 HMTL 表单提交的所有数值：

```
<%
For Each item In Request.Form
    Response.Write Request.Form(item)
Next
%>
```

4. 过程函数

过程是用来执行特定任务的独立的程序代码。使用过程，可以将程序划分成一个个较小的逻辑单元，过程中的代码能够被反复调用，这样可以减少不必要的重复。可以将过程定义放在调用该过程的同一个 ASP 文件中，也可以将常用过程放在共享的文件中，并使用#include 命令将该文件包含在调用过程的 ASP 文件中。

VBScript 根据是否返回值将过程划分为 Sub 过程（子过程）和 Function 过程（函数）两种。Sub 过程只执行程序而不返回值，因而不能用于表达式中，而 Function 函数可以将执行代码后的结果返回给请求程序。

1．Sub 过程

Sub 过程是一种可以获取参数，执行一系列语句以及可改变其参数值的独立过程。Sub 过程可以使用参数（由调用过程传递的常数、变量或表达式），参数在调用过程和被调用过程之间传递信息。如果 Sub 过程无任何参数，则 Sub 语句必须包含空括号()。其语法结构如下：

Sub 子程序名(参数 1,参数 2,…)

…

End Sub

定义一个 Sub 过程后，就可以在程序代码中调用它。Sub 过程的调用有两种方式。一种是使用 Call 语句，它要求将所有参数包含在括号之中，其语法结构如下：

Call 子程序名 (参数 1,参数 2,…)

另一种是直接使用子过程名，只需输入过程名及所有参数值，参数值之间使用逗号分隔。其语法结构如下：

子过程名 参数 1,参数 2,…

使用 Exit Sub 语句可以立即从 Sub 过程中退出，程序继续执行调用 Sub 过程之后的语句，在 Sub 过程的任意位置可以出现任意个 Exit Sub 语句。

【例 6】建立一个可将参数在弹出式信息对话框中显示的 Sub 过程，并在程序中多次调用它，程序运行效果如图 4-17 所示。

1）创建一个名为 program5.html 的网页，其代码如下所示：

```
<Script Language="VBScript" >
Call output("第一次调用过程")
output  "再试一次调用过程"

Sub output(strText)
    MsgBox strText
End Sub
</Script>
```

2）运行 program5.html 网页文档，效果如图 4-17 所示。

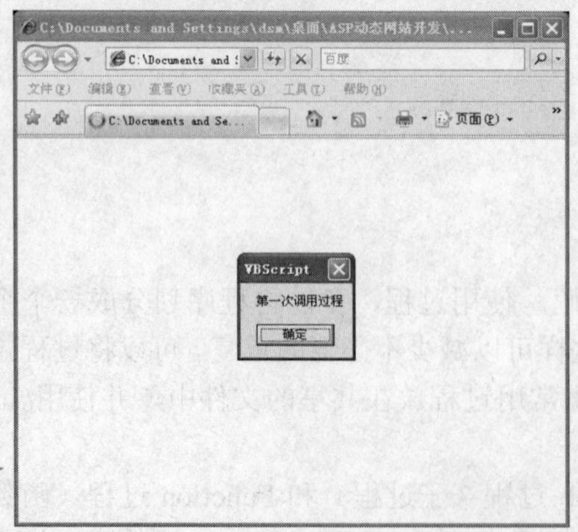

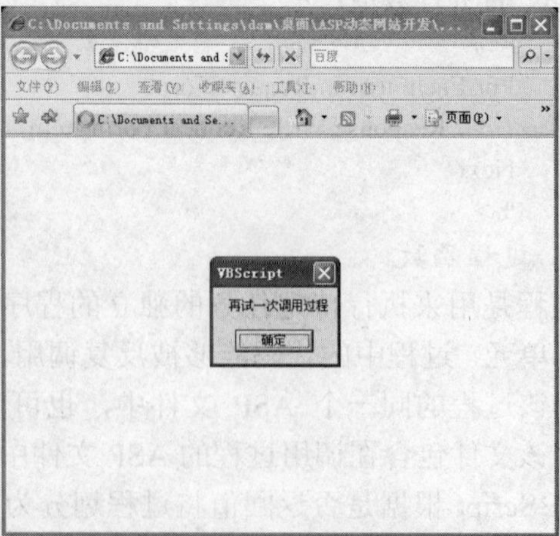

图 4-17　program5.html 的运行效果

在 Sub 过程中使用的变量分为两类，一类是在过程内显式声明的，另一类则不是。在过程内显式声明的变量（使用 Dim 或等效方法）是局部变量，对于那些没有在过程中显式声明的变量也是局部变量，除非在该过程外更高级别的位置显式地声明它们。

2. Function 函数

函数和子过程一样，也是用来完成特定功能的独立的程序代码，可以读取参数、执行一系列语句并改变参数的值。但函数有一个最重要的特点，就是调用时将返回一个值。函数的语法结构如下：

```
Function 函数名(参数 1,参数 2,…)
[语句]
…
函数名=表达式
[语句]
End Function
```

与 Sub 过程类似，其中【参数 1,参数 2,…】是调用时传递的常数、变量或表达式，如果无任何参数，则 Function 语句必须使用空括号。与 Sub 过程不同的是，Function 函数通过函数名返回一个值，这个值是在函数体中赋给函数名的，Function 返回值的数据类型是 Variant。

【函数名=表达式】用于为函数设置返回值，该值将返回给调用的语句，函数中至少要含有一条这样的语句。

Function 函数只有通过直接引用函数名实现函数的调用，而且函数名必须用在变量赋值语句的右端或表达式中。调用函数时，参数要放在一对括号中，这样就可以将它们和表达式的其他部分分开。例如：

```
temp = Celsius(60)
```

使用 Exit Function 语句可以从 Function 过程中立即退出，程序继续执行调用 Function 过程之后的语句，但执行前必须为函数赋值，否则就会出错。在 Function 过程的任意位置可以出现任意个 Exit Function 语句。

【例 7】创建一个函数，将华氏温度换算为摄氏温度，程序运行效果如图 4-18 所示。

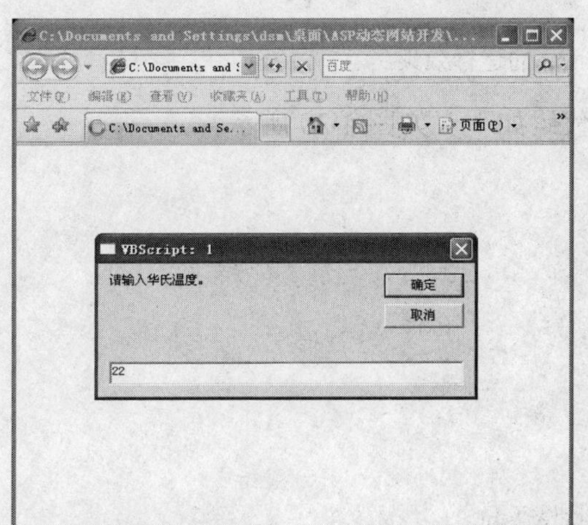

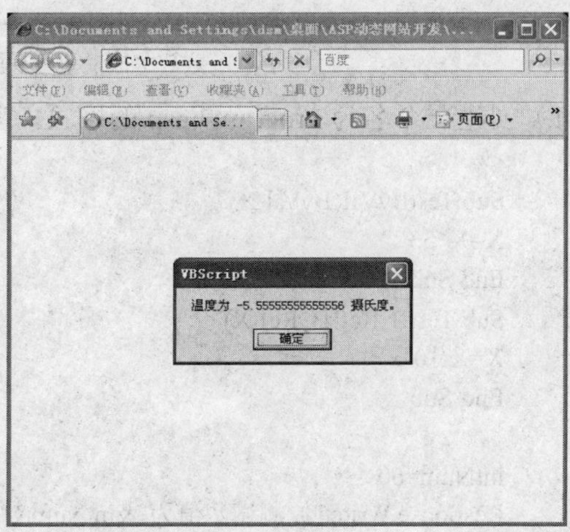

图 4-18　program6.html 的运行效果

1）创建一个名为 program6.html 的网页，其代码如下所示：

```
<Script Language="VBScript" >
temp = InputBox("请输入华氏温度。", 1)
MsgBox "温度为 " & Celsius(temp) & " 摄氏度。"
Function Celsius(fDegrees)
    Celsius = (fDegrees - 32) * 5 / 9
End Function
</Script>
```

2）运行 program6.html 网页，效果如图 4-18 所示。

默认情况下，参数按地址传递，即过程按变量的内存地址去访问实际变量的内容。这样将变量传递给过程时，通过过程就可以改变变量的值。地址传递的关键字为 ByRef。

另外，传递参数还可以按数值来传递。按值传递参数时，传递的只是变量的副本。如果过程中改变了这个值，则所作的变动只影响副本而不会影响到变量本身。按值传递的关键字是 ByVal。

【例 8】建立两个分别按地址传递和按值传递的过程，比较其异同。程序运行的结果如图 4-19 所示。

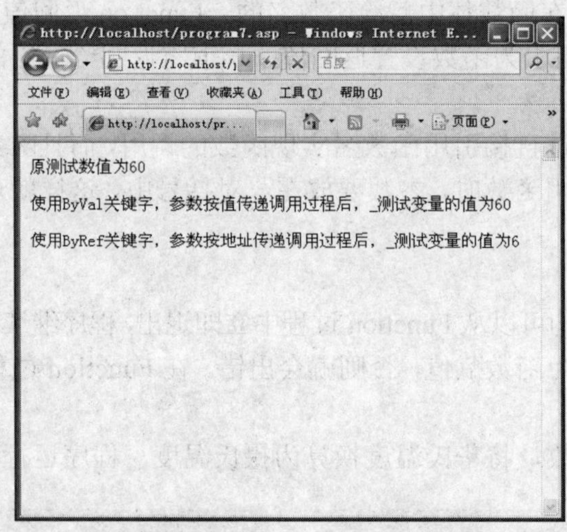

图 4-19　program7.asp 的运行效果

1）创建一个名为 program7.asp 的网页，其代码如下（如图 4-20 所示）：

```
<%
Sub TestByVal(ByVal X)
X=X*33
End Sub
Sub TestByRef(ByRef X)
X=X/10
End Sub

intNum=60
Response.Write "原测试数值为"&intNum&"<br>"&"<br>"
Call TestByVal(intNum)
```

```
Response.Write "使用 ByVal 关键字，参数按值传递调用过程后，_测试变量的值为
"&intNum&"<br>"&"<br>"
Call TestByRef(intNum)
Response.Write "使用 ByRef 关键字，参数按地址传递调用过程后，_测试变量的值为"&intNum
%>
```

2）将 program7.asp 文件保存至 C:\Inetpub\wwwroot 文件夹中。

3）启动 IE 浏览器后，在地址栏中输入 http://localhost/program7.asp 并按 Enter 键，效果如图 4-20 所示。

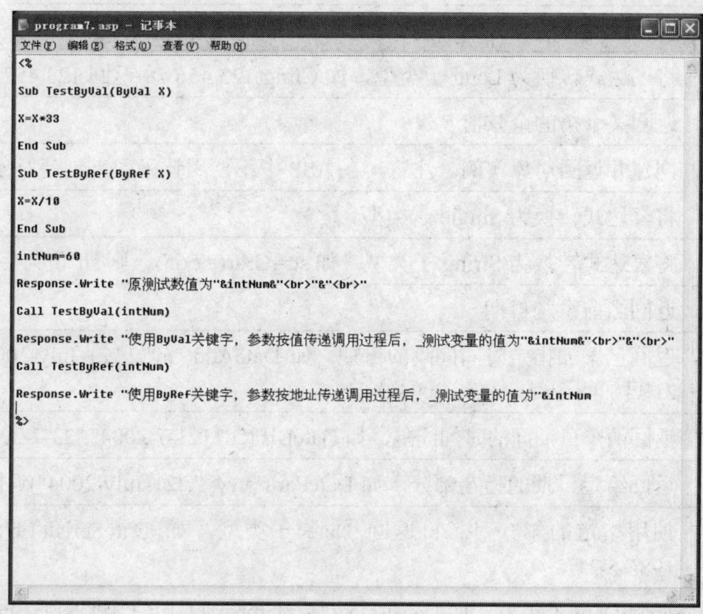


```
<%
Sub TestByVal(ByVal X)
X=X*33
End Sub
Sub TestByRef(ByRef X)
X=X/10
End Sub
intNum=60
Response.Write "原测试数值为"&intNum&"<br>"&"<br>"
Call TestByVal(intNum)
Response.Write "使用ByVal关键字，参数按值传递调用过程后，_测试变量的值为"&intNum&"<br>"&"<br>"
Call TestByRef(intNum)
Response.Write "使用ByRef关键字，参数按地址传递调用过程后，_测试变量的值为"&intNum
%>
```

图 4-20　program7.asp 的代码

从上例的运行结果可看出，按值传递后，变量 intVar 的值保持不变，仍为 60，而按地址传递后，值将变为 6。

5. VBScript 函数

VBScript 把一些最常使用的功能整理起来，编制好了相应的处理程序，将它们以函数的形式提供使用。恰当地使用函数可以节省大量的时间，如表 4-6 所示对 VBScript 提供的函数做了概括。

表 4-6　VBScript 函数概括

函数	说明
Abs	返回一个数的绝对值，如 Abs(－1)和 Abs(1)都返回 1
Array	返回一个 Variant 值，其中包含一个数组
Asc	返回与字符串的第一个字母相关的 ANSI 字符编码，如 Asc("Body")返回 66
Atn	返回一个数的反正切值。如 4*Atn(1)得到 π 的值 3.141 592 653 589 79
Cbool	计算表达式的布尔值。如果表达式的值为 0，则返回 False，否则返回 True，如 CBool(9)返回 True

续表

函数	说明
Cbyte	将表达式转换为 Byte 子类型，如 CByte(45.678 9)返回 46
Ccur	将表达式转换为 Currency 子类型，如 CCur(124.456 789)返回 124.456 8
Cdate	将表达式转换为 Date 子类型，如 Cdate("July 21,2004")返回 2004-7-21
CDbl	将表达式转换为 Double 子类型
Chr	返回与指定的 ASCII 字符代码相对应的字符，如 Chr(66)返回 B
Cint	将表达式转换为 Integer 子类型，如 CInt(456.78)返回 457
CLng	将表达式转换为 Long 子类型，如 CLng(123 456.78)返回 123 457
Cos	返回某个角的余弦值
CreateObject	创建并返回对象实例。注意，在 ASP 中不要用该函数来创建对象实例
CSng	将表达式转换为 Single 子类型
CStr	将表达式转换为 String 子类型，如 str=CStr(87.65)，则 str 值为字符串 87.65
Date	返回当前系统日期
DateAdd	返回已添加指定时间间隔的日期，如 DateAdd("m",2,"21-July-2004")将 2004 年 7 月 21 日加两个月，得到 2004-9-21
DateDiff	返回两个日期间的时间间隔，如 DateDiff("d","21-7-2004","23-7-2004")将返回 2
DatePart	返回给定日期的指定部分，如 DatePart("yyyy","21-July-2004")返回 2004
DateSerial	使用指定的年、月、日返回 Date 子类型，如 DateSerial(1996-10,8-2,1-1)将返回 1986-5-31
DateValue	返回 Date 子类型，如 DateValue("September 11,1963")将返回 1963-9-11
Day	返回 1~31 之间的一个整数，表示某月中的一天，如 Day("July 21,2004")将返回 21
Eval	计算一个表达式的值并返回结果
Exp	返回 e（自然对数的底）的幂次方
Filter	返回下标从 0 开始的数组，包含基于特定过滤条件的字符串数组的子集
Int、Fix	返回数字的整数部分，Int 和 Fix 的区别在于：如果参数为负数，则 Int 返回小于或等于参数的第一个负整数，而 Fix 返回大于或等于参数的第一个负整数。例如，Int(－6.4)将返回－7，而 Fix(－6.4)将返回－6
FormatCurrency	返回一个表达式，该表达式被格式化为货币值（使用系统控制面板中定义的货币符号）。例如，当系统控制面板中定义的货币符号是人民币符号时，FormatCurrency(2000)将返回￥2000.00
FormatDateTime	格式化日期和时间。例如，FormatDateTime(Now,0)返回值为 2004-7-15 11:25:45，而 FormatDateTime(Now,1)返回值为 2004 年 7 月 15 日
FormatNumber	格式化一个数值。例如，FormatNumber(1234.4567,2)返回值为带两位小数点的数 1234.46，FormatNumber(-0.1234,3,-1)返回值为-0.123（含小数点前的 0），而 FormatNumber(-0.1234,3,0)返回值为-.123（不含小数点前的 0）
FormatPercent	格式化为以%符号结尾的百分比，如 FormatPercent(2/32)返回 6.25%

续表

函数	说明
GetObject	访问文件中的自动化对象，并将该对象赋给对象变量。注意，在 ASP 中不要用该函数来创建对象实例
Hex	返回表示十六进制数字值的字符串，如 Hex(459)返回 1CB
Hour	返回 0~23 之间的一个整数，表示一天中的某一小时
InpuBox	显示一个文本框，提示用户输入一个数据
InStr	返回某字符串在另一字符串中第一次出现的位置
InStrRev	返回某字符串在另一个字符串中出现的从结尾算起的位置
IsArray	返回布尔值，确定一个变量是否为数组
IsDate	返回布尔值，确定表达式是否可以转换为日期
IsEmpty	返回布尔值，确定一个变量是否为空
IsNull	返回布尔值，确定一个表达式是否包含无效的数据
IsNumeric	返回布尔值，确定一个表达式是否为数字
IsObject	返回布尔值，确定一个表达式是否引用了有效的对象
Join	将数组中的多个子字符串合成一个字符串
LBound	返回数组某一维的下界
LCase	返回字符串的小写形式
Left	返回指定数目的从字符串的左边算起的字符
Len	返回字符串内字符的数目
LoadPicture	返回图片对象。LoadPicture 识别的图形格式有位图文件（.bmp）、图标文件（.ico）、行程编码文件（.rle）、图元文件（.wmf）、增强型图元文件（.emf）、GIF 文件（.gif）和 JPEG 文件（.jpg）
Log	返回数值的自然对数
Ltrim、Rtrim 和 Trim	截去字符串中的前导空格（Ltrim）、后续空格（Rtrim）或前导与后续空格（Trim）
Mid	从字符串中返回指定数目的字符
Minute	返回 0~59 之间的一个整数，表示一小时内的某一分钟
Month	返回 1~12 之间的一个整数，表示一年中的某月
MonthName	返回代表指定月份的字符串
MsgBox	显示一个信息对话框
Now	根据计算机系统设定的日期和时间返回当前的日期和时间值
Oct	返回表示八进制数值的字符串，如 Oct(8)返回 10
Replace	将字符串内的子字符串替换为指定的串
RGB	返回代表 RGB 颜色值的整数
Right	从字符串右边返回指定数目的字符

续表

函数	说明
Rnd	返回一个随机数
Round	返回按指定位数进行四舍五入的数值，如 Round(3.141 59,2)返回 3.14
ScriptEngine	返回一个代表当前使用的脚本程序语言的字符串
Second	返回 0～59 之间的一个整数，表示一分钟内的某一秒
Sgn	返回表示数字符号的整数，如 Sgn(2)返回 1，Sgn(0)返回 0，Sgn(-3)返回-1
Sin	返回一个角度的正弦值
Space	返回由指定数目的空格组成的字符串
Split	返回基于 0 的一维数组，其中包含指定数目的子字符串
Sqr	返回数值的平方根
StrComp	比较两个字符串，并返回比较结果
String	返回指定长度的、重复字符组成的字符串，如 String(3, "B")返回 BBB
StrReverse	将字符串按反序排列输出
Tan	返回一个角度的正切值
Time	返回目前系统的时间
Timer	返回午夜 12 时以后已经过去的秒数
TimeSerial	返回含指定时、分、秒的时间，如 TimeSerial(12-6,-15,0)返回 5:45:00AM
TimeValue	返回包含时间的 Data 子类型
TypeName	返回一个变量的子类型信息
UBound	返回数组某一维的上界
UCase	返回字符串的大写形式
VarType	返回表示变量子类型的整数
Weekday	返回表示一星期中某天的整数
WeekdayName	返回一个字符串，表示一星期中指定的某一天
Year	返回一个代表某年的整数

项目5 电子商务网站中显示商品功能的实现

商品页面是电子商务网站的重点，电子商务网站的目的是销售商品，商品网页就如同商场的一个柜台。柜台功能设计的好坏对在该柜台的销售有重要影响。同样，一个电子商务网站是否能够吸引顾客，也取决于商品网页功能设计的好坏。

设想一下去商店里去买东西的情形，主要有以下几种情况：

1）目的明确，直接到相应类别的柜台去购买。

2）询问售货员某商品在哪个柜台出售，然后去购买。

3）目的不明确，随意逛，遇到合适的商品就买。

在设计电子商务网站的商品网页时，也可以根据这些购买场景，通过不同的网页来实现不同的购物方式：

1）设计一个分类网页，显示所有商品的类别，顾客可以通过定位商品类别来找到某类商品。

2）顾客也可以在商品类别中漫游，直到找到自己喜欢的商品。

3）顾客可以利用搜索功能，直接以某个或几个关键字来查找商品。

任务1 实现电子商务网站中显示商品列表的功能

显示商品列表功能是电子商务网站最重要的功能之一，用户可以通过浏览商品列表来寻找感兴趣的商品。显示商品列表包括三个部分：显示商品列表、分页显示商品和根据用户的需要显示商品。根据用户的需要显示商品将在显示厂家列表和搜索商品部分学习。

子任务1 模块功能分析

商品展示模块一般由前台和后台两大部分构成。

前台部分：用户浏览通过搜索或者商品浏览功能来查找感兴趣的商品，在寻找到目标产品后，用户会点击相应的产品链接去查看商品详细情况，并决定是否会购买此产品。

后台部分：网站管理者进入后台管理页面后，就可以在商品发布模块下进行商品信息的发布，包括商品的文字信息和图片信息，填写好相应的商品信息够，管理员单击“提交”按钮，商品的信息就会添加进相应的数据库里，此时，在前台就可以浏览该产品了。商品管理功能为管理者提供了商品管理的方便，管理者可以对商品进行修改、添加、删除等操作，非常方便网站管理者进行网站的管理。

商品展示模块逻辑功能如图 5-1 所示。

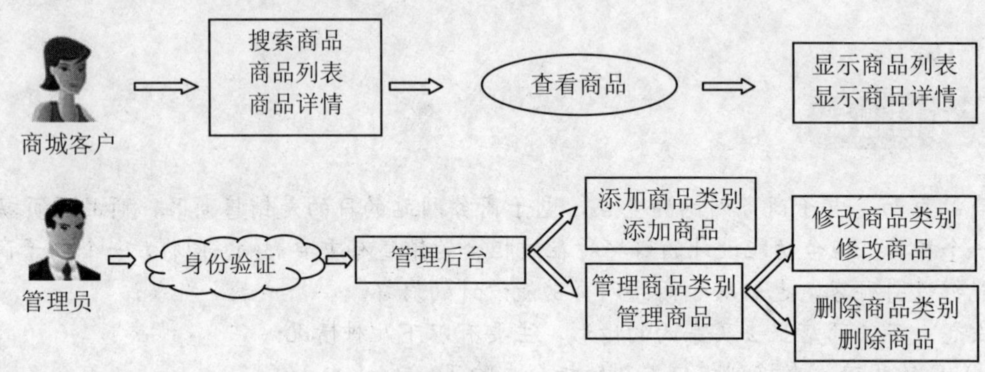

图 5-1　商品展示模块的逻辑功能图

商品展示模块可以划分为以下几个功能块：

（1）商品搜索功能。为了为客户提供非常方便快捷查找自己想要寻找的目标产品，网站提供了模糊搜索功能和按照商品类别搜索两种搜索方法，可以让用户快速找到相关产品。

（2）商品列表显示功能。在客户通过搜索功能搜索商品后，系统会按照客户的要求推送给客户要求的商品，这些商品以图片列表形式展示给客户，客户会很方便查看商品的概况。

（3）商品详情展示功能。客户通过点击感兴趣的产品图片链接，系统会给客户提供这个商品的详细情况，以便客户更加深入的了解该产品，决定是否购买。商品详情展示功能在整个购物系统里是非常重要的一个功能，直接决定能否成交。

（4）添加商品类别。管理员通过自己的账号和密码进入后台，在商品分类管理模块下可以添加商品类别。

（5）修改商品类别。管理员可以通过此页面对商品类别进行修改。

（6）删除商品类别。管理员通过此页面可以删除商品类别。

（7）添加商品。管理员通过自己的账号和密码进入后台，在商品管理模块下就可以添加商品了。

（8）修改商品。商品信息不可能一成不变，为了方便管理员修改商品信息，特提供此项功能。

（9）删除商品。系统还提供了删除商品的功能。

子任务 2　数据库设计

1. 商品表结构的设计

本节用到的数据库需要使用以下三个表：商品类别表、商品表和厂家表（表结构如表 5-1 至表 5-3 所示）。

表 5-1　商品类别表（shopclass）

字段名	数据类型	备注
ID	自动编码	唯一的产品编号、主键
Name	文本	商品类别名称名称（必填）

表 5-2　商品表（Shop_Goods）

字段名	数据类型	备注
ID	自动编码	唯一的产品编号、主键
ShopID	文本	商品类别编号
Name	文本	商品名称（必填）
SalePrice	货币	商品价格（必填）
Pic	文本	商品图片路径
productBrief	文本	商品的简要描述
productcontent	备注	商品的详细描述
productFactoryID	数值	厂家编号（必填）

ProductFactory 表中保存了所有的厂家，所有的厂家都有唯一的编号和一个名称。这样，用一个表来存储商品信息，二用另一个表里存储厂家信息，即使厂家信息需要修改时，也不必修改商品表找那个厂家的名称，而只要修改厂家表就可以了，从而可以避免数据冗余、插入异常、修改异常和删除异常等问题。

表 5-3　厂家表（ProductFactory）结构

字段名	数据类型	备注
productFactoryID	自动编码	唯一类别编号、主键
productFactoryName	文本	厂家名称（必填）
productFactoryName	文本	厂家描述

2. *使用#Include 语句包含数据库连接语句*

在开发登录与注册功能时，发现登录与注册功能都需要连接数据库，而且这些语句基本都相似，这样相似的数据库连接语句在开发其他功能时都会用到。当开发完成一个网站时，数据库存储的位置可能不同，名称也会不一样，甚至采用的数据库技术也会不一样，例如本例中使用用的数据库 Access，可能以后会换成 SQL Server、H 或者是 Oracle 等其他数据库，如果我们需要逐一改每一个有数据库连接语句，工作量会很大。这时就可以采取包含语句提高工作效率。包含指令的格式如下：

```
<!--#include file="FileName"-->
```

Go 功能是把某一个文件包含到本页面中，即读取 FileName 所指示文件的全部内容并插入到该页中，替代<!--#include..-->行。这是一种非常有效的插入 HTML 段落的技术，可反复使用，也常用该指令来插入代码段。例如，如果有一个包含几个脚本函数（或者只是单行脚本代码）的文件同时在几个页面中使用，可以使用#include 指令将其插入到需要它的每个页中。

通过将脚本和内容分开的方法，可以给页面提供一个组成层次。这意味着如果对脚本进行了修改，在客户端再次打开该页面时，脚本的修改情况会自动地反映到使用包含文件的每个页面中，从而大大地节省维护时间。

如图 5-2 所示，Products.asp、CheckRegister.asp 等 ASP 网页文件都需要使用数据库连接语句，如果在各自的文件中直接写入数据库连接信息，那么会给维护带来很大数据库链接信息存放在一个文件（在本例中该文件的是 Conn.asp）中，另外需要这些信息的页面包含这个文件。此时只需修改一个文件就可以达到修改的目的了。

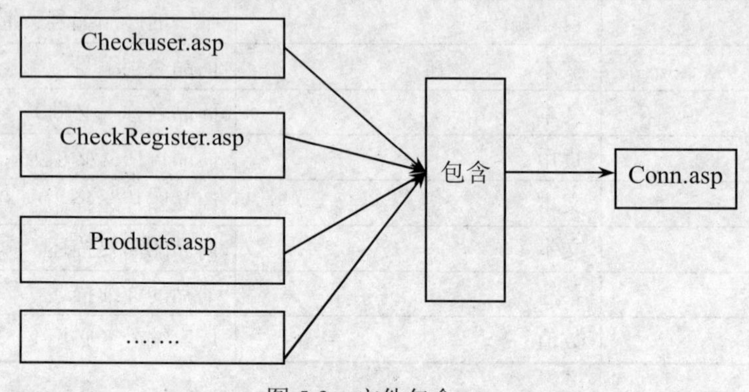

图 5-2 文件包含

包含文件 Conn.asp 的源代码及分析如下：

```
<%
Dim Conn,Str,db                                            '创建数据库连接对象
db = "data/data.mdb"                                       '数据库文件的路径
Set Conn = Server.CreateObject("ADODB.Connection")  '创建数据库连接类型
Str = "Provider=Microsoft.Jet.OLEDB.4.0;Data Source="&Server.MapPath(""&db&"")
'Provider 参数指数据库类型
Conn.Open Str                                              '打开数据库连接对象
%>
```

子任务 3 商品展示系统的实现

1. 制作分页显示商品列表页面

实现显示商品列表功能的网页名称是 list.asp，实现步骤如下：

①从数据库中读取商品记录，保存在一个记录集中，如果商品记录比较多，需要分页显示，要对记录集分页处理，一般需要修改记录集对象的 PageSize 的属性，并在读取记录以后设置记录集对象的 AbsoulutePage 属性，Pageize 的作用是设置每页的记录数量，AasoulutePage 的作用是把记录集游标移动到当前也的第一条记录。

②通过循环遍历记录集中的记录，并以一定的格式显示每个记录中的信息，这个格式通过表格实现。需要注意的是，虽然设置了记录集的分页属性，但记录集仍然会读取所有的记录，所以在读取记录时要检测是否已经读完了本页的记录。

③关闭记录集和数据库连接对象，以释放占用的服务器内存空间。

显示商品列表功能页面 list.asp 单独运行的效果如图 5-3 所示。

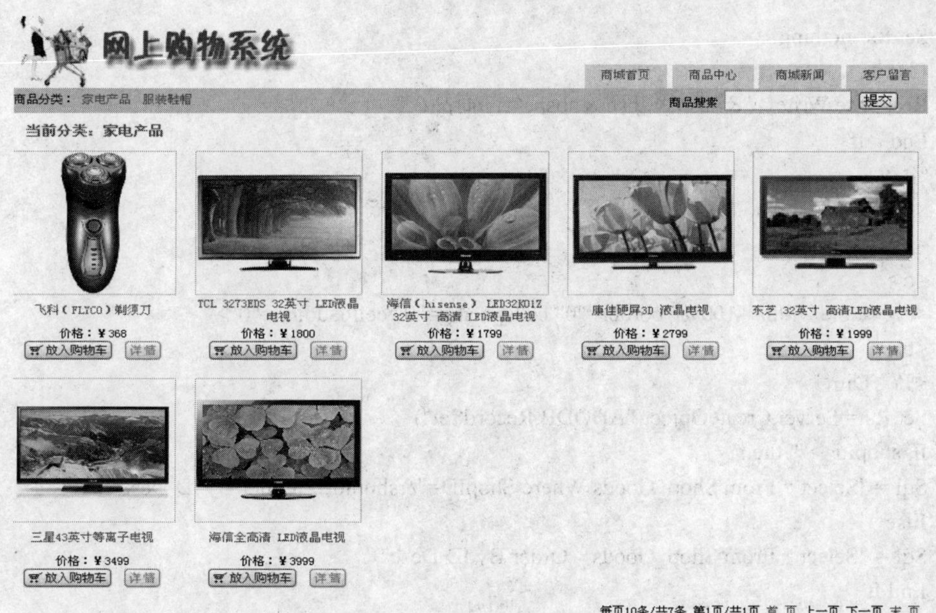

图 5-3　商品列表页面

显示商品列表功能页面 list.asp 的源代码如下：

```
<!--#include file="Conn.ASP" -->
<!--#include file="ADMIN/INC/FUNCTION.ASP" -->
<html>
<head>
<meta http-equiv="Content-Type" content="text/html; charset=gb2312">
<title>网上购物系统-商品列表</title>
<link href="INC/Main.CSS" rel="stylesheet" type="text/css">
</head>
<% shopid=Request("shopid") %>
<body leftmargin="0" topmargin="0">
<table width="900" border="0" align="center" cellpadding="0" cellspacing="0">
<tr>
<td><!--#include file="top.asp" --></td>
</tr>
<tr>
<td height=40 class="text1">
<%
IF shopid<>"" then
Response.Write "   当前分类："
Set Rs = Server.CreateObject("ADODB.RecordSet")
Sql = "Select * From Shop_Class Where ID="&shopid
Rs.Open Sql,Conn,1,1
If Not Rs.Eof And Not Rs.Bof Then
Response.Write Rs("Name")
End If
Rs.Close
```

```
Set Rs=nothing
Else
Response.Write  "   全部商品："
End  If
%>
</td>
</tr>
<tr>
<td><table width="100%" border="0" cellspacing="0" cellpadding="0">
<tr>
<%  Dim i
Set Rs = Server.CreateObject("ADODB.RecordSet")
IF shopid<>"" then
Sql = "Select * From Shop_Goods Where ShopID="&shopid&" Order By ID Desc"
Else
Sql = "Select * From Shop_Goods  Order By ID Desc"
End If
Rs.Open Sql,Conn,1,1
If Rs.Eof And Rs.Bof Then
Response.Write "<tr><td height=60 colspan=5 align=center>没有对应商品！</td></tr>"
Else
Page = Request("Page")
If Page="" Then Page=1
Rs.PageSize = 10
PageSize = Rs.PageSize
Rs.AbsolutePage = Page
i = 0
Do While Not Rs.Eof  And PageSize>0
%>
<td  width="20%"  align="center"  valign="top"><table  width="160"  border="0"  cellspacing="0"
cellpadding="0">
<tr>
<td><a  href="Info.ASP?shopid=<%=Rs("ShopID")%>&id=<%=Rs("ID")%>"  target="_blank"><img
src="uppic/<%=Rs("Pic")%>" width="160" height="150" class="imgborder" border="0"></a></td>
</tr>
<tr>
<td height="35" align="center"><a href="Info.ASP?shopid=<%=Rs("ShopID")%>&id=<%=Rs("ID")%>"
target="_blank"><%=Rs("Name")%></a></td>
</tr>
<tr>
<td align="center">价格：￥<%=Rs("SalePrice")%></td>
</tr>
<tr>
<td  align="center"><a  href="Buy_Car.ASP?id=<%=Rs("ID")%>"><img  src="IMAGES/Btn_Buy.GIF"
border=0></a>  <a    href="Info.ASP?shopid=<%=Rs("ShopID")%>&id=<%=Rs("ID")%>"
target="_blank"><img src="IMAGES/Btn_Detai.GIF" border=0></a></td>
```

```
</tr>
</table></td>
<%          i = i + 1
If i mod 5 = 0 Then Response.Write "</tr><tr><td height=15 colspan=5></td></tr></tr>"
PageSize = PageSize-1
Rs.MoveNext
Loop
If Rs.RecordCount mod 5 > 0 Then
For k = 1 to 5 - (Rs.RecordCount mod 5)
Response.Write "<td align=center    width='20%'> </td>"
Next
End If
%>
</tr>
<tr>
<td height="15" colspan="5"></td>
</tr>
<tr>
<td colspan="5" align="right">
<%
Response.Write "每页" &Rs.PageSize& "条/共" &Rs.RecordCount& "条 第" &Page& "页/共"
&Rs.PageCount& "页 "
Response.Write "<a href=?shopid="&shopid&"&Page=1>首 页</a> "
If CInt(Page)>1 then
Response.Write "<a href=?shopid="&shopid&"&Page="&Page-1&">上一页</a> "
Else
Response.Write "上一页 "
End If
If CInt(Page)<Rs.PageCount then
Response.Write "<a href=?shopid="&shopid&"&Page="&Page+1&">下一页</a> "
Else
Response.Write "下一页 "
End If
Response.Write "<a href=?shopid="&shopid&"&Page="&Rs.PageCount&">末 页</a> "
%>
</td>
</tr>
<%   End If
Rs.Close
Set Rs=nothing
%>
</table></td>
</tr>
<tr>
<td><!--#include file="Bottom.ASP" --></td>
</tr>
```

```
</table>
</body>
</html>
```

任务 2　实现电子商务网站中显示商品详情的功能

显示商品详情功能是一个电子商务网站最重要的功能之一，用户可以在此看到商品的详细情况和商品图片，也可以通过单击详细情况网页上的“购买”按钮来订购商品。在制作商品详细情况页面时，一般用表格来排版，另外还需要制作一个指向把当前商品加入购物车的按钮（或者是超级链接）。

显示商品详情网页首先获取需要显示商品的编号，如果编号不存在，则不能继续显示。获取商品编号后，从数据库中获取该商品的信息，然后在网页中绘制一个表格来显示商品信息，最后添加一个把当前商品加入购物车的按钮，在按钮中包含当前商品编号。

显示商品详情网页 Info.asp 的运行效果如图 5-4 所示。

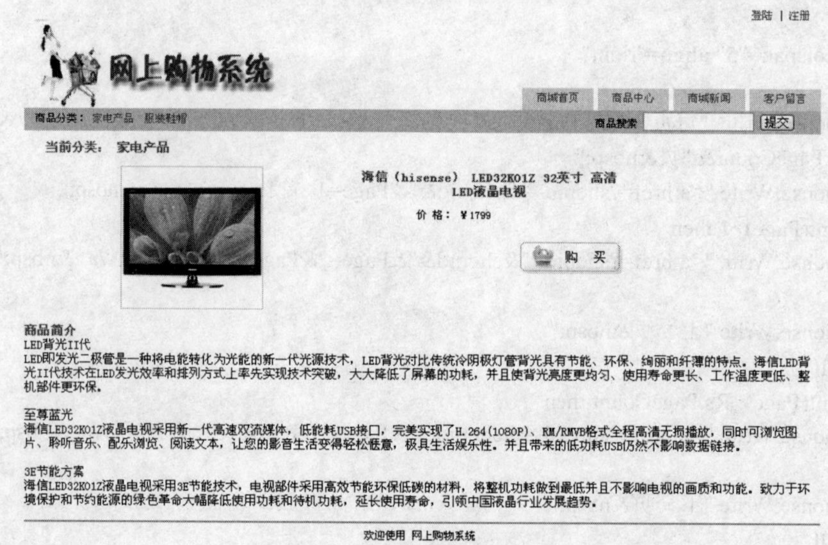

图 5-4　显示商品详情网页

显示商品详情网页 Info.asp 的源代码如下：

```
<!--#include file="Conn.ASP" -->
<!--#include file="ADMIN/INC/FUNCTION.ASP" -->
<html>
<head>
<meta http-equiv="Content-Type" content="text/html; charset=gb2312">
<title>网上购物系统-商品显示</title>
<link href="INC/Main.CSS" rel="stylesheet" type="text/css">
</head>
<%   shopid=Request("shopid")
id=Request("id")
%>
```

```
<body leftmargin="0" topmargin="0">
<table width="900" border="0" align="center" cellpadding="0" cellspacing="0">
<tr>
<td><!--#include file="top.asp" --></td>
</tr>
<tr>
<td height=40 class="text1">   当前分类：
<%
Set Rs = Server.CreateObject("ADODB.RecordSet")
Sql = "Select * From [Shop_Class] Where ID="&shopid
Rs.Open Sql,Conn,1,1
If Not Rs.Eof And Not Rs.Bof Then
Response.Write Rs("Name")
End If
Rs.Close
Set Rs=nothing
%>
</td>
</tr>
<tr>
<td><table width="100%" border="0" cellspacing="0" cellpadding="0">
<%
Set Rs = Server.CreateObject("ADODB.RecordSet")
Sql = "Select * From [Shop_Goods] Where ID="&id
Rs.Open Sql,Conn,1,1
If Not Rs.Eof And Not Rs.Bof Then
%>
<tr>
<td
width="42%"    align="center"    valign="top"> <img    src="uppic/<%=Rs("Pic")%>"    class=
"imgborder"></td>
<td width="58%" valign="top"><table width="300" border="0" cellspacing="0" cellpadding="0">
<tr>
<td
height="40" colspan="2" align="center" class="text1"><%=Rs("Name")%></td>
</tr>
<tr>
<td width="110" height="30" align="right">价  格：</td>
<td width="190"> ￥<%=Rs("SalePrice")%></td>
</tr>
<tr>
<td> </td>
<td> </td>
</tr>
<tr>
<td  colspan="2"  align="right"><a  href="Buy_Car.ASP?id=<%=Rs("ID")%>"><img  src="IMAGES/
```

```
Btn1_Buy.GIF" width="115" height="36" border=0></a></td>
</tr>
</table></td>
</tr>
<tr>
<td colspan="2"> </td>
</tr>
<tr>
<td colspan="2" class="text1">商品简介</td>
</tr>
<tr>
<td colspan="2" class="text14"><%=g_UnHtml(Rs("Content"))%></td>
</tr>

<%   End If
Rs.Close
Set Rs=nothing
%>
</table></td>
</tr>
<tr>
<td><!--#include file="Bottom.ASP" --></td>
</tr>
</table>
</body>
</html>
```

任务 3　实现电子商务网站后台商品管理的功能

商品信息的添加、修改、删除等管理功能在网站后台实现，网站管理者登录进入网站管理页面，在左侧导航栏里就可以找到商品管理模块，对商品进行添加、修改、删除等操作。

商品管理功能主要由以下页面构成：

Class_Add.ASP　商品类别添加页面

Class_All.ASP　所遇商品类别管理页面

Class_Edit.ASP　商品类别修改页面

Coods_Add.ASP　商品添加页面

Coods _All.ASP　所遇商品类别管理页面

Coods _Edit.ASP　商品类别修改页面

后台登录后管理页面如图 5-5 所示。

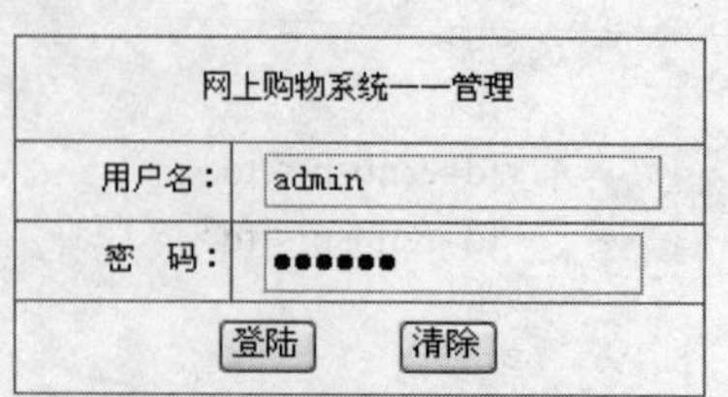

图 5-5　后台登录页面

整个后台管理与整个电子商务网站后台管理集中在一起，采用框架结构形式，框架结构如图 5-6 所示，采用左侧固定形式，左侧页面显示管理的菜单便于后台管理操作，右侧页面显示具体的操作内容。

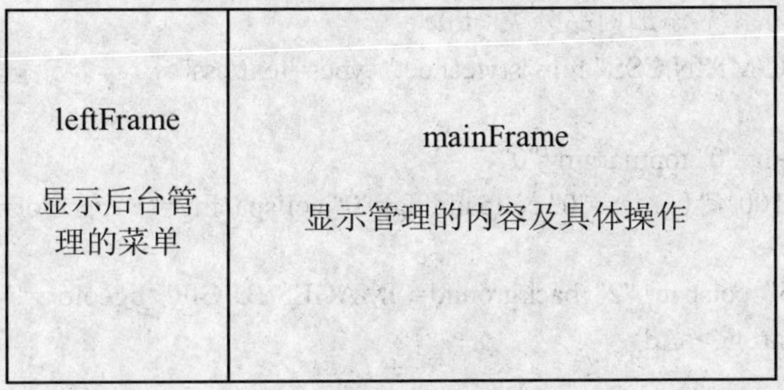

图 5-6　后台管理页面框架结构

具体的显示在浏览器窗口如图 5-7 所示。

图 5-7　后台管理页面

子任务 1　添加商品类别管理

添加商品类别在页面 Class_Add.ASP，功能是增加一种商品类别，向数据库的 Shop_Class 表中增加商品类别记录。

页面显示如图 5-8 所示。

如图 5-8　添加商品类别页面

添加商品分类页面 Class_Add.ASP 的代码如下：

```
<!--#include file="Conn.ASP" -->
<!--#include file="INC/FUNCTION.ASP" -->
<% If Session("Admin")="" Then Response.Redirect "login.asp" %>
<html>
<head>
<meta http-equiv="Content-Type" content="text/html; charset=gb2312">
```

```
<title>网上购物系统-添加商品分类</title>
<link href="INC/MAIN.CSS" rel="stylesheet" type="text/css">
</head>
<body leftmargin="0" topmargin="0">
<table width="100%" border="0" cellpadding="0" cellspacing="1" bgcolor="#0080C0">
<tr>
<td height="25" colspan="2" background="IMAGES/BJ.GIF" bgcolor="#FFFFFF"> <strong>添加商品分类</strong></td>
</tr>
<form name="addFrm" method="post" action="?action=add">
<tr>
<td width="18%" height="30" align="right" bgcolor="#FFFFFF">要添加的分类名称：</td>
<td width="82%" bgcolor="#FFFFFF"> <input type="text" name="Name"></td>
</tr>
<tr>
<td height="40" align="right" bgcolor="#FFFFFF"> </td>
<td bgcolor="#FFFFFF">    <input type="submit" name="Submit" value="添加分类"></td>
</tr></form>
</table>
</body>
</html>
<%  If Request("action")="add" Then
Call Save_Add()
End If

Sub Save_Add()
Dim Name,Rs,Sql
Name = Trim(Request.Form("Name"))

Set Rs = Server.CreateObject("ADODB.RecordSet")
Sql = "Select * From [Shop_Class]"
Rs.Open Sql,Conn,2,3
Rs.AddNew
Rs("Name") = Name
Rs.Update
Rs.Close
Set Rs = nothing
Response.Write "<Script>alert('商城分类添加成功！');location.href='class_add.asp';</Script>"
End Sub
%>
```

子任务 2　所有商品类别管理

管理所有商品类别在页面 Class_All.asp，功能是修改或者删除某一种商品类别。页面显示如图 5-9 所示。

所有商品分类		
分类名称	修改	删除
服装鞋帽	[修改]	[删除]
家电产品	[修改]	[删除]
每页10条/共2条 第1页/共1页 首页 上一页 下一页 末页		

图 5-9　管理所有商品分类页面

管理所有商品分类页面 Class_Add.ASP 的代码如下：

```
<!--#include file="Conn.ASP" -->
<!--#include file="INC/FUNCTION.ASP" -->
<% If Session("Admin")="" Then Response.Redirect "login.asp" %>
<html>
<head>
<meta http-equiv="Content-Type" content="text/html; charset=gb2312">
<title>网上购物系统-商品分类管理</title>
<link href="INC/MAIN.CSS" rel="stylesheet" type="text/css">
</head>

<body leftmargin="0" topmargin="0">
<table width="100%" border="0" align="center" cellpadding="0" cellspacing="1" bgcolor="#0080C0">
<tr>
<td height="25" colspan="3" background="IMAGES/BJ.GIF" bgcolor="#FFFFFF"> <strong>所有商品分类</strong></td>
</tr>
<tr>
<td width="56%" height="30" align="center" bgcolor="#97D2FF">分类名称</td>
<td width="22%" align="center" bgcolor="#97D2FF">修改</td>
<td width="22%" align="center" bgcolor="#97D2FF">删除</td>
</tr>
<%    Set Rs = Server.CreateObject("ADODB.RecordSet")
Sql = "Select * From [Shop_Class] Order By ID Desc"
Rs.Open Sql,Conn,1,1
If Rs.Eof And Rs.Bof Then
Response.Write "<tr><td height=40 colspan=3 align=center bgcolor=#FFFFFF>暂无商城分类</td></tr>"
Else
Page = Request("Page")
If Page="" Then Page=1
Rs.PageSize = 10
PageSize = Rs.PageSize
Rs.AbsolutePage = Page
Do While Not Rs.Eof   And PageSize>0
%>

<tr bgcolor="#FFFFFF">
<td height="25"> <%=Rs("Name")%></td>
<td align="center"><a href="Class_Edit.ASP?Page=<%=Page%>&id=<%=Rs("ID")%>">[修改]</a></td>
<td  align="center"><a  href="javascript:if(window.confirm('你确实要删除吗?')  ==  true){window.location = '?action=dclass&Page=<%=Page%>&id=<%=Rs("ID")%>';}">[删除]</a></td>
```

```
</tr>
<%          PageSize = PageSize-1
Rs.MoveNext
Loop

%>
<tr>
<td height="25" colspan="3" align="right" bgcolor="#E6E6E6">
<%
Response.Write "每页" &Rs.PageSize& "条/共" &Rs.RecordCount& "条 第" &Page& "页/共"
&Rs.PageCount& "页 "
Response.Write "<a href=?Page=1>首页</a> "
If CInt(Page)>1 then
Response.Write "<a href=?Page="&Page-1&">上一页</a> "
Else
Response.Write "上一页 "
End If
If CInt(Page)<Rs.PageCount then
Response.Write "<a href=?Page="&Page+1&">下一页</a> "
Else
Response.Write "下一页 "
End If
Response.Write "<a href=?Page="&Rs.PageCount&">末页</a> "
%>  </td>
</tr>
<%
End If
Rs.Close
Set Rs=nothing
%>
</table>
</body>
</html>
<%  If Request("action")="dclass" Then
Call DelClass()
End If

Sub DelClass()                  '删除商品类别子过程
Dim id,Page                     '定义变量
id = Request("id")
Page = Request("Page")
Conn.Execute("Delete From [Shop_Class] Where ID="&id)  '从数据库中删除相应的商品类别
Response.Redirect "class_all.asp?Page="&Page&""         '删除完毕后返回所有商品类别管理页面
End Sub
%>
```

子任务3　修改商品类别页面

当在管理商品类别页面点击某个类别的修改按钮时，会自动跳转到 Class_Edit.ASP 修改商品类别页面，如图 5-10 所示。

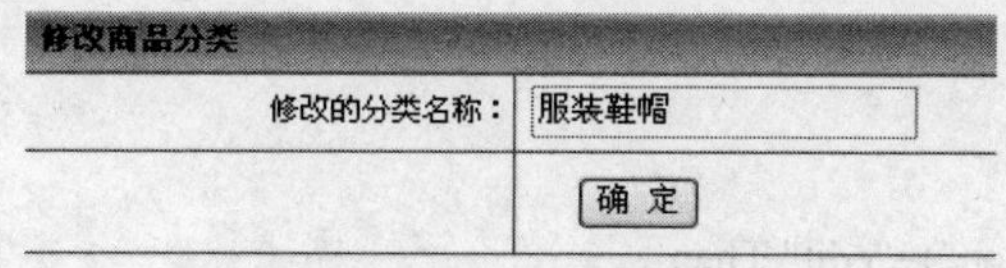

图 5-10　修改商品分类页面

其页面代码如下：

```
<!--#include file="Conn.ASP" -->
<!--#include file="INC/FUNCTION.ASP" -->
<% If Session("Admin")="" Then Response.Redirect "login.asp" %>
<html>
<head>
<meta http-equiv="Content-Type" content="text/html; charset=gb2312">
<title>网上购物系统-修改商品分类</title>
<link href="INC/MAIN.CSS" rel="stylesheet" type="text/css">
</head>

<body leftmargin="0" topmargin="0">
<%  Dim id,Page
id = Request("id")
Page = Request("Page")
%>
<table width="100%" border="0" cellpadding="0" cellspacing="1" bgcolor="#0080C0">
<tr>
<td height="25" colspan="2" background="IMAGES/BJ.GIF" bgcolor="#FFFFFF"> <strong>修改商品分类</strong></td>
</tr>
<form name="editFrm" method="post" action="?action=edit&Page=<%=Page%>&id=<%=id%>">
<%  Set Rs = Server.CreateObject("ADODB.RecordSet")
Sql = "Select * From [Shop_Class] Where ID="&id
Rs.Open Sql,Conn,1,1
If Not Rs.Eof And Not Rs.Bof Then
%>
<tr>
<td width="18%" height="30" align="right" bgcolor="#FFFFFF">修改的分类名称：</td>
<td width="82%" bgcolor="#FFFFFF"> <input type="text" name="Name" value="<%=Rs("Name")%>"></td>
</tr>
<%
End If
Rs.Close
Set Rs=nothing
```

```
%>
<tr>
<td height="40" align="right" bgcolor="#FFFFFF"> </td>
<td bgcolor="#FFFFFF">    <input type="submit" name="Submit" value="确
定"></td>
</tr></form>
</table>
</body>
</html>
<%  If Request("action")="edit" Then
Call Save_Edit()
End If

Sub Save_Edit()
Dim id,Page,Name,Rs,Sql
id = Request("id")
Page = Request("Page")
Name = Trim(Request.Form("Name"))

Set Rs = Server.CreateObject("ADODB.RecordSet")
Sql = "Select * From [Shop_Class] Where ID="&id
Rs.Open Sql,Conn,2,3
Rs("Name") = Name
Rs.Update
Rs.Close
Set Rs = nothing
Response.Write  "<Script>alert('商城分类修改成功！');location.href='class_all.asp?Page="&Page&"';
</Script>"
End Sub
%>
```

子任务 4　添加商品页面 Goods_Add.ASP

在商品管理模块下，提供了商品添加功能，此功能主要用于给购物系统添加商品，其页面如图 5-11 所示。

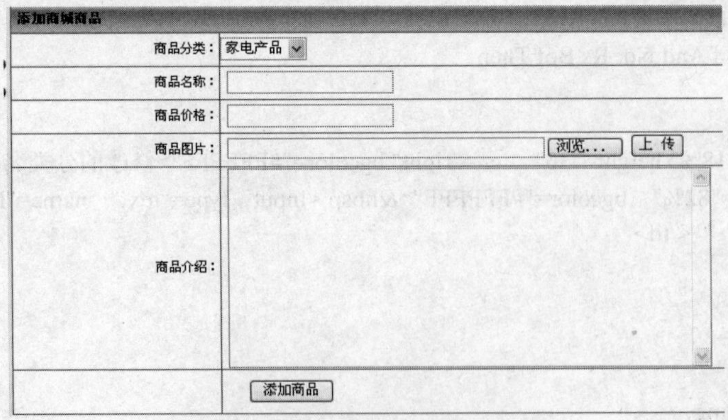

图 5-11　修改商品分类页面

在商品添加时应先根据商品类别选择商品分类，填写好商品名称和商品价格后，通过上传组件上传商品图片，最后填写商品介绍并提交，商品信息就会写入数据库里面的商品表Shop_Goods。

Goods_Add.ASP 页面代码如下：

```
<!--#include file="Conn.ASP" -->
<!--#include file="inc/function.asp" -->
<!-- If Session("Admin")="" Then Response.Redirect "login.asp" -->
<html>
<head>
<meta http-equiv="Content-Type" content="text/html; charset=gb2312">
<title>网上购物系统-添加商品</title>
<link href="inc/main.css" rel="stylesheet" type="text/css">
</head>

<body leftmargin="0" topmargin="0">
<table width="100%" border="0" cellpadding="0" cellspacing="1" bgcolor="#0080C0">
<tr>
<td height="25" colspan="2" background="images/bj.gif" bgcolor="#FFFFFF"> <strong>添加商
城商品</strong></td>
</tr>
<form name="addFrm" method="post" action="?action=add">
<tr>
<td height="30" align="right" bgcolor="#FFFFFF">商品分类：</td>
<td bgcolor="#FFFFFF"><select name="shopid">
<%
Set Rs = Server.CreateObject("ADODB.RecordSet")
Sql = "Select * From [Shop_Class] Order By ID Asc"
Rs.Open Sql,Conn,1,1
If Not Rs.Eof And Not Rs.Bof Then
Dim i
i = 0
Do While Not Rs.Eof
%>
<option <% If i=0 Then Response.Write "selected" %> value="<%=Rs("ID")%>"><%=Rs("Name")%>
</option>
<%              i = i + 1
Rs.MoveNext
Loop
End If
Rs.Close
Set Rs=nothing
%>
</select>
</td>
</tr>
<tr>
```

```
<td height="30" align="right" bgcolor="#FFFFFF">商品名称：</td>
<td bgcolor="#FFFFFF"> <input type="text" name="Name"></td>
</tr>
<tr>
<td height="30" align="right" bgcolor="#FFFFFF">商品价格：</td>
<td bgcolor="#FFFFFF"> <input type="text" name="SalePrice"></td>
</tr>
<tr>
<td height="30" align="right" bgcolor="#FFFFFF">商品图片：</td>
<td bgcolor="#FFFFFF"> <iframe marginheight="0" name="UpImages2" marginwidth="0" src=
"UpLoad.ASP?upfolder=uppic&upformname=addFrm&backname=Pic" frameborder="0" width="100%"
height="23" scrolling="no"></iframe></td>
</tr><input type="hidden" name="Pic">
<tr>
<td width="18%" height="30" align="right" bgcolor="#FFFFFF">商品介绍：</td>
<td width="82%" bgcolor="#FFFFFF"> <textarea name="Content" cols="60"
rows="12"></textarea></td>
</tr>
<tr>
<td height="40" align="right" bgcolor="#FFFFFF"> </td>
<td bgcolor="#FFFFFF">    <input type="submit" name="Submit" value="添
加商品"></td>
</tr></form>
</table>
</body>
</html>
<%  If Request("action")="add" Then
Call Save_Add()
End If

Sub Save_Add()
Dim shopid,Name,SalePrice,Pic,Content,Rs,Sql
shopid = Request.Form("shopid")
Name = Trim(Request.Form("Name"))
SalePrice = Trim(Request.Form("SalePrice"))
Pic = Trim(Request.Form("Pic"))
Content = Trim(Request.Form("Content"))

Set Rs = Server.CreateObject("ADODB.RecordSet")
Sql = "Select * From [Shop_Goods]"
Rs.Open Sql,Conn,2,3
Rs.AddNew
Rs("shopid") = shopid
Rs("Name") = Name
If SalePrice<>"" Then Rs("SalePrice") = SalePrice
Rs("Pic") = Pic
```

```
    Rs("Content") = Content
    Rs("AddTime") = Date()
    Rs.Update
    Rs.Close
    Set Rs = nothing
    Response.Write "<Script>alert('商城商品添加成功！ ');location.href='goods_add.asp';</Script>"
    End Sub
    %>
```

子任务 5　商品列表页面 Goods_All.ASP

在商品管理模块下，提供了商品列表页面，此功能主要用于管理和查看所有商品信息，在此页面，可以对商品进行修改和删除操作。

商品列表管理流程图如图 5-12 所示。

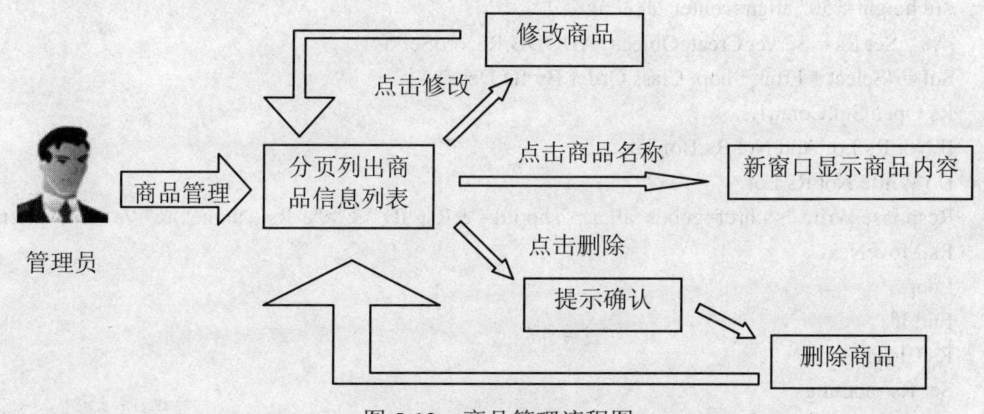

图 5-12　商品管理流程图

商品列表管理其页面如图 5-13 所示。

商品列表

商品名称	商品图片	价格	添加日期	修改	删除
妮蕾迪 2012夏装新款显瘦柔滑牛奶丝哈伦裤		¥128	2012-5-7	[修改]	[删除]
2012春季新款商务休闲高档单排扣小西装		¥108	2012-5-7	[修改]	[删除]
新珑新 SLS 新夏女装纯棉小V领花边短袖格子衬衫		¥79	2012-5-7	[修改]	[删除]
七格格 短袖雪纺波点连衣裙		¥218	2012-5-7	[修改]	[删除]
Giordano佐丹奴T恤		¥128	2012-5-7	[修改]	[删除]

图 5-13　管理商品列表页面

商品管理列表页面主要用于对商品信息进行管理，在此页面点击修改按钮，可以修改商品信息，单击“删除”按钮，就可以删除某个商品了。

Goods_All.ASP 页面代码如下：

```
<!--#include file="Conn.ASP" -->
<!--#include file="INC/FUNCTION.ASP" -->
<% If Session("Admin")="" Then Response.Redirect "login.asp" %>
<html>
<head>
<meta http-equiv="Content-Type" content="text/html; charset=gb2312">
<title>网上购物系统-管理商品</title>
<link href="INC/MAIN.CSS" rel="stylesheet" type="text/css">
</head>

<body leftmargin="0" topmargin="0">
<table width="100%" border="0" cellpadding="0" cellspacing="1">
<tr>
<td height="50" align=center>商品分类：
<%   Set Rs = Server.CreateObject("ADODB.RecordSet")
Sql = "Select * From Shop_Class Order By ID Desc"
Rs.Open Sql,Conn,1,1
If Not Rs.Eof And Not Rs.Bof Then
Do While Not Rs.Eof
Response.Write "<a href=goods_all.asp?shopid="&Rs("ID")&">"&Rs("Name")&"</a>  "
Rs.MoveNext
Loop
End If
Rs.Close
Set Rs=nothing

Dim shopid,shopname
shopid = Request("shopid")
If shopid<>"" Then
Set Rs = Server.CreateObject("ADODB.RecordSet")
Sql = "Select * From Shop_Class Where ID="&shopid
Rs.Open Sql,Conn,1,1
If Not Rs.Eof And Not Rs.Bof Then
shopname = Rs("Name")
End If
Rs.Close
Set Rs=nothing
End If
%>
</td>
</tr>
</table>
<table width="100%" border="0" cellpadding="0" cellspacing="1" bgcolor="#0080C0">
<tr>
<td  height="25"  colspan="6"  background="IMAGES/BJ.GIF"  bgcolor="#FFFFFF"> <strong>
```

```
<%=shopname%>商品列表</strong></td>
</tr>
<tr>
<td width="28%" height="30" align="center" bgcolor="#97D2FF">商品名称</td>
<td width="21%" align="center" bgcolor="#97D2FF">商品图片</td>
<td width="12%" align="center" bgcolor="#97D2FF">价格</td>
<td width="19%" align="center" bgcolor="#97D2FF">添加日期</td>
<td width="10%" align="center" bgcolor="#97D2FF">修改</td>
<td width="10%" align="center" bgcolor="#97D2FF">删除</td>
</tr>
<%
Set Rs = Server.CreateObject("ADODB.RecordSet")
If shopid<>"" Then
Sql = "Select * From [Shop_Goods] Where ShopID="&shopid&" Order By ID Desc"
Else
Sql = "Select * From [Shop_Goods] Order By ID Desc"
End If
Rs.Open Sql,Conn,1,1
If Rs.Eof And Rs.Bof Then
Response.Write "<tr><td height=40 colspan=6 align=center bgcolor=#FFFFFF>暂无对应商品
</td></tr>"
Else
Page = Request("Page")
If Page="" Then Page=1
Rs.PageSize = 10
PageSize = Rs.PageSize
Rs.AbsolutePage = Page
Do While Not Rs.Eof   And PageSize>0
%>
<tr bgcolor="#FFFFFF">
<td height="25" > <%=Rs("Name")%></td>
<td align="center"><img src="../uppic/<%=Rs("Pic")%>" width=120 height=100></td>
<td align="center"> ￥<%=Rs("SalePrice")%></td>
<td align="center"> <%=Rs("AddTime")%></td>
<td
align="center"><a
href="Goods_Edit.ASP?Page=<%=Page%>&shopid=<%=shopid%>&id=<%=Rs("ID")%>">[ 修 改 ]
</a></td>
<td align="center"><a href="javascript:if(window.confirm('你确实要删除吗?') == true)
{window.location=?action=dgoods&Page=<%=Page%>&shopid=<%=shopid%>&id=<%=Rs("ID")%>';
}">[删除]</a></td>
</tr>
<%          PageSize = PageSize-1
Rs.MoveNext
Loop

%>
```

```
<tr>
<td height="25" colspan="6" align="right" bgcolor="#E6E6E6">
<%
Response.Write "每页" &Rs.PageSize& "条/共" &Rs.RecordCount& "条 第" &Page& "页/共"
&Rs.PageCount& "页 "
Response.Write "<a href=?shopid="&shopid&"&Page=1>首页</a> "
If CInt(Page)>1 then
Response.Write "<a href=?shopid="&shopid&"&Page="&Page-1&">上一页</a> "
Else
Response.Write "上一页 "
End If
If CInt(Page)<Rs.PageCount then
Response.Write "<a href=?shopid="&shopid&"&Page="&Page+1&">下一页</a> "
Else
Response.Write "下一页 "
End If
Response.Write "<a href=?shopid="&shopid&"&Page="&Rs.PageCount&">末页</a> "
%>  </td>
</tr>
<%
End If
Rs.Close
Set Rs=nothing
%>
</table>
</body>
</html>
<%  If Request("action")="dgoods" Then
Call DelGoods()
End If

Sub DelGoods()
Dim shopid,id,Page
shopid = Request("shopid")
id = Request("id")
Page = Request("Page")
Conn.Execute("Delete From [Shop_Goods] Where ID="&id)
Response.Redirect "Goods_all.asp?Page="&Page&""
End Sub
%>
```

子任务 6　修改商品

修改商品页面 Goods_Edit.ASP，功能是根据 ID 在表单中显示出商品信息内容，供管理员进行编辑，向数据库的 Shop_Goods 表中更新记录的过程，更新成功后将页面重定向到后台管理商品列表信息显示页面。页面流程如图 5-14 所示。

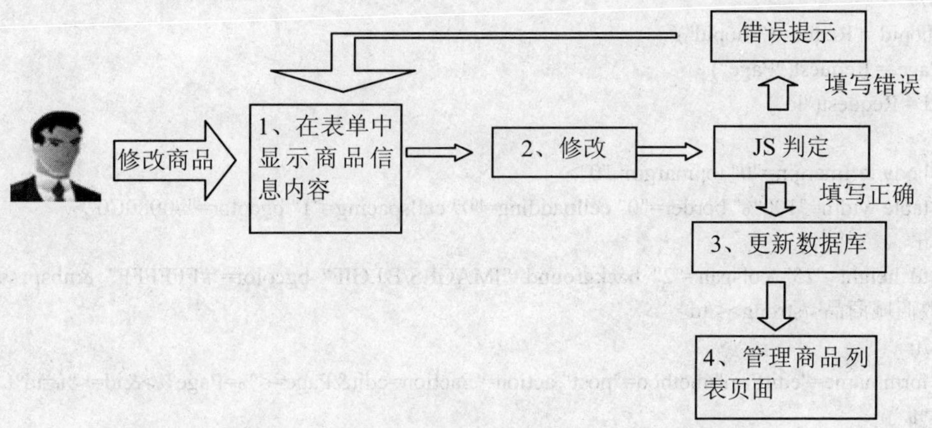

图 5-14　修改商品页面流程

修改商品页面如图 5-15 所示。

修改商城商品	
商品分类：	服装鞋帽
商品名称：	妮蕾迪 2012夏装新款显瘦
商品价格：	128
原商品图片：	
上传商品图片：	浏览... 上 传
商品介绍：	商品名称： 妮蕾迪 2012夏装新款显瘦柔滑牛奶丝哈伦裤 A3252 黑色 M 生产厂家： 妮蕾迪 商品产地： 中国大陆
	确定修改

图 5-15　修改商品页面

Goods_Edit.ASP 页面代码如下：

```
<!--#include file="Conn.ASP" -->
<!--#include file="INC/FUNCTION.ASP" -->
<% If Session("Admin")="" Then Response.Redirect "login.asp" %>
<html>
<head>
<meta http-equiv="Content-Type" content="text/html; charset=gb2312">
<title>网上购物系统-修改商品</title>
<link href="INC/MAIN.CSS" rel="stylesheet" type="text/css">
</head>
```

```
<%
shopid = Request("shopid")
Page = Request("Page")
id = Request("id")
%>
<body leftmargin="0" topmargin="0">
<table width="100%" border="0" cellpadding="0" cellspacing="1" bgcolor="#0080C0">
<tr>
<td height="25" colspan="2" background="IMAGES/BJ.GIF" bgcolor="#FFFFFF"> <strong>修改商城商品</strong></td>
</tr>
<form name="editFrm" method="post" action="?action=edit&Page=<%=Page%>&id=<%=id%>">
<%
Set Rs = Server.CreateObject("ADODB.RecordSet")
Sql = "Select * From Shop_Goods Where ID="&id
Rs.Open Sql,Conn,1,1
If Not Rs.Eof And Not Rs.Bof Then
shopid=Rs("ShopID")
%>
<tr>
<td height="30" align="right" bgcolor="#FFFFFF">商品分类：</td>
<td bgcolor="#FFFFFF"> <select name="shopid">
<%
Set Rs0 = Server.CreateObject("ADODB.RecordSet")
Sql = "Select * From Shop_Class Order By ID Asc"
Rs0.Open Sql,Conn,1,1
If Not Rs0.Eof And Not Rs0.Bof Then
Do While Not Rs0.Eof
%>
<option <% If CInt(shopid)=CInt(Rs0("ID")) Then Response.Write "selected" %> value="<%=Rs0("ID")%>"><%=Rs0("Name")%></option>
<%
Rs0.MoveNext
Loop
End If
Rs0.Close
Set Rs0=nothing
%>
</select>
</td>
</tr>
<tr>
<td height="30" align="right" bgcolor="#FFFFFF">商品名称：</td>
<td bgcolor="#FFFFFF"> <input type="text" name="Name" value="<%=Rs("Name")%>"></td>
</tr>
<tr>
```

```
<td height="30" align="right" bgcolor="#FFFFFF">商品价格：</td>
<td bgcolor="#FFFFFF"> <input type="text" name="SalePrice" value="<%=Rs("SalePrice")%>">
</td>
</tr>
<tr>
<td height="30" align="right" bgcolor="#FFFFFF">原商品图片：</td>
<td bgcolor="#FFFFFF"> <% If Rs("Pic")<>"" Then Response.Write "<img src=../uppic/"
&Rs("Pic")&" width=100 height=80>" Else Response.Write "暂无"%></td>
</tr>
<tr>
<td height="30" align="right" bgcolor="#FFFFFF">上传商品图片：</td>
<td bgcolor="#FFFFFF"> <iframe marginheight="0" name="UpImages2" marginwidth="0" src=
"UpLoad.ASP?upfolder=uppic&upformname=editFrm&backname=Pic" frameborder="0" width="100%"
height="23" scrolling="no"></iframe></td>
</tr><input type="hidden" name="Pic">
<tr>
<td width="18%" height="30" align="right" bgcolor="#FFFFFF">商品介绍：</td>
<td width="82%" bgcolor="#FFFFFF"> <textarea name="Content" cols="60" rows="12"><%=
Rs("Content")%></textarea></td>
</tr>
<tr>
<td height="40" align="right" bgcolor="#FFFFFF"> </td>
<td bgcolor="#FFFFFF">    <input type="submit" name="Submit" value="确
定修改"></td>
</tr></form>
<%
End If
Rs.Close
Set Rs=nothing
%>
</table>
</body>
</html>
<% If Request("action")="edit" Then
Call Save_Edit()
End If

Sub Save_Edit()
Dim shopid,Name,SalePrice,Pic,Content,Rs,Sql
shopid = Request.Form("shopid")
Page = Request("Page")
id = Request("id")
Name = Trim(Request.Form("Name"))
SalePrice = Trim(Request.Form("SalePrice"))
Pic = Trim(Request.Form("Pic"))
Content = Trim(Request.Form("Content"))
```

```
Set Rs = Server.CreateObject("ADODB.RecordSet")
Sql = "Select * From Shop_Goods Where ID="&id
Rs.Open Sql,Conn,2,3
Rs("shopid") = shopid
Rs("Name") = Name
Rs("SalePrice") = SalePrice
If Pic<>"" Then Rs("Pic") = Pic
Rs("Content") = Content
Rs.Update
Rs.Close
Set Rs = nothing
Response.Write "<Script>alert('商城商品修改成功！');location.href='goods_all.asp?shopid="&shopid&"
&Page="&Page&"';</Script>"
End Sub
%>
```

知识拓展：ASP 的 Response 对象

在面向对象的程序设计中，对象就是指一个完整的操作和数据组成的变量。对象是基于特定模型的，在对象中客户使用的服务通过由一组方法或相关函数的接口访问对象的数据，然后客户端可以调用这些方法执行某种操作。ASP 同样也提供了内置对象，这些对象使用户更容易收集通过浏览器请求发送的信息，响应浏览器及存储用户信息。

ASP 提供了六个功能强大的内置对象。我们可以使用这些对象以扩展脚本的功能，从而设计出功能强大的 ASP 应用程序。对象的使用非常简单，并不需要任何特殊的语法就可在代码中直接调用它们。ASP 的内置对象见表 5-4。

表 5-4　ASP 的内置对象

对象名	说明
Response 对象	使用 Response 对象控制发送给用户通过脚本语言运行后的输出信息。包括直接发送信息给客户端、重定向浏览器到另一个 URL 和设置 Cookie 的值
Request 对象	使用 Request 对象访问任何基于 HTTP 请求传递的所有信息，包括从 HTML 表格用 POST 方法或 GET 方法传递的信息、Cookie 和用户认证等
Application 对象	用来存储和获取可以被该应用程序所有用户共享的信息
Session 对象	用来存储一个客户端信息
Server 对象	用户可以在服务器上使用不同的工具函数，还可以用来创建其他的对象。Server 对象可以让你运用许多 Server 端的应用函数
ASPError 对象	可以使用 ASPError 对象来捕捉 ASP 错误并向用户返回详细的信息描述

本节介绍 ASP 里面的 Response 对象。

Response 对象的作用是向客户端浏览器发送信息。当需要将服务器端的数据用超文本的格式发送到客户端的浏览器时，可以使用 Response 对象来实现这个功能，也就是可以动态的创建 Web 页面，改变 HTTP 标题头，还可以自动将客户端重定向（Redirect）到一个指定的页面中。一般来说，该对象与 Request 对象通常是互相配合使用，以实现服务器端和浏览器端的数据传送，这也正是网页实现动态功能的基础。

Response 对象语法如下：

Response.数据集合|属性|方法（变量或字符串）

下面我们分别对 Response 对象的数据集合、属性和方法来加以说明。

一、Response 对象数据集合

Response 对象只有 Cookies 一个数据集合，Cookies 数据集合允许将数据设置在客户端的浏览器中，假设指定的 Cookie 不存在，那么系统将会在客户端创建新的 Cookies，相反，如果指定的 Cookie 存在，则会先将其删除后再创建。

Cookie 俗称甜饼，可以在客户端长期保存信息。它是服务器端发送到客户端的一些文本文件，保存在客户的硬盘上 Cookies 文件夹。每个网站都可以有自己的 Cookie，但是每个网站只能读取自己的 Cookie。当用户访问某个网站，其访问信息（例如访问次数和用户名）可利用 Response 对象的 Cookies 数据集合设置 Cookie 的值并输出保存到客户端浏览器相应文件夹 Cookies 中对应的文本文件中，利用 Request 对象的 Cookies 数据集合来获取 Cookie 的值。

语法如下：

Response.Cookies("Cookiesname")[(Key)|. Attribute]=Cookiesvalue

Cookiesname：指 Cookie 的名称。

Key：关键字，是可选参数，如果指定了 Key，则该 Cookie 就是一个集合，它包含几个关键字，可以分别赋值。

Attribute：属性，是指定 Cookie 自身的有关信息，其中 Attribute 属性见表 5-5。

表 5-5　Attribute 属性

名称	说明
Domain	只写。若被指定，则 Cookie 将被发送到对该域的请求中去
Expires	只写。指定 Cookie 的过期日期。为了在会话结束后将 Cookie 存储在客户端磁盘上，必须设置该日期。若此项属性的设置未超过当前日期，则在任务结束后 Cookie 将到期
HasKeys	只读。指定 Cookie 是否包含关键字
Path	只写。若被指定，刚 Cookie 将只发送到对该路径的请求中。如果未设置该属性，则使用应用程序的路径
Secure	只写。指定 Cookie 是否安全

【例 1】利用 Cookies 来统计某用户访问某站点次数。

```
<html>
<head>
<title> Cookies 数据集合范例</title>
</head>
<body>
<%
dim num
num=request.cookies("visitnum")
```

```
if num<>"" then
num=num+1
response.write"您是第"& num & "次访问本站点。"
else
response.write"您是首次访问本站点。"
num=1
end if
response.cookies("visitnum")=num
%>
</body>
</html>
```

运行结果：

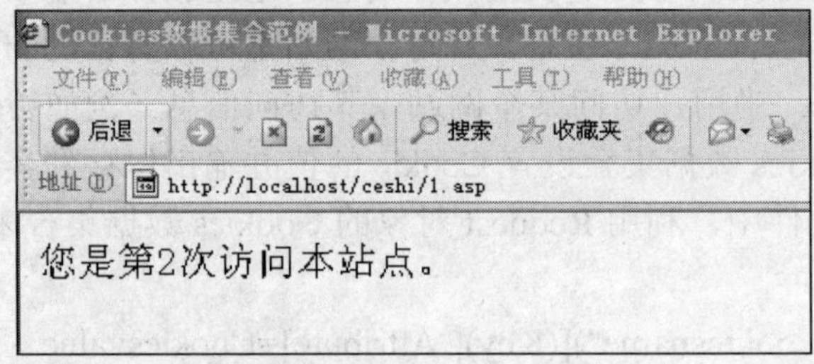

二、Response 对象属性

Response 对象有 9 个可用属性，它们是 Buffer、CaheControl、Charset、ContentType、Expires、ExpiresAbsolute、IsClientConnected、Pics、Status 等。这里我们只对常用的几个属性做详细介绍。

1. Buffer 属性

Buffer 是指定是否将输出页面先保存到缓存。缓冲区是服务器内存的一部分区域，用于暂时存放数据。

Buffer 值为布尔值，IIS 4.0 默认为 False，而 IIS 5.0 及更高的版本默认为 True。

False 表示信息不放入缓冲区而直接被服务器传送到浏览器，此时服务器同时处理并传送网页，服务器会一边处理每条 ASP 语句，一边发送输出每条语句的处理结果；True 表示把页面输出至缓冲区，文件未处理完时均被先存入缓冲区，等文件的所有脚本都处理完才由服务器传送给客户端。如果服务器在处理文件的过程中接受到 Flush 或 End 调用，则缓冲区的文件也会被立即传送给客户端，不管文件是否处理完毕。

Buffer 不能在服务器已经向客户端发送输出后再设置，因此对 Response.Buffer 的调用必须放在 ASP 文件的第一行。

如果页中使用了 Response.Redirect，必须把 Response.Buffer 设为 True。

可以用以下语句设置 Buffer 属性：

```
<%
Response.Buffer=布尔值
%>
```

在下面的例子中，sample4-9.asp 可以根据 Buffer 值来决定是否撤消反馈。当输入 yes 时，用 Response.Clear 取消前面的反馈信息，用 Response.Redirect 将用户引导到 Cookie 设置页面，用 Response.End 停止反馈。

【例 2】

```
<% Response.Buffer=true%>
<html>
<head>
<titile>Buffer 设置范例</title>
</head>
<body>
<% if isEmpty(Request.Form("BufferValue"))then
Response.Write"<H4>请设置 BufferValue</H4>"
Else
Response.Write"BufferValue="&Request.Form("BufferValue")
End if
%>
<form method="post" action="">
<p>
是否撤消响应：<input name="BufferValue" value="no">
<p>
<input type=submit value="显示"><input type=reset value="重选">
</form>
<%if Request.Form("BufferValue")="yes" then
Response.Clear
Response.Redirect"cookie.asp"
Response.End
Else
Response.Write"BufferValue="&Request.Form("BufferValue")
End if
%>
</body>
</html>
```

运行结果：

http://localhost/ceshi/2.asp - Microsoft Internet Explorer
文件(F) 编辑(E) 查看(V) 收藏(A) 工具(T) 帮助(H)
后退 搜索 收藏夹
地址(D) http://localhost/ceshi/2.asp

Buffer设置范例 BufferValue=no

是否撤消响应：no

显示 重选

BufferValue=no

下面两个例子可以更清楚地看出 Buffer 设置不同值时，出现不同的显示结果。

【例 3】Buffer 值为 False。

```
<html>
<head>
<title>Buffer 值范例</title>
</head>
<boyd>
<%
response.write("欢迎您")
response.write("访问")
response.write("购物网站系统")
%>
</body>
</html>
```

运行结果在浏览器上依次显示："欢迎您"、"访问"、"盛达网站"。

因为 Buffer 值默认为 False，表示所传信息不放入缓冲区而直接被服务器传送到浏览器。命令执行后，从上到下逐条顺序显示服务器端利用 response 对象传回的字符串。

【例 4】Buffer 值为 True。

```
<%response.buffer=true%>
<html>
<head>
<title> Buffer 值范例</title>
</head>
<body>
<%
response.write("欢迎您")
response.write("访问")
response.write("盛达网站")
%>
</body>
</html>
```

运行结果在浏览器上一次性显示："欢迎您访问盛达网站"。

但是由于现在计算机处理速度快，网速快，以上两种情况时间上的差异基本感觉不出来。

2. ContentType 属性

该属性用来指定响应的 HTTP 内容类型，其默认值为"text/html"，即将所需信息转换成文本并以 HTML 标志为格式。有几种响应文本的媒体类型如："image/gif"、"text/plain"，"application/rtf" 等都可以通过 Response 对象的 ContentType 属性来设置。

语法如下：

Response.ContentType[=描述类型的字符串]

3. Expires 属性

Expires 属性指定了在浏览器上缓冲存储的页距过期还有多少时间。如果你的信息每过 2 分钟自动存取一次，则可以将 Expires 值设置为 2，这样 2 分钟后再读取的网页就是最新网页。如果设为 0，则间隔时间为 0，这样客户端每次都可以从服务器而不是浏览器上得到最新的网页。如果用户在某个页过期之前又回到此页，该显示缓冲区中的页面。这种设置有助于数据的保密。

通过把 Expires 设置为 0，可以让缓存的页面立即过期。代码如下：

```
<%
Response.Expires=0
%>
```

Expires 属性也常用来保证登录安全性，当用户通过 ASP 的登录页面进入 Web 站点时，使用 Expires 属性使登录页面立即过期，以确保安全。

Expires 值特别适用于信息瞬息万变的网页，例如股市行情和气象信息发布。

Expires 属性设置必须在服务器端进行刷新，如果在驻留时间前进行刷新，则要重新显示缓冲区脚本。

4. ExpiresAbsolute 属性

ExpiresAbsoulte 属性用来刷新被缓存页面的具体时间和日期。

如果在传入属性值时，时间未给定，那么 Web 页面会在当天午夜零点被清除。如果日期未给定，那么该页就会在脚本运行当天的指定时间被清除。

例如：

```
<%Response.ExpiresAbsolute=#may 12,2004 13:30:35# %>
```

指定页面到期时间为 2004 年 5 月 12 日 13 点 30 分 35 秒。

利用 ExpiresAbsolute 或 Expires 属性可以实现在页面每次被请求时都明确告诉浏览器获得此页面的最新版本。

5. CacheControl 属性

为了减少在互联网上接受主页的时间，许多人都使用了代理服务器。该属性可以用来设置 Web 服务器是否将 ASP 的处理结果暂时存放在代理服务器上，如果客户端的浏览器没有设置，则这个属性值不起作用。语法如下：

Response.CacheControl=属性值

CacheControl 的属性值为 Public 或 Private 两种，前者表示代理服务器可以缓冲由 ASP 产生的输出，Web 服务器将 ASP 的处理结果暂时存放在代理服务器上，后者则不会。

6. Charset 属性

Charset 属性将字符集名称附加到 Response 对象中 content-type 标题的后面，用来设置 Web 服务器响应给客户端的文件字符编码。语法如下：

Response.Charset(字符集名称)

7. IsClientConnected 属性

IsClientConnected 属性只读，它指示自上次调用 Response.Write 之后，客户端是否与服务器相连。该属性允许用户在客户端与服务器没有连接的情况下有更多的控制。语法如下：

Response.IsClientConnected()

8. Pics 属性

Pics 属性向响应标题的 pics 标签字段添加值。PICS（The Platform for Internet Content Selection）是一个负责定义互关网网络等级数据的 W3C 团体。语法如下：

Response. Pics (Pics 字符串)

9. Status 属性

Status 属性用来设置 Web 服务器要响应的状态行的值，对于每一个请求的网页，服务器都会报告其状况。HTTP 规格中定义了 Status 值。语法如下：

Response.status="状态描述字符串"

“状态描述字符串”为一个三位数和一串说明文字组成，例如：401 码的状态是没有权限。必须把该属性放在<HTML>标签之前，否则会出错。

三、Response 对象方法

Response 对象的方法包括：AppendToLog、BinaryWrite、AddHeader、Clear、End、Flush、Redirect、Write 等。

1. Write 方法

Response.Write 是 Response 对象最常用的方法，该方法可以向浏览器输出动态信息。

Write 方法语法如下：

Response.Write 数据类型

数据类型可以一个字符串，或是用连接符“&”连接起来的多个字符串。只要是 ASP 中合法的数据类型，都可以用 Response.Write 方式来显示。

可以在 Response.Write 语句中加入任何 HTML 标记，例如加入 br 或 p 标记来换行。

【例 6】分行输出。

```
<html>
<head>
<title>Response.write 范例</title>
</head>
<body>
<%
response.write"您是第 1 次访问本站点。" &"<br>"
response.write"欢迎您常来~"
%>
</body>
</html>
```

本程序运行结果如下：

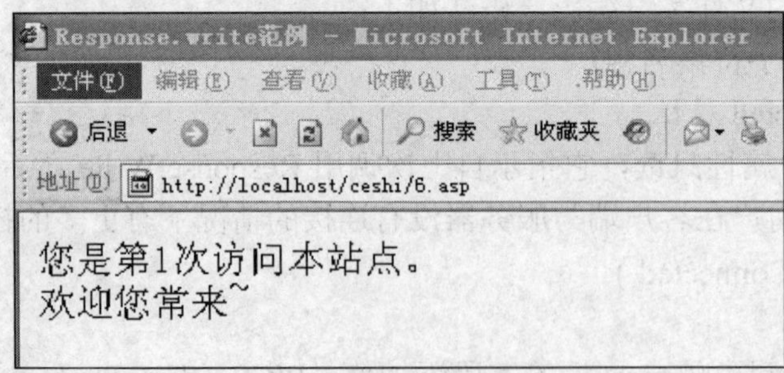

当然，用定界符和等号也可以灵活地向浏览器输出动态信息，<%=变量%>，“=”表示取一个变量的值。

因此，上例代码可以改写成：

```
<html>
<head>
```

```
<title>Response.write 范例</title>
</head>
<body>
<%="您是第 1 次访问本站点。" %><br>
<%="欢迎您常来~"%>
</body>
</html>
```

2. Flush 方法

该方法可以立即发送缓冲区中的数据。Response.buffer 需设为真，否则该方法将会导致运行错误。

Flush 方法语法如下：

Response.Flush

3. End 方法

该方法使 Web 服务器停止处理脚本并返回当前结果，文件中剩余的内容将不会被处理。若 Response.buffer 已设置为真，则调用 Response.end 将缓冲输出。

End 方法语法如下：

Response.end

该方法与 Flush 方法不同的是，在调用了 Flush 方法方法后，服务器端仍然会继续处理页面，而不是像 End 方法那样停止处理所有页面。因此，这两种方法可以分别在适当的场合使用。

4. Clear 方法

该方法删除缓冲区中所有 HTML 输出，但只删除响应正文而不删除响应标题。可以用该方法处理错误情况。同样，若未将 Response.buffer 设为真，它也将导致运行错误。

Clear 方法语法如下：

Response.Clear

5. BinaryWrite 方法

该方法可以不经任何字符转换就将指定信息写到 HTTP 输出。该方法主要用于写非字符串信息（如客户端应用程序所需的二进制数据等）。语法如下：

Response.BrinaryWrite 二进制数据

6. AppendToLog 方法

该方法将指定信息添加到 Web 服务器日志（Log）条目的末尾，以方便对访问者进行跟踪，当访问者有违规操作时，可以利用记录进行查询。可以在脚本的同一部分中多次调用该方法，每次调用该方法时，都会在当前条目中添加指定的字符串。语法如下：

Response.AppendToLog 要记录的字符串

7. Redirect 方法

该方法可以用来将客户端的浏览器重向到一个新的网页，其作用有点类似于超链接。这也是个经常使用的方法，通过它可以根据用户的不同响应，为不同的用户指定不同的页面或根据不同的情况指定不同的页面。在使用时要注意的是，要在脚本页面的首行加上<% Response..buffer=true%>语句，否则脚本在运行时可能会出错。

Redirect 方法语法如下：

Response.Redirect URL

其中 URL 是指浏览器重定向到的统一资源定位符。

【例 7】

```
<%
if isempty(Session("ID")) then
Response.Redirect "login.asp"
end if
%>
```

说明：Session("ID")为空表示该用户未经登录而是直接通过在 IE 地址栏里输入页面的 URL 进入页面，则重定向到 login.asp 登录页面。

【例 8】

```
<%
if Session("IsSystemManager") then
Response.Redirect "new.asp"
end if
%>
```

说明：如果登录用户是 IsSystemManager 身份，则引导到 new.asp 页面。

关于 Session 我们下面将会讲述。

8. AddHeader 方法

该方法用指定的值添加 HTML 标题。该方法常用来响应要添加新的 HTTP 标题。它并不替代现有的同名标题，一旦标题被添加，将不能被删除。此方法仅供高级用户使用。语法如下：

Response.AddHeader Name,Value

Name：一个新的 HTTP 标题变量名称。在 Name 中不能包含“_”。

Value：表示这个变量的初始值。

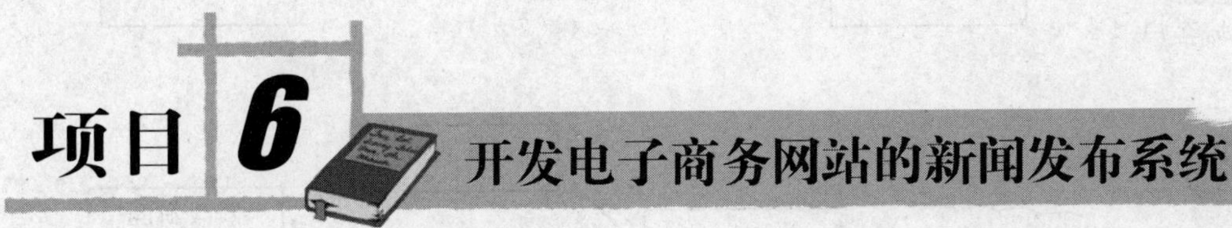

项目 6 开发电子商务网站的新闻发布系统

任务 1 系统功能分析

本项目的任务就是采用 ASP 技术建立新闻发布与管理系统，包括显示新闻主画面、管理者登入网页、制作发布新闻网页、管理人员检视新闻列表及其修改网页。

新闻发布的功能采用 ASP 技术实现是再恰当不过了，在任意一台能连接 Internet 的计算机上利用浏览器就可以轻松地在线发布新闻，而不必经过“下载”→“修改”→“重新上传”的繁琐过程。在本节的内容中，将综合利用到前面学到的显示、插入、编辑、删除等功能来实现一个相对简单的新闻发布系统。

使用 ASP 技术实现动态的新闻发布系统的做法大致上有两种，一种就是把录入的新闻内容自动由程序直接生成 html 文件，比如按日期和新闻 id 号来做 htm 文件的名称，常常可以从一些大的新闻站里看到这样的处理，其优点是用户浏览速度快。第二种方法就是直接把新闻数据保存到数据库里，当用户阅读新闻时，从数据库中调出数据，显示在动态页面上，其优点是管理方便。这里采用第二种方法，即用数据库来实现。

子任务 1 模块功能分析

新闻发布系统一般由前台和后台两大部分构成。

前台部分：网站浏览者点击商城新闻，打开新闻页面，新闻页面每页显示 10 条新闻，单击各新闻的标题可以查看详细信息（包括新闻的内容、发布时间等）。

后台部分：网站管理者通过一个密码验证页面登录进入网站管理页面，新闻管理页面提供添加新闻、管理新闻功能跳转，管理新闻页面提供修改新闻、删除新闻的功能跳转。

新闻发布系统的逻辑功能如图 6-1 所示。

从上面的逻辑功能图中可以看出，商城客户浏览新闻列表页面可以查看新闻及新闻内容，管理员登录后台管理页面，进行新闻发布和修改、删除管理。

整个新闻系统可以划分为以下几个功能块：

（1）新闻列表分页显示。为了便于将网站浏览者查看新闻，将新闻以标题的形式分页显示，比如每页显示 10 条新闻标题，通过点击新闻标题查看新闻内容。

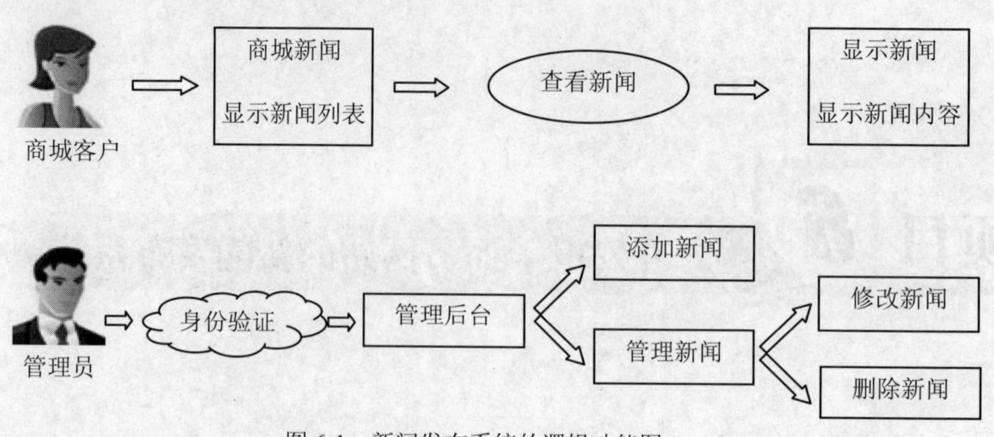

图 6-1 新闻发布系统的逻辑功能图

（2）新闻内容显示。显示每条新闻的详细内容。

（3）后台管理员登录。管理员通过正确的用户名和密码登录，从而拥有管理员身份。

（4）添加新闻。管理员才具有添加新闻的操作权限。

（5）修改新闻。管理员才具有修改新闻的操作权限。

（6）删除新闻。管理员才具有修改新闻的操作权限。

子任务 2 规划系统

创建一个动态站点，前台访问文件放在站点目录下，后台管理文件放在 ADMIN 文件夹下，数据库放在 DATA 文件夹中，所有图像文件放在 IMAGES 文件夹中，如图 6-2 所示。

各页面的功能如下：

Index.ASP：网上购物系统首页。

Conn.ASP：前台数据库连接程序文件。

News_List.ASP：新闻列表页面。

News_Show.ASP：新闻纤细内容显示页面。

Top.ASP：网上购物系统前台页面顶部。

ADMIN 文件夹下：

Conn.ASP：后台数据库连接程序文件。

News_Add.ASP：新闻增加页面。

News_AList.ASP：后台新闻管理页面。

News_Edit.ASP：新闻修改页面。

Index.ASP：后台管理框架页面。

Munu.ASP：管理页面左侧菜单。

Main.ASP：后台管理主页面。

Login.ASP：管理员登录页面。

Logout.ASP：管理员注销页面。

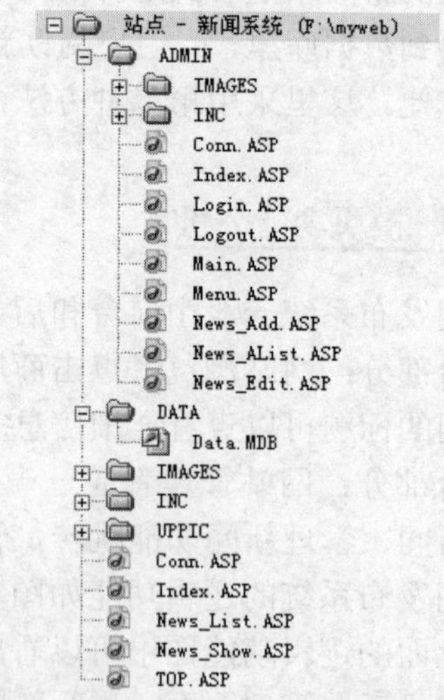

图 6-2 新闻系统各文件及文件夹的对应关系

子任务3 数据库设计

新闻系统由于在整个电子商务网站中只是一部分功能，后台管理管理员登录和整个电子商务网站整合在一起，采用整个电子商务网站的后台登录管理即可，不需要单独设计存放管理员信息的表。对于新闻不分类，因而只需设计一个表来存放新闻信息。

新闻信息表存储的内容和字段如图6-3所示。

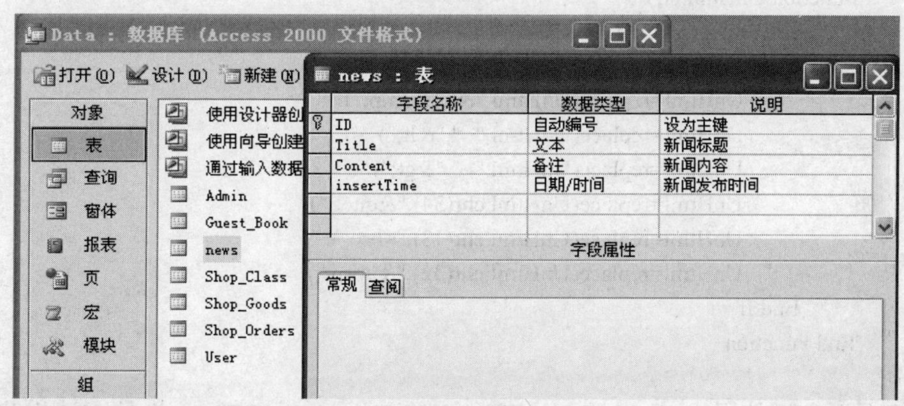

图6-3 新闻信息存储表news

在整个网站的数据库DATA中建立一个表news用于存放新闻，包含字段ID（新闻ID，设为主键）、Title（新闻标题）、Content（新闻内容）、InsertTime（新闻发布时间）。

子任务4 公共页面

本系统的公共页面有：数据库连接文件、样式表文件、公共函数页面三个。

1. 数据库连接文件

数据库连接文件Conn.ASP，利用该页面可以建立每个ASP页面与数据库的连接，便于程序是维护。代码如下：

```
<%
    Dim Conn,Str,db
    db = "data/data.mdb"
    Set Conn = Server.CreateObject("ADODB.Connection")
    Str = "Provider=Microsoft.Jet.OLEDB.4.0;Data Source="&Server.MapPath(""&db&"")
    Conn.Open Str
%>
```

在其他页面中可使用“<!--#include file="Conn.ASP" -->”的方法将此文件包含进来。

2. 样式表文件

样式表文件Main.CSS，保存于INC文件夹中。代码如下：

```
body,tr,td {font-family:"宋体"; font-size:12px;line-height: normal;}
A:link {text-decoration:none; color:#255BCC;}
A:active {text-decoration:none; color:#255BCC;}
A:visited {text-decoration:none; color:#255BCC;}
A:hover {text-decoration:underline; color:#ff0000;}
```

在其他页面中可使用“<link href="INC/Main.CSS" rel="stylesheet" type="text/css">”的方法链接到该文件。

3. 公共函数

新闻系统在显示新闻内容时会对出现的回车符、换行符和空格符等特殊字符进行处理才能显示出来。公共函数页面 Functiong.ASP 放在保存于 INC 文件夹中，代码如下：

```
<%
    Function UnHtml(str)
        UnHtml=str
        If str <> "" Then
            UnHtml=replace(UnHtml,"&","&amp;")
            UnHtml=replace(UnHtml,"<","&lt;")
            UnHtml=replace(UnHtml,">","&gt;")
            UnHtml=replace(UnHtml,chr(34),"&quot;")
            UnHtml=replace(UnHtml,chr(13),"<br>")
            UnHtml=replace(UnHtml,chr(32)," ")
        End If
    End Function
%>
```

在其他页面中可使用“<!--#include file=" INC/Function.ASP" -->”的方法将此文件包含进来。

任务 2　显示新闻列表系统的实现

显示新闻列表页面 News_List.ASP，从数据库 DATA.mbd 中的新闻表 News 中读出所有记录，并分页显示，如图 6-4 所示。

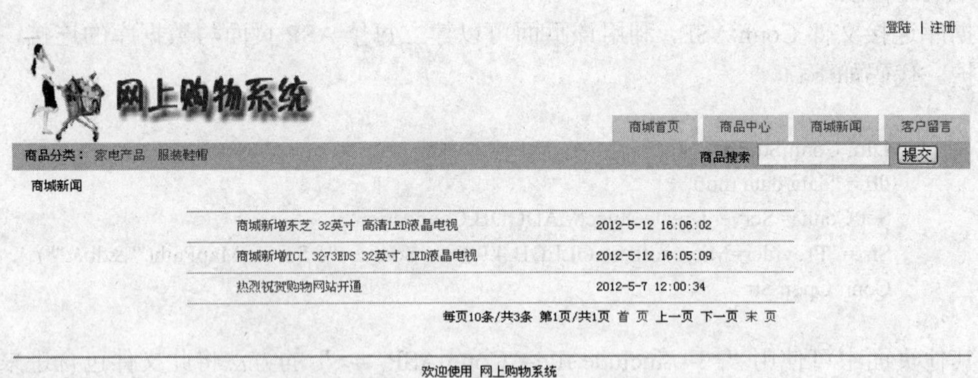

图 6-4　新闻列表显示页面

子任务 1　显示新闻列表的程序流程

显示新闻列表页面 News_List 的的程序流程比较简单，从数据库中的 News 表中读出所有记录的 ID（新闻 ID）、Title（新闻标题）、InsertTime（新闻发布时间）字段，并分页显示出来。页面的程序流程如图 6-5 所示。

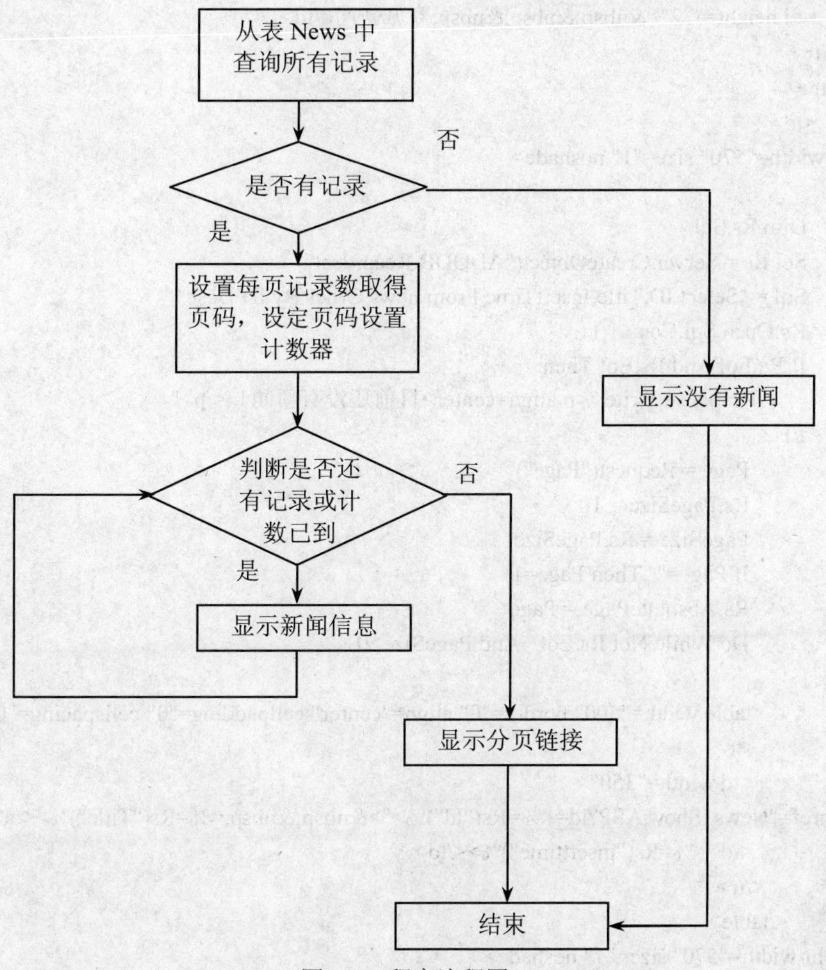

图 6-5　程序流程图

子任务 2　显示新闻列表页面代码

```
<!--#include file="Conn.ASP" -->
<!--#include file="INC/Function.ASP" -->
<html>
<head>
<meta http-equiv="Content-Type" content="text/html; charset=gb2312" />
<title>商城新闻</title>
<link href="inc/main.css" rel="stylesheet" type="text/css">
</head>
<body>
<body    leftmargin="0" topmargin="0">
<table width="900" border="0" align="center" cellpadding="0" cellspacing="0">
  <tr>
    <td><!--#include file="top.asp" --></td>
  </tr>
  <tr>
```

```
        <td height="32">   商城新闻</td>
      </tr>
      <tr>
        <td>
<hr width="570" size="1" noshade>
<%
    Dim Rs,Sql
    Set Rs = Server.CreateObject("ADODB.Recordset")
    Sql = "Select ID,Title,InsertTime From news Order By ID Desc"
    Rs.Open Sql,Conn,1,1
    If Rs.Eof And Rs.Eof Then
        Response.Write "<p align=center>目前还没有新闻！</p>"
    Else
          Page = Request("Page")
          Rs.PageSize = 10
          PageSize = Rs.PageSize
          If Page="" Then Page=1
          Rs.AbsolutePage = Page
          Do While Not Rs.Eof   And PageSize>0
%>
          <table width="500" border="0" align="center" cellpadding="0" cellspacing="0">
           <tr>
           <td width="350">
<a href="News_Show.ASP?id=<%=Rs("Id")%>">  <%=Rs("Title")%></a></td>
           <td><%=Rs("inserttime")%></td>
          </tr>
        </table>
    <hr width="570" size="1" noshade>
<%             PageSize = PageSize-1
            Rs.MoveNext
          Loop
%>
        <table width="550" align="center" cellpadding="0" cellspacing="0">
          <tr>
          <td align=right>
<%
          Response.Write "每页" &Rs.PageSize& "条/共" &Rs.RecordCount& "条 第" &Page&
"页/共" &Rs.PageCount& "页 "
          Response.Write "<a href=?Page=1>首 页</a> "
          If CInt(Page)>1 then
              Response.Write "<a href=?Page="&Page-1&">上一页</a> "
          Else
              Response.Write "上一页 "
          End If
          If CInt(Page)<Rs.PageCount then
              Response.Write "<a href=?Page="&Page+1&">下一页</a> "
```

```
            Else
                Response.Write "下一页 "
            End If
            Response.Write "<a href=?Page="&Rs.PageCount&">末 页</a> "
        End If
        Rs.Close
      Set Rs = nothing
%>
            </td>
            </tr>
          </table>
        </td>
    </tr>
    <tr>
      <td> </td>
    </tr>
    <tr>
      <td><!--#include file="Bottom.asp" --></td>
    </tr>
    </table>
<p> </p>
</body>
</html>
```

任务 3　显示新闻内容页面的实现

在新闻列表显示页面 News_List.ASP 中点击新闻标题，将新闻的 ID 传递给显示新闻内容页面 News_Show.ASP，News_Show.ASP 根据新闻 ID 从数据库中读取记录，详细显示新闻内容。如图 6-6 所示。

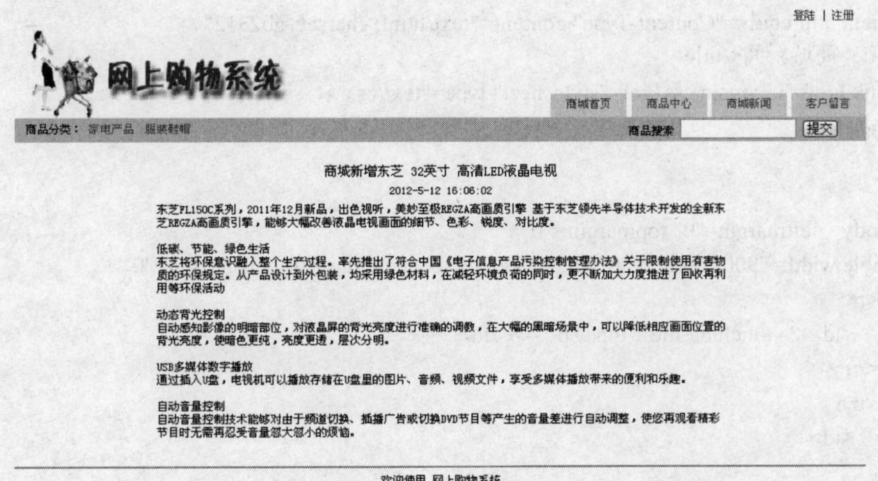

图 6-6　新闻内容显示页面

子任务 1　新闻内容显示页面流程

新闻内容显示页面流程如图 6-7 所示。

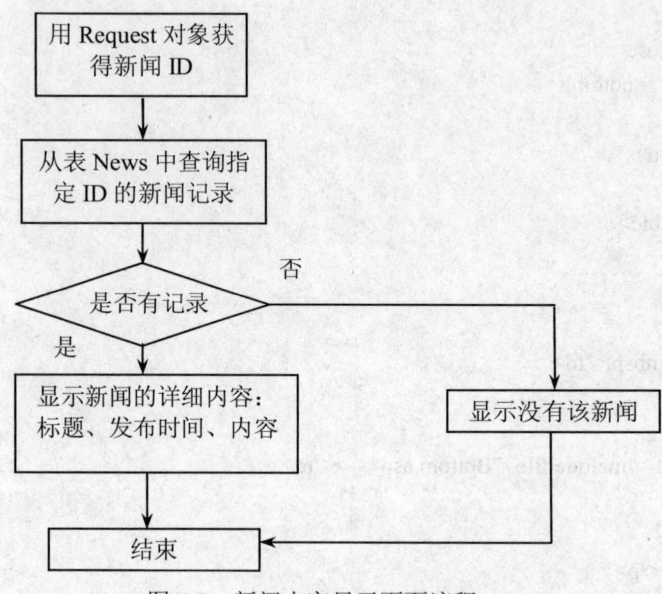

图 6-7　新闻内容显示页面流程

子任务 2　新闻内容显示页面代码

新闻内容页面 News_Show.ASP 的代码如下：

```
<!--#include file="Conn.ASP" -->
<!--#include file="INC/Function.ASP" -->

<html>
<head>
<meta http-equiv="Content-Type" content="text/html; charset=gb2312" />
<title>商城新闻</title>
<link href="inc/main.css" rel="stylesheet" type="text/css">
</head>


<body    leftmargin="0" topmargin="0">
<table width="900" border="0" align="center" cellpadding="0" cellspacing="0">
  <tr>
    <td><!--#include file="top.asp" --></td>
  </tr>
  <tr>
    <td>
<%
    Dim Rs,Sql,id
```

```
        id=Trim(Request("id"))
        Set Rs = Server.CreateObject("ADODB.Recordset")
        Sql = "Select * From [news]   where   id="&id
        Rs.Open Sql,Conn,1,1
        If Rs.Eof And Rs.Eof Then
            Response.Write "<p align=center>没有这条新闻！</p>"
        Else
%>

    <table width="600" border="0" align="center" cellpadding="0" cellspacing="0">
      <tr>
        <td height="40" align="center" valign="bottom" class="text14"><%=Rs("Title")%></td>
      </tr>
      <tr>
        <td height="26" align="center"><%=Rs("inserttime")%></td>
      </tr>
      <tr>
        <td><%=UnHtml(Rs("Content"))%></td>
      </tr>
    </table>

<%
        End If
        Rs.Close
      Set Rs = nothing
%>
        </td>
    </tr>
    <tr>
      <td> </td>
    </tr>
    <tr>
      <td><!--#include file="Bottom.asp" --></td>
    </tr>

</table>
<p> </p>
</body>
</html>
```

对于页面中新闻内容的显示直接用"Rs("Content")"将无法显示出其中的回车符、换行符、空格等，使用公共编写的 UnHtml 函数进行转化。

任务 4　后台管理新闻系统的实现

新闻系统的新闻添加、修改、删除统一放入整个系统的管理后台，网站管理者通过一个密码验证页面登录进入网站管理页面，新闻管理页面提供添加新闻、管理新闻功能跳转，管理新闻页面提供修改新闻、删除新闻的功能跳转。

后台登录后管理页面如图 6-8 所示。

网上购物系统——管理	
用户名：	admin
密　码：	●●●●●●
登陆　清除	

图 6-8　后台登录页面

整个后台管理与整个电子商务网站后台管理集中在一起，采用框架结构形式，框架结构如图 6-9 所示，采用左侧固定形式，左侧页面显示管理的菜单便于后台管理操作，右侧页面显示具体的操作内容。

图 6-9　后台管理页面框架结构

具体的显示在浏览器窗口如图 6-10 所示。

图 6-10　后台管理页面

子任务 1　添加新闻

添加新闻页面 News_Add.ASP，功能是增加一条新闻，向数据库的 News 表中增加记录的过程，添加成功后将页面重定向到后台管理新闻列表信息显示页面。流程如图 6-11 所示。

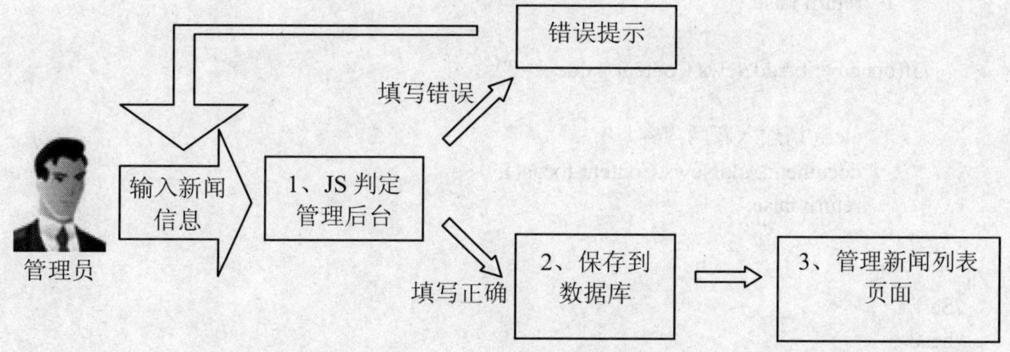

图 6-11　添加新闻页面流程

页面显示如图 6-12 所示。

添加新闻

标题	
内容	
	提交　重置　返回

图 6-12　添加新闻页面

添加新闻页面 News_Add.ASP 的代码如下：

```
<!--#include file="Conn.ASP" -->
<!--#include file="inc/function.asp" -->

<% If Session("Admin")="" Then Response.Redirect "login.asp    target='_parent'" %>

<html>
<head>
<meta http-equiv="Content-Type" content="text/html; charset=gb2312" />
<title>网上购物-新闻增加</title>
<link href="INC/Main.CSS" rel="stylesheet" type="text/css">
<Script language="javascript">
function ChkNews()
```

```
{
    if(document.AddNews.Title.value == "")
    {
        alert('请输入新闻标题！');
        document.AddNews.Title.focus();
        return false;
    }
    if(document.AddNews.Content.value =="")
    {
        alert('请输入新闻内容！');
        document.AddNews.Content.focus();
        return false;
    }
}
</Script>
</head>
<body   leftmargin="0" topmargin="0">
<table width="100%" border="0" align="center" cellpadding="0" cellspacing="0">
  <tr>
    <td height="25" background="IMAGES/BJ.GIF"> 添加新闻</td>
  </tr>
  <tr>
    <td height="25"></td>
  </tr>
</table>
<form name="AddNews" method="post" action="?action=AddNews" onSubmit="return(ChkNews());">
    <table width="500" border="1" align="center" cellpadding="0" cellspacing="0">
      <tr>
        <td width="80" height="30" align="center">标题</td>
        <td align="center"><input name="Title" type="text" value="" size="52"></td>
      </tr>
      <tr>
        <td height="26" align="center">内容</td>
        <td align="center"><textarea name="Content" cols="50" rows="10"></textarea></td>
      </tr>
      <tr>
        <td> </td>
        <td height="40" align="center" valign="middle">
        <input type="submit" name="Submit" value="提交">   
        <input type="reset" name="Submit2" value="重置">   
          <input type="button" name="back" value="返回" onClick="JavaScript:history.go(-1);"></td>
      </tr>
    </table>
</form>
<p> </p>

</body>
```

```
</html>

<%  If Trim(Request("action"))="AddNews" Then
        Call Save_Add()
    End If

    Sub Save_Add()
        Dim Title,Content,Rs,Sql,id,Page
        id = Request("id")
        Page = Request("Page")
        Title = Trim(Request.Form("Title"))
        Content = Request.Form("Content")

        Set Rs = Server.CreateObject("ADODB.Recordset")
        Sql = "Select * From [news]"
        Rs.Open Sql,Conn,2,3
        Rs.AddNew
            Rs("Title") = Title
            Rs("Content") = Content
            Rs("InsertTime") = Now()
            Rs.Update
        Rs.Close
        Set Rs = nothing
        Response.Redirect "NEWS_LIST.asp"
    End Sub
%>
```

在该页面的顶部，引用 Session("Admin")变量，用来判定是否是管理员登录，在其他管理页面采用同样的方式判定是否是管理员登录，如不是则页面重定向到登录页面。

子任务 2 管理新闻列表及删除新闻

管理新闻列表 News_Alist.ASP 页面，功能是分页列出所有新闻，连接至修改新闻页面和删除新闻。页面流程与前台新闻列表显示页面相似，如图 6-13 所示。

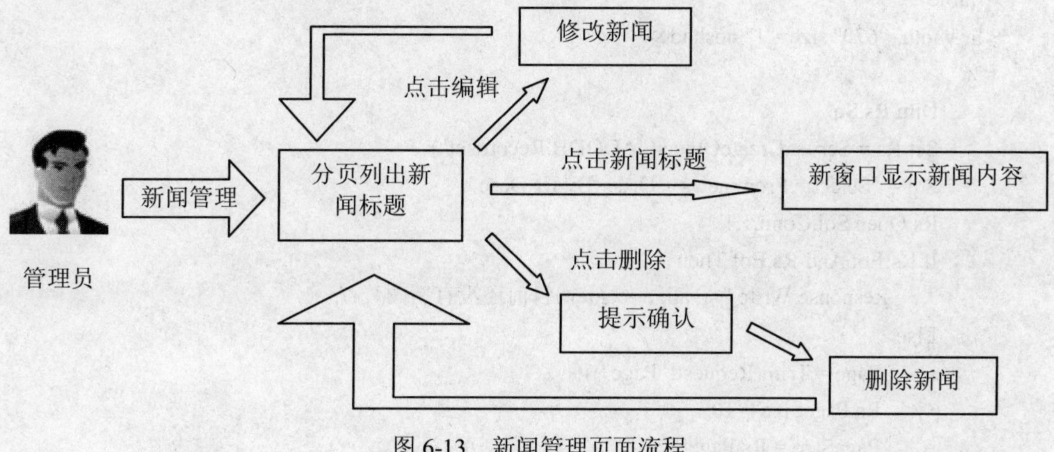

图 6-13 新闻管理页面流程

页面显示如图 6-14 所示。

新闻管理			
商城新增东芝 32英寸 高清LED液晶电视	2012-5-12 16:06:02	编辑	删除
商城新增TCL 3273EDS 32英寸 LED液晶电视	2012-5-12 16:05:09	编辑	删除
热烈祝贺购物网站开通	2012-5-7 12:00:34	编辑	删除
每页10条/共3条 第1页/共1页 首 页 上一页 下一页 末 页			

图 6-14　管理新闻列表页面

管理新闻列表页面代码如下：

```
<!--#include file="Conn.ASP" -->
<!--#include file="inc/function.asp" -->

<% If Session("Admin")="" Then Response.Redirect "login.asp    target='_parent'" %>

<html>
<head>
<meta http-equiv="Content-Type" content="text/html; charset=gb2312" />
<title>网上购物-新闻管理</title>
<link href="../INC/Main.CSS" rel="stylesheet" type="text/css">
</head>
<body    leftmargin="0" topmargin="0">
<table width="100%" border="0" align="center" cellpadding="0" cellspacing="0">
   <tr>
      <td height="25" background="IMAGES/BJ.GIF"> 新闻管理</td>
   </tr>
    <tr>
      <td height="25"></td>
   </tr>
</table>
<hr width="670" size="1" noshade>
<%
      Dim Rs,Sql
      Set Rs = Server.CreateObject("ADODB.Recordset")
      Sql = "Select * From news    Order By ID Desc"
      Rs.Open Sql,Conn,1,1
      If Rs.Eof And Rs.Eof Then
            Response.Write "<p align=center>目前还没有新闻！</p>"
      Else
            Page = Trim(Request("Page"))
            Rs.PageSize = 10
            PageSize = Rs.PageSize
```

```
        If Page="" Then Page=1
        If CInt(Page)=Rs.PageCount   then   Page=Rs.PageCount
        Rs.AbsolutePage = Page
        Do While Not Rs.Eof   And PageSize>0
%>

  <table width="600" border="0" align="center" cellpadding="0" cellspacing="0">
    <tr>
      <td  width="350"><a  href="..\News_Show.ASP?id=<%=Rs("Id")%>"  target="_blank"> 
 <%=Rs("Title")%></a></td>
      <td width="150"><%=Rs("inserttime")%></td>
      <td  width="50"><a  href="NEWS_EDIT.ASP?id=<%=Rs("Id")%>&Page=<%=page%>">编辑
</td>
      <td width="50">
         <a  href="javascript:if(window.confirm('你确实要删除吗?')  ==  true){window.location  =
'?id=<%=Rs("Id")%>&Page=<%=page%>&action=delnews';}">删除</a>
      </td>
    </tr>
  </table>
  <hr width="670" size="1" noshade>
<%           PageSize = PageSize-1
         Rs.MoveNext
        Loop
%>
<table width="550" align="center" cellpadding="0" cellspacing="0">
  <tr>
    <td align=right>
<%
        Response.Write "每页" &Rs.PageSize& "条/共" &Rs.RecordCount& "条 第" &Page&
"页/共" &Rs.PageCount& "页 "
       Response.Write "<a href=?Page=1>首 页</a> "
       If CInt(Page)>1 then
          Response.Write "<a href=?Page="&Page-1&">上一页</a> "
       Else
          Response.Write "上一页 "
       End If
       If CInt(Page)<Rs.PageCount then
          Response.Write "<a href=?Page="&Page+1&">下一页</a> "
       Else
          Response.Write "下一页 "
       End If
       Response.Write "<a href=?Page="&Rs.PageCount&">末 页</a> "
    End If
```

```
        Rs.Close
        Set Rs = nothing
%>
        </td>
    </tr>
</table>
<p> </p>

</body>
</html>
<%
        If Request("action")="delnews" Then
            Call Del_News()
        End If

        Sub Del_News()
            id = Request("id")
            Page = Request("Page")
            Conn.Execute("Delete From News Where ID="&id)
            Response.Redirect "?Page="&Page&""
        End Sub
%>
```

在该页面的后部代码

```
<%
        If Request("action")="delnews" Then
            Call Del_News()
        End If

        Sub Del_News()
            id = Request("id")
            Page = Request("Page")
            Conn.Execute("Delete From News Where ID="&id)
            Response.Redirect "?Page="&Page&""
        End Sub
%>
```

根据当前页面传递回来的 ID 进行删除操作。

子任务 3　修改新闻

修改新闻页面 News_Edit.ASP，功能是根据 ID 在表单中显示出新闻内容，供管理员进行编辑，向数据库的 News 表中更新记录的过程，更新成功后将页面重定向到后台管理新闻列表信息显示页面。页面流程与前台新闻列表显示页面相似，如图 6-15 所示。

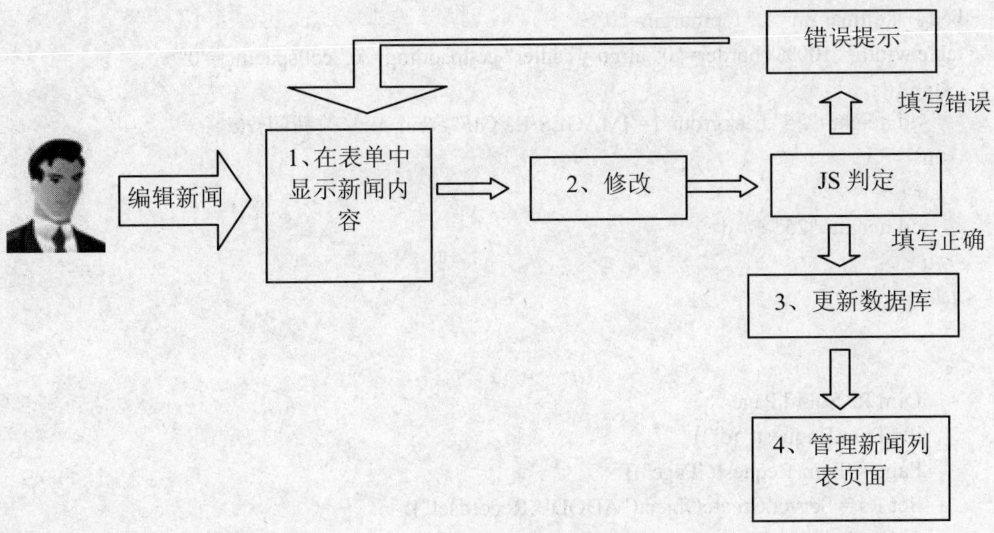

图 6-15　修改新闻页面流程

修改新闻页面如图 6-16 所示。

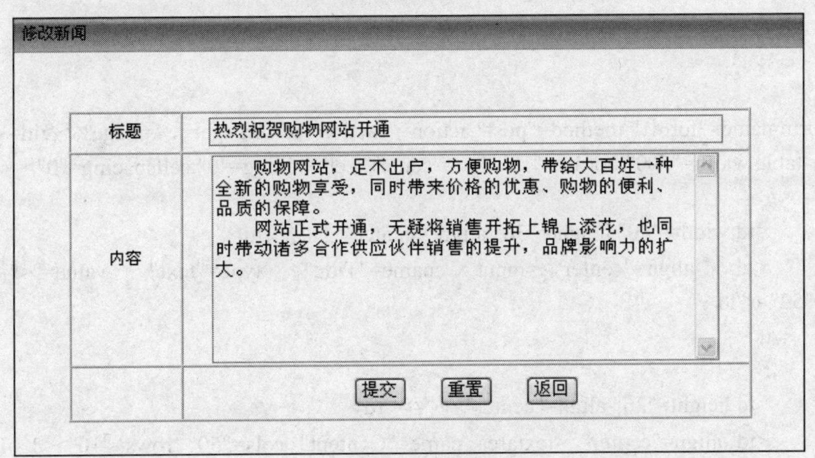

图 6-16　修改新闻页面

修改新闻页面 News_Edit.ASP 的代码如下：

```
<!--#include file="Conn.ASP" -->
<!--#include file="inc/function.asp" -->

<% If Session("Admin")="" Then Response.Redirect "login.asp   target='_parent'" %>

<html>
<head>
<meta http-equiv="Content-Type" content="text/html; charset=gb2312" />
<title>网上购物-新闻修改</title>
<link href="../INC/Main.CSS" rel="stylesheet" type="text/css">
</head>
```

```
<body   leftmargin="0" topmargin="0">
<table width="100%" border="0" align="center" cellpadding="0" cellspacing="0">
  <tr>
    <td height="25" background="IMAGES/BJ.GIF"> 修改新闻</td>
  </tr>
   <tr>
    <td height="25"></td>
  </tr>
</table>

<%
      Dim Rs,Sql,id,Page
      id=Trim(Request("id"))
      Page = Trim(Request("Page"))
      Set Rs = Server.CreateObject("ADODB.Recordset")
      Sql = "Select * From [news]   where   id="&id
      Rs.Open Sql,Conn,1,1
      If Rs.Eof And Rs.Eof Then
           Response.Write "<p align=center>没有这条新闻！ </p>"
      Else
%>

  <form name="form1" method="post" action="?action=edit&Page=<%=Page%>&id=<%=id%>">
    <table width="500" border="1" align="center" cellpadding="0" cellspacing="0">
      <tr>
        <td width="80" height="30" align="center">标题</td>
        <td    align="center"><input    name="Title"    type="text"    value="<%=Rs("Title")%>"
size="52"></td>
      </tr>
      <tr>
        <td height="26" align="center">内容</td>
        <td  align="center"><textarea  name="Content"  cols="50"  rows="10"><%=Rs("Content")%>
</textarea></td>
      </tr>
      <tr>
        <td> </td>
        <td height="40" align="center" valign="middle">
        <input type="submit" name="Submit" value="提交">   
        <input type="reset" name="Submit2" value="重置">   
          <input type="button" name="back" value="返回" onClick="JavaScript:history.go(-1);"></td>
      </tr>
    </table>
</form>
<p> </p>
    <%
    End If
```

```
        Rs.Close
        Set Rs = nothing
    %>

    </body>
    </html>

        <%    If Request("action")="edit" Then
                  Call Save_Edit()
          End If

          Sub Save_Edit()
                  Dim Title,Content,Rs,Sql,id,Page
                  id = Request("id")
                  Page = Request("Page")
                  Title = Trim(Request.Form("Title"))
                  Content = Request.Form("Content")

                  Set Rs = Server.CreateObject("ADODB.Recordset")
                  Sql = "Select * From [news] Where id="&id
                  Rs.Open Sql,Conn,2,3
                  If Not Rs.Eof And Not Rs.Bof Then
                        Rs("Title") = Title
                        Rs("Content") = Content
                        Rs.Update
                  End If
                  Rs.Close
                  Set Rs = nothing
                  Response.Redirect "News_AList.asp?Page="&Page&""
          End Sub
    %>
```

知识拓展：ASP 的 Request 对象

Request 和 Response 这两个对象是 ASP 所提供的内置对象中最常用的两个。在浏览器（或其他用户代理）和 Web 服务器之间，请求与响应中发生的信息交流可以通过ASP中的两个内置对象来进行访问和管理，这两个对象称为 Request 和 Response 对象。

可以使用 Request 对象访问任何基于 HTTP 请求传递的所有信息，包括从 HTML 表格用 POST 方法或 GET 方法传递的参数、Cookie 和用户认证。Request 对象使用户能够访问客户端发送给服务器的二进制数据。

一、Request 对象属性

每个对象都有属性、方法和事件。Request 对象只提供了一个 TotalBytes 属性，这是一个只读的属性，用于取得客户端响应数据的字节大小。TotalBytes 属性提供用户请求的字节数量的信息，它很少用于 ASP 页，大家通常关注指定值而不是整个请求字符串，其语法格式如下：

字节长度 = Request.TotalBytes

【例 1】 用 TotalBytes 属性取得客户端响应数据的字节大小。

```
<%@LANGUAGE="VBSCRIPT" CODEPAGE="936"%>
<html>
<body color=lightsteelbule>
<font color="green">
<form method="post" action="" enctype="multipart/form-data">
<p><strong><font color=black>客户端数据</font>
</strong>
<input type="text" name="fname" size="8">
<input type="submit" value="提交">
<input type="reset" value="重置">
</form>
<% response.Write "提交的客户端数据的大小为:"
response.Write request.TotalBytes
%>
</body>
</html>
```

如果直接通过浏览器运行此程序，其返回值为 0，如图 6-17 所示，这是因为没有传递任何信息给服务器。

图 6-17　Request 对象的 TotalBytes 属性示例

输入一些文本，如 wuerlang，单击【提交】按钮，结果如图 6-18 所示。

图 6-18　提交之后的 Request 对象的 TotalBytes 属性示例

response.Write 的作用是在浏览器上显示用户所需要的内容。在 form 属性中 enctype="multipart/form-data"是必不可少的。通过使用 Request 对象可以访问用 HTTP 请求传递的信息，包括从 HTML 表中用 POST 方法或 GET 方法传递的参数、Cookie 和用户认证。

二、Request 对象方法

Request 对象仅提供 BinaryRead 方法，该方法用于以二进制方式读取作为 POST 请求的一部分从客户端发出的未加工数据。此方法用于在底层访问数据，与此相反，Request.Form 集合用于查看在公告请求中发送的窗体数据。一旦调用了 BinaryRead，则引用 Request.Form 集合中的任何变量都将导致错误发生。反之，一旦引用了 Request.Form 集合中的一个变量，则调用 BinaryRead 也将导致错误发生。

如果在访问 Request 集合中的变量时未指定该变量属于哪一个子集，将搜索 Request.Form 集合并强制使用上述规则。

下面的示例使用 BinaryRead 方法将请求的内容放入一个安全的数组中。

```
<%
Dim binread
Dim bytecount
bytecount = Request.TotalBytes
binread = Request.BinaryRead(bytecount)
%>
```

三、Request 对象数据集合

集合（collection）指的是一群放在一起的值（Value），例如当浏览者输入网页窗体数据并单击【提交】按钮之后，窗体字段的名称与浏览者输入的数据就会以一个 Form 形式的集合传给 Web 服务器。例如在 ASP 对象的 QueryString 集合中，若要取得 username 字段或 userage 字段的值，可以分别写成 Request.QueryString("username")和 Request.QueryString("userage") 。若是在 Form 集合中，则可以写成 Request.form("username") 和 Request.form("userage")。

Request 对象提供了 5 个集合：Form、QueryString、Cookies、ServerVariables 和 ClientCertificate。

Request 对象把客户信息保存在几个集合中，供 ASP 使用，当不指定集合名时，以 QueryString、Form、Cookie、ClientCertificate、ServerVariable 的顺序搜索所有集合，当发现第一个匹配的变数时，就认定它是要引用的成员。当然，为了提高效率，最好指定是哪个集合中的成员。

如果要指定是哪个集合中的成员，只要在 Request 后加上集合名称即可，如 username 是 QueryString 中的成员，则可写成 Request.QueryString("username")。

1．Form 集合

Form 集合是 Request 对象中最常使用的数据集合，可以取得客户端窗体中的各个窗体对象的值。窗体对象包括单行文本（Text）、文本区域（TextArea）、复选框（CheckBox）、单选按钮（Radio）、下拉列表/菜单（Select）、按钮（Button）、文件域（File）、隐藏域（Hidden）等。其语法如下：

Request.Form(element)[(index)|.Count]

_ element：指定集合要检索的表格元素的名称。

_ index：可选参数，使用该参数可以访问某参数中多个值中的一个。它可以是 1 到 Request.Form(parameter).Count 之间的任意整数。

_ Count：集合中元素的个数。

当 Form 以 POST 方法提交时，就应该使用 Form 数据集合。

【例 2】 用 Form 数据集合获取用户输入的数据。

第 1 步，使用 Form 提交数据的页面为 form.html，其代码如下：

```
<html>
<head>
<title>获取用户输入的数据——提交数据</title>
</head>
<body>
<form action="form.asp" method="post">
<p>姓名：<input type="text" size="20" name="name"></p>
<p>年龄：<input type="text" size=20 name="age"></p>
<p><input type="submit" name="b1" value="提交"></p>
</form>
</body>
</html>
```

访问 form.html，显示如图 6-19 所示。

图 6-19 用 POST 方法提交

第 2 步，显示使用 Form 提交数据的页面为 form.asp，其代码如下：

```
<%@LANGUAGE="VBSCRIPT" CODEPAGE="936"%>
<html>
<head>
<title>获取用户输入的数据——显示数据</title>
</head>
<body>
<%=request.form("name")%>，欢迎您！您的年龄是：
<%=request.form("age")%>
</body>
</html>
```

在 form.html 页面中输入姓名为张建华，年龄为 36，单击【提交】按钮，结果如图 6-20 所示。

张建华，欢迎您！您的年龄是： 36

图 6-20 显示 Form 集合中的内容

"="的作用相当于以后要讲的 Response.Write，它的功能是在页面中显示它后面变量或表达式的值。

2. QueryString 集合

QueryString 可以获取标识在 URL 后面的所有返回变量及其值。在搜索引擎里面经常用这种方法。例如，当客户端送出如下请求时，QueryString 将会得到 name 和 age 两个变量的值。

```
<a href="queryString.asp?name=wuerlang&age=36">
```

在上面的例子中，href="queryString.asp"指出了链接的地址，"?"后面有两个变数 name 和 age，用&把它们连接起来，它们的值分别是 zhangjianhua 和 36。

【例 3】用 QueryString 数据集合获取数据。

第 1 步，提交资料页面 queryString.html，其代码如下：

```
<html>
<head>
<title>使用 QueryString 数据集合提交数据</title>
</head>
<body>
```

```
使用 QueryString 数据集合获取数据<hr>
<a href="queryString.asp?name=zhangjianhua&age=36">单击此处查看结果</a>
</body>
</html>
```

访问 queryString.html，显示如图 6-21 所示。

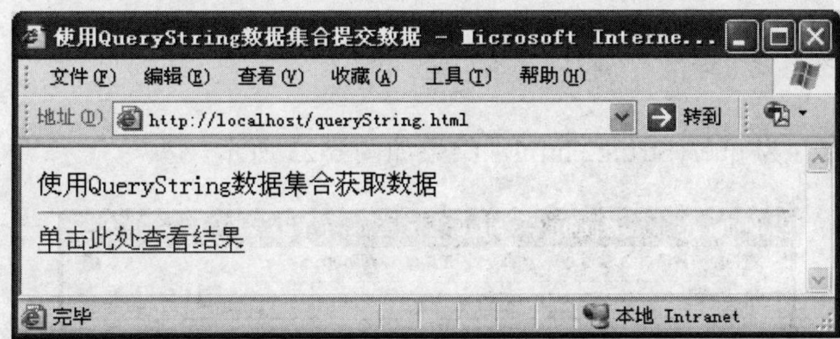

图 6-21　用 QueryString 方法获取数据

第 2 步，获取提交资料的页面 queryString.asp，其代码如下：

```
<%@LANGUAGE="VBSCRIPT" CODEPAGE="936"%>
<html>
<head>
<title>使用 QueryString 数据集合获取数据</title>
</head>
<body>
<%=request.QueryString("name") %>，欢迎您！您的年龄是：
<%=request.QueryString("age")%>
</body>
</html>
```

提交后的结果如图 6-22 所示。

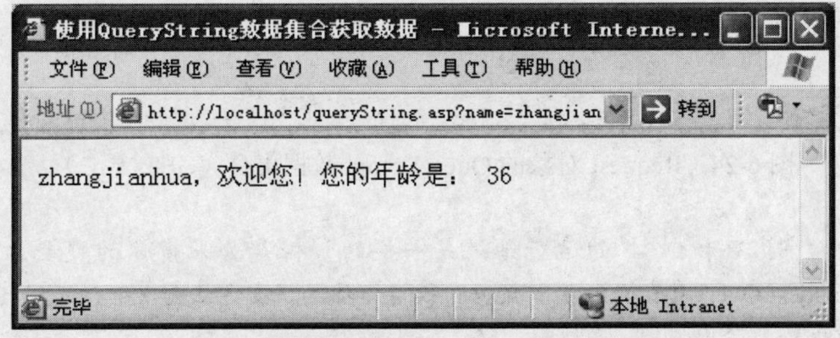

图 6-22　Request 对象的 QueryString 数据集合

当 Form 以 GET 方法提交时，也可以使用 QueryString 集合。

【例 4】使用 QuerySring 获取用户输入的数据。

```
<html>
<head>
<title>使用 QuerySring 获取用户输入的数据</title>
</head>
<body>
```

```
使用 QuerySring 获取用户输入的数据<hr>
<form action="queryString.asp" method="get">
<p>姓名：<input type="text" size="20" name="name"></p>
<p>年龄: <input type="text" size="20" name="age"></p>
<p><input type="submit" name="b1" value="提交"></p>
</form>
<hr>提交后请注意查看地址栏！
</body>
</html>
```

将上述代码保存为 queryString2.html，结果如图 6-23 所示。

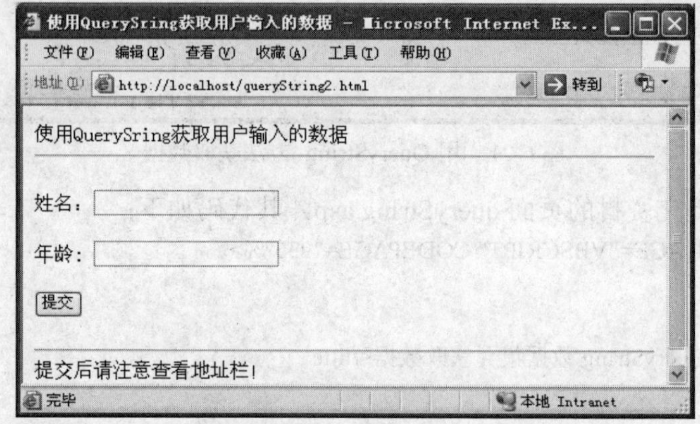

图 6-23 用 QuerySring 方法获取用户输入的数据

输入相关文字，提交后如图 6-24 所示。

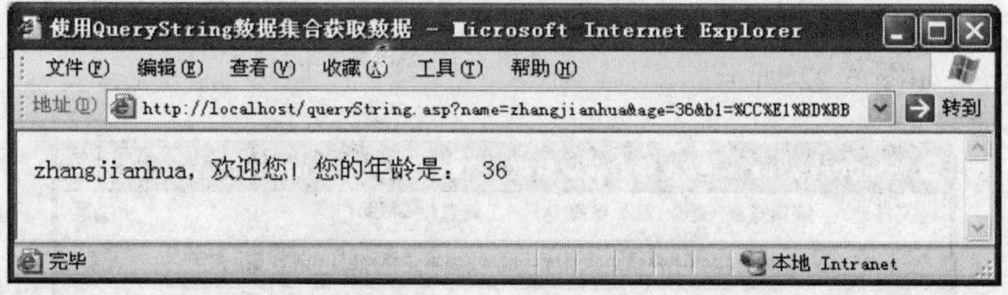

图 6-24 Request 对象的 QueryString 数据集合（GET 方法）

例 3 和例 4 的运行结果是一样的，但是如果窗体的提交方法是 POST 而用 Reuqest.QueryString 来获取数据，或者窗体的提交方法是 GET 而用 Request.From 来获取数据都会出错。

3. ServerVariables 集合

在浏览器中浏览网页的时候使用的传输协议是 HTTP，在 HTTP 的标题文件中会记录一些客户端的信息，如客户的 IP 地址等。有时服务器端需要根据不同的客户端信息做出不同的反映，这时候就需要用 ServerVariables 集合获取所需信息，其语法格式如下：

Request.ServerVariables.ServerVariables(服务器环境变量)

或：

Request(服务器环境变量)

常见服务器环境变量如下：

ALL_HTTP：客户端发送的所有 HTTP 标题文件。

SERVER_NAME：服务器的计算机名称或 IP 地址。

SERVER_PORT：服务器正在运行的端口号。

REQUEST_METHOD：发出 Request 的方法（GET/POST/HEAD）。

SCRIPT_NAME：程序被调用的路径。

REMOTE_HOST：发出 Request 请求的远程客户机（Client）的名称。

REMOTE_ADDR：发出 Request 请求的远程客户机（Client）的 IP 地址。

REMOTE_IDENT：发出 Request 的使用者名称（如是拨号上网，则为用户 ID）。

CONTENT_TYPE：客户端发出数据的 MIME 类型，如 text/html。

CONTENT_LENGTH：客户端发出数据的长度。

HTTP_ACCEPT：客户端可以接收的 MIME 类型列表。

HTTP_USER_AGENT：客户端发出 Request 的浏览器类型。

QUERY_STRING：查询 HTTP 请求中问号“?”后的信息。

LOGON_USER：用户登录 Windows NT 的账号。

【例 5】获得并输出客户端的 IP 地址。

```
<%@LANGUAGE="VBSCRIPT" CODEPAGE="936"%>
<html>
<head>
<title>获得并输出客户端的 IP 地址</title>
</head>
<body>
ServerVariables 集合示例：获得并输出客户端的 IP 地址<br>
<% dim IP
IP=Request.ServerVariables("REMOTE_ADDR")
response.Write "你的 IP 地址是："&IP
%>
</body>
</html>
```

程序运行结果如图 6-25 所示。

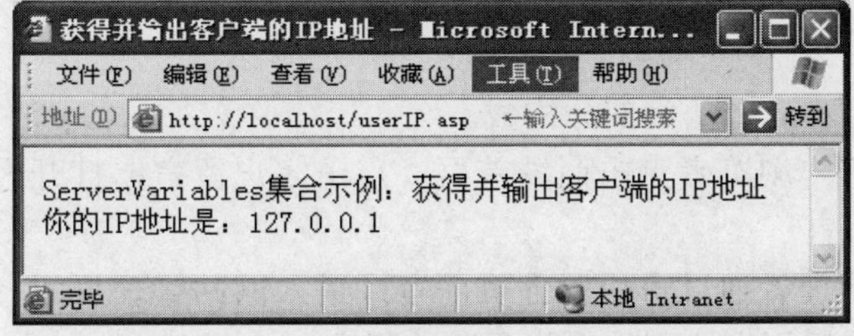

图 6-25　获得并输出客户端的 IP 地址

其他的方法和属性都不常用，在此就不作介绍了。

项目 7 制作留言板系统

一个电子商务网站一定会在网站上的提供留言本，用来记载客户的反馈信息，与客户建立一个交流平台。

本项目的任务就是采用 ASP 技术建立留言板系统，包括显示网站浏览者即用户进行留言、留言修改、留言删除，管理人员登入管理后台进行修改、留言删除、留言回复。

任务 1　系统功能分析

留言板可以说是网上最常见的栏目，一般用来记载回馈信息等。有 3 种方法实现记载留言信息。

第 1 种方法是纯粹利用 Application 对象记载留言信息，这样做比较方便，运行速度也很快，不过要是停止了 IIS 服务后，留言信息就丢失了。

第 2 种方法是利用文本文件记载留言信息。

第 3 种方法是利用数据库记载留言信息，一般多采用这种方法。

子任务 1　模块功能分析

留言板系统由前台和后台两大部分构成。

前台部分：普通客户浏览者点击商城首页，点击客户留言，打开客户留言，可以查看留言、添加留言、删除留言。

后台部分：网站管理者通过身份验证页面登录进入网站管理页面，对留言实行管理，查看留言、修改留言、回复留言、删除一些恶意的留言。

留言板系统的逻辑功能如图 7-1 所示。

从上面的逻辑功能图中可以看出，商城客户在商城客户留言页面可以查看留言内容，注册用户可以签写留言、修改留言、删除留言，管理员登录后台管理页面，进行留言的回复、编辑修改、删除等管理。

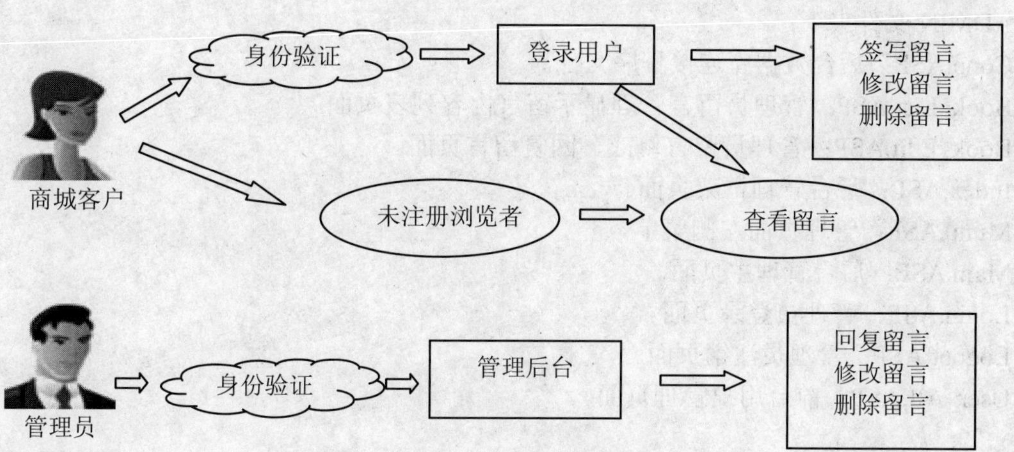

图 7-1　留言板系统的逻辑功能图

整个新闻系统可以划分为以下几个功能块：

（1）留言信息分页显示。为了便于将网站浏览者查看留言，将留言信息分页显示，比如每页显示 10 条留言，然后通过单击“上一页”和“下一页”等按钮来操作。

（2）签写留言。注册并登录用户可以签写留言，向数据库添加记录。

（3）修改留言。注册并登录用户可以修改自己签写的留言，更新数据库记录。

（4）删除留言。注册并登录用户可以删除自己签写的留言，删除数据库记录

（5）管理留言。管理员通过正确的用户名和密码登录管理后台，从而拥有管理员的身份，才具有管理留言的操作权限，对留言进行回复、修改、删除。

子任务 2　规划系统

创建一个动态站点，前台访问文件放在站点目录下，后台管理文件放在 ADMIN 文件夹下，数据库放在 DATA 文件夹中，所有图像文件放在 IMAGES 文件夹中，如图 7-2 所示。

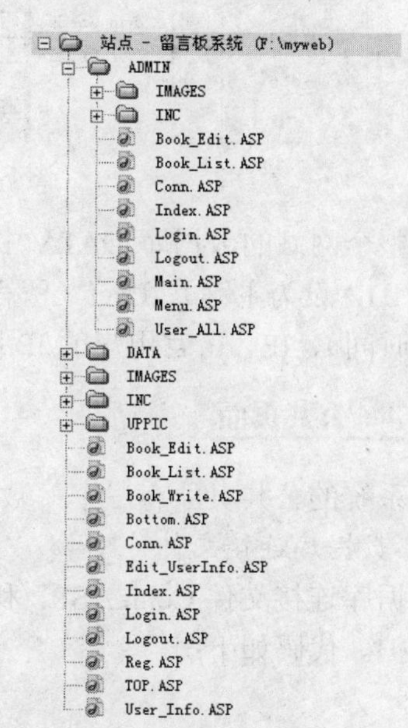

图 7-2　留言板系统各文件及文件夹的对应关系

各页面的功能如下：

Index.ASP：网上购物系统首页。

Conn.ASP：前台数据库连接程序文件。

Book_List.ASP：留言内容列表页面。

Book_Write.ASP：留言签写页面。

Book_Edit.ASP：留言修改页面。

Login.ASP：前台用户登录页面。

Logout.ASP：前台用户注销页面。

Reg.ASP：前台用户注册页面。

Edit_UserINfo.ASP：前台用户注册信息修改页面。

User_Info.ASP：前台用户注册信息显示页面。

Top.ASP：网上购物系统前台页面顶部。

ADMIN 文件夹下：

Conn.ASP：后台数据库连接程序文件。

Book_List.ASP：管理员留言管理显示留言内容列表页面。

Book_Edit.ASP：管理员留言修改、回复留言页面。

Index.ASP：后台管理框架页面。

Munu.ASP：管理页面左侧菜单。

Main.ASP：后台管理主页面。

Login.ASP：管理员登录页面。

Logout.ASP：管理员注销页面。

User_All.ASP：前台用户管理页面。

子任务 3　数据库设计

留言板系统由于在整个电子商务网站中只是一部分功能，后台管理管理员登录和整个电子商务网站整合在一起，采用整个电子商务网站的后台登录管理即可，不需要单独设计存放管理员信息的表。对于留言板，只需设计一个表来存放留言信息。

留言信息表存储的内容和字段如图 7-3 所示。

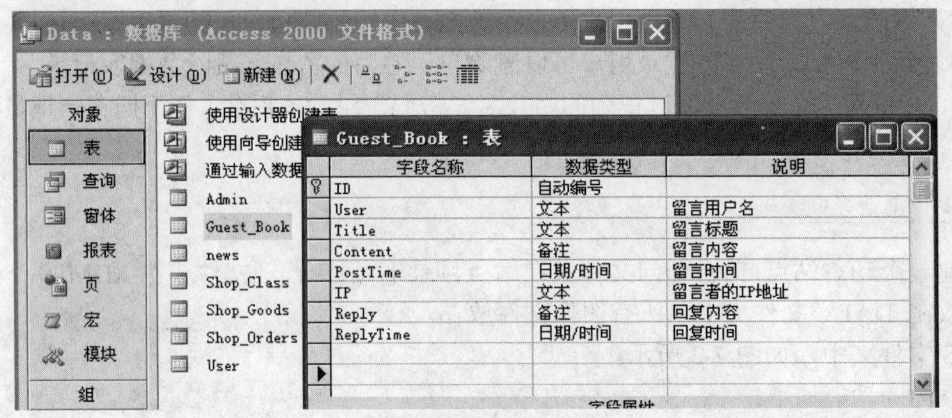

图 7-3　留言信息存储表 Guest_Book

在整个网站的数据库 DATA 中建立一个表 Guest_Book 用于存放留言信息，包含字段 ID（新闻 ID，设为主键）、User（留言用户）、Title（留言标题）、Content（留言内容）、PostTime（留言时间）、IP（留言用户的 IP 地址）、Reply（回复内容）、ReplyTime（回复时间）。

子任务 4　公共页面

本系统的公共页面有三个：数据库连接文件、样式表文件和公共函数页面。

1. 数据库连接文件

数据库连接文件 Conn.ASP，利用该页面可以建立每个 ASP 页面与数据库的连接，便于程序是维护。代码如下：

```
<%
    Dim Conn,Str,db
```

```
        db = "data/data.mdb"
        Set Conn = Server.CreateObject("ADODB.Connection")
        Str = "Provider=Microsoft.Jet.OLEDB.4.0;Data Source="&Server.MapPath(""&db&"")
        Conn.Open Str
%>
```

在其他页面中可使用“<!--#include file="Conn.ASP" -->”的方法将此文件包含进来。

2. 样式表文件

样式表文件 Main.CSS，保存于 INC 文件夹中。代码如下：

```
body,tr,td {font-family:"宋体"; font-size:12px;line-height: normal;}
A:link {text-decoration:none; color:#255BCC;}
A:active {text-decoration:none; color:#255BCC;}
A:visited {text-decoration:none; color:#255BCC;}
A:hover {text-decoration:underline; color:#ff0000;}
```

在其他页面中可使用“<link href="INC/Main.CSS" rel="stylesheet" type="text/css">”的方法链接到该文件。

3. 公共函数

新闻系统在显示新闻内容时会对出现的回车符、换行符和空格符等特殊字符进行处理才能显示出来。公共函数页面 Functiong.ASP 放在保存于 INC 文件夹中，代码如下：

```
<%
    Function UnHtml(str)
        UnHtml=str
        If str <> "" Then
            UnHtml=replace(UnHtml,"&","&amp;")
            UnHtml=replace(UnHtml,"<","&lt;")
            UnHtml=replace(UnHtml,">","&gt;")
            UnHtml=replace(UnHtml,chr(34),"&quot;")
            UnHtml=replace(UnHtml,chr(13),"<br>")
            UnHtml=replace(UnHtml,chr(32)," ")
        End If
    End Function
%>
```

在其他页面中可使用“<!--#include file=" INC/Function.ASP" -->”的方法将此文件包含进来。

任务2 留言发布页面的实现

留言发布页面包含 3 个页面：Book_List.ASP、Book_Write.ASP、Book_Edit.ASP。

子任务1 留言内容显示页面 Book_List.ASP

留言显示页面 Book_List.ASP，从数据库中的留言信息表 Guest_Book 中读出所有记录，并分页显示出来。显示的时候，判定是否用户登录，若是，则显示相应的“修改”、“删除”文字链接。该页面的流程如图 7-4 所示。

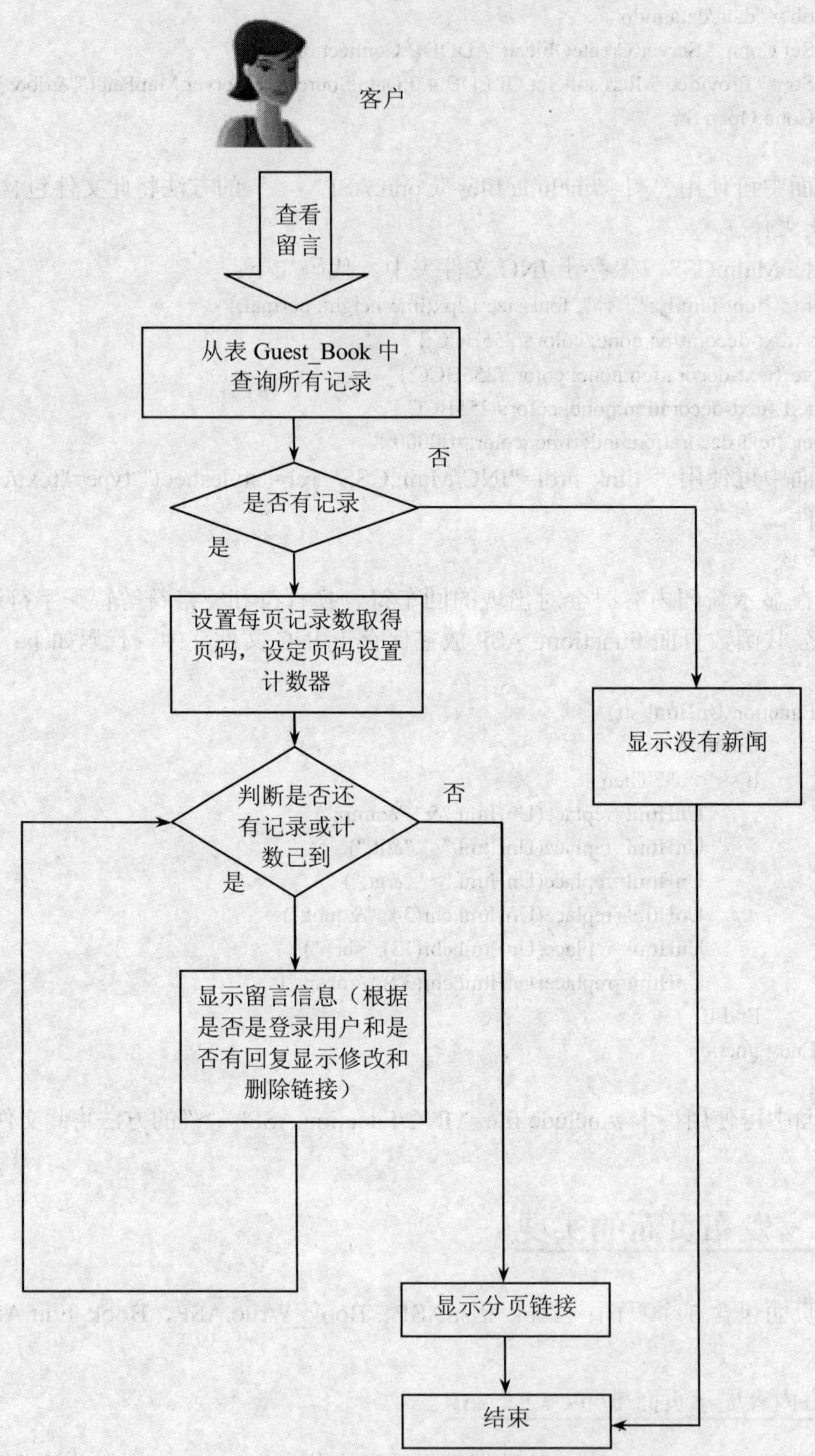

图 7-4　留言内容显示页面流程

留言显示页面 Book_List.ASP 在浏览器中显示如图 7-5 所示。

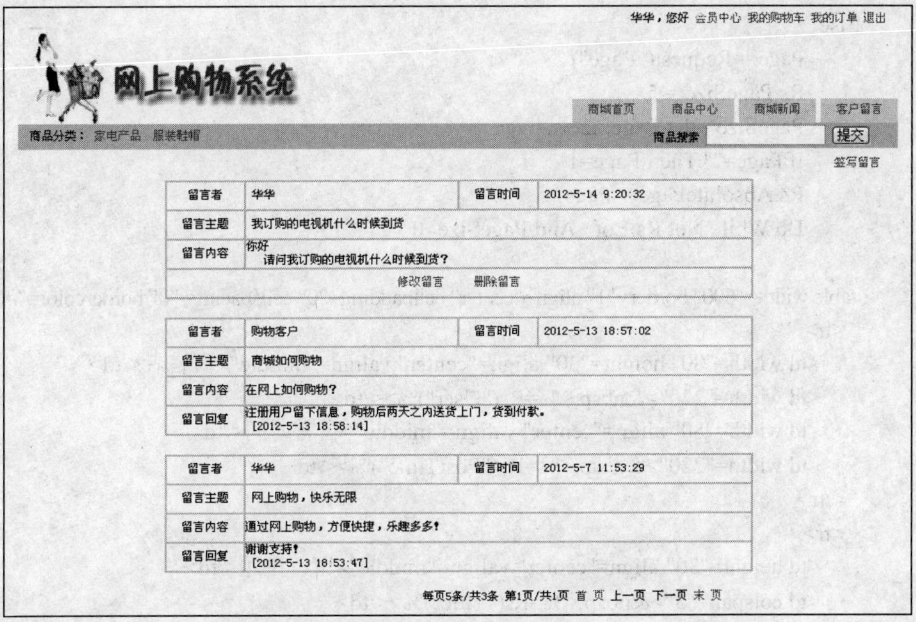

图 7-5 留言显示页面

留言显示页面 Book_List.ASP 代码如下：

```
<!--#include file="Conn.ASP" -->
<!--#include file="INC/Function.ASP" -->
<html>
<head>
<meta http-equiv="Content-Type" content="text/html; charset=gb2312" />
<title>客户留言-列出留言</title>
<link href="INC/Main.CSS" rel="stylesheet" type="text/css">
</head>
<body  leftmargin="0" topmargin="0">
<table width="900" border="0" align="center" cellpadding="0" cellspacing="0">
  <tr>
    <td><!--#include file="top.asp" --></td>
  </tr>
  <tr>
      <td height="32" align="right" ><a href="Book_Write.ASP">签写留言</a>  
 </td>
  </tr>
  <tr>
    <td>

<%
    Dim Rs,Sql
    Set Rs = Server.CreateObject("ADODB.Recordset")
    Sql = "Select * From Guest_Book Order By ID Desc"
    Rs.Open Sql,Conn,1,1
    If Rs.Eof And Rs.Eof Then
        Response.Write "<p align=center>目前还没有留言！</p>"
```

```
        Else
                Page = Request("Page")
                Rs.PageSize = 5
                PageSize = Rs.PageSize
                If Page="" Then Page=1
                Rs.AbsolutePage = Page
                Do While Not Rs.Eof   And PageSize>0
%>
        <table width="600" border="1" align="center" cellpadding="0" cellspacing="0" bordercolor="#CCCCCC">
          <tr>
            <td width="80" height="30" align="center" valign="middle">留言者</td>
            <td width="220"> <%=Rs("User")%></td>
            <td width="80" align="center" valign="middle">留言时间</td>
            <td width="220"> <%=Rs("PostTime")%></td>
          </tr>
          <tr>
            <td height="30" align="center" valign="middle">留言主题</td>
            <td colspan="3"> <%=Rs("Title")%></td>
          </tr>
          <tr>
            <td height="30" align="center" valign="middle">留言内容</td>
            <td colspan="3"><%=UnHtml(Rs("Content"))%></td>
          </tr>
        <% If Rs("Reply")<>"" Then %>
           <tr>
           <td height="30" align="center" valign="middle">留言回复</td>
           <td colspan="3"><%=UnHtml(Rs("Reply"))%><br> [<%=Rs("ReplyTime")%>]</td>
          </tr>
          <% End If %>
        <% If Session("User")=Trim(Rs("User"))   and   Rs("Reply")=""     Then %>
          <tr>
          <td height="30" colspan="4" align="center" valign="middle">
            <a  href="Book_Edit.ASP?ID=<%=Rs("ID")%>&Page=<%=Page%>">修改留言</a> 
   
            <a  href="javascript:if(window.confirm('你确实要删除吗?')  ==  true){window.location  =
'?action=Delbook&ID=<%=Rs("ID")%>&Page=<%=Page%>';}">删除留言</a>
          </td>
          </tr>
          <% End If %>
        </table>
    <p></p>
<%
PageSize = PageSize-1
                Rs.MoveNext
                Loop
%>
```

```
        <table width="550" align="center" cellpadding="0" cellspacing="0">
          <tr>
            <td align=right>
<%
          Response.Write "每页" &Rs.PageSize& "条/共" &Rs.RecordCount& "条 第" &Page&
"页/共" &Rs.PageCount& "页 "
            Response.Write "<a href=?Page=1>首 页</a> "
            If CInt(Page)>1 then
                Response.Write "<a href=?Page="&Page-1&">上一页</a> "
            Else
                Response.Write "上一页 "
            End If
            If CInt(Page)<Rs.PageCount then
                Response.Write "<a href=?Page="&Page+1&">下一页</a> "
            Else
                Response.Write "下一页 "
            End If
            Response.Write "<a href=?Page="&Rs.PageCount&">末 页</a> "
        End If
        Rs.Close
      Set Rs = nothing
%>
            </td>
          </tr>
        </table>
      </td>
    </tr>
    <tr>
      <td> </td>
    </tr>
    <tr>
      <td><!--#include file="Bottom.ASP" --></td>
    </tr>
</table>
<p> </p>
</body>
</html>
<%
      If Request("action")="Delbook" Then
            Call Del_Book()
      End If
      Sub Del_Book()
            id = Request("id")
            Page = Request("Page")
            Conn.Execute("Delete From Guest_Book Where ID="&id)
            Response.Redirect "?Page="&Page&""
      End Sub
%>
```

在该页面中对于留言内容和留言回复的显示都采用了 UnHtml 函数进行了转换。

子任务 2　留言签写页面 Book_Write.ASP

签写留言页面 Book_Write.ASP 就是向数据库添加记录的过程，添加成功之后将页面重定向到留言显示页面。页面流程如图所示 7-6 所示。

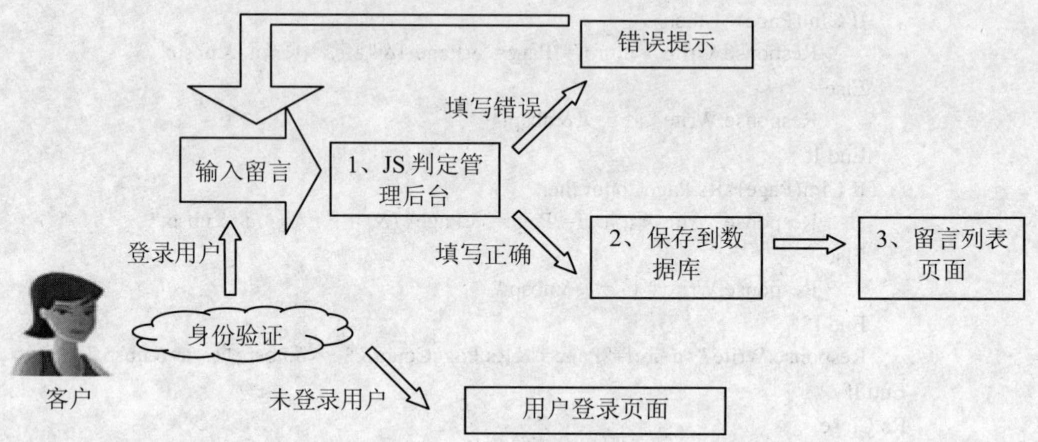

图 7-6　签写留言页面流程

签写留言页面在浏览器中显示如图 7-7 所示。

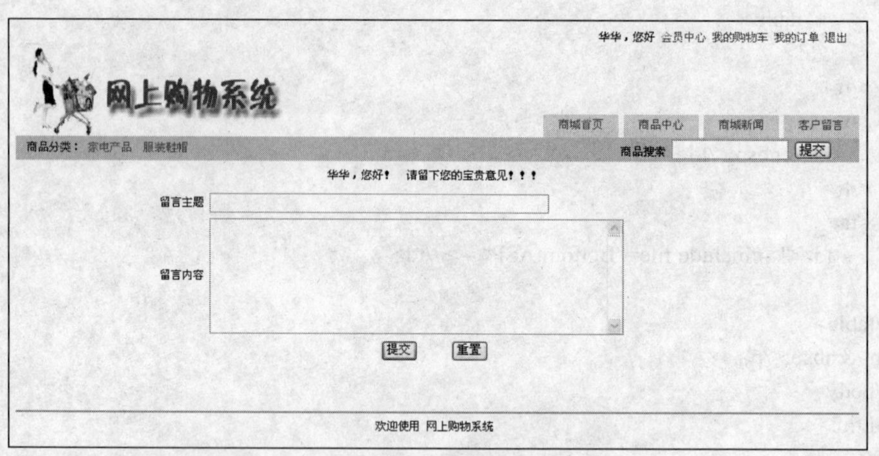

图 7-7　签写留言页面

签写留言页面 Book_Write.ASP 的代码如下：

```
<!--#include file="Conn.ASP" -->
<!--#include file="INC/Function.ASP" -->
<%
If Session("User")="" Then
Response.Redirect("Login.asp?MsgI=1")
End IF
%>
```

```
<html>
<head>
<meta http-equiv="Content-Type" content="text/html; charset=gb2312" />
<title>客户留言-签写留言</title>
<link href="INC/Main.CSS" rel="stylesheet" type="text/css">
<Script language="javascript">
function ChkBook()
{
        if(document.AddBook.Title.value == "")
        {
                alert('请留下留言主题！');
                document.AddBook.Title.focus();
                return false;
        }
        if(document.AddBook.Content.value =="")
        {
                alert('请输入留言内容！');
                document.AddBook.Content.focus();
                return false;
        }
}
</Script>
</head>
<body   leftmargin="0" topmargin="0">
<table width="900" border="0" align="center" cellpadding="0" cellspacing="0">
  <tr>
    <td><!--#include file="top.asp" --></td>
  </tr>
  <tr>
  <tr>
    <td height="30" align="center"><%=Session("User")%>，您好！  请留下您的宝贵意
见!!! </td>
  </tr>
    <td>
 <form name="AddBook" method="post" action="?action=AddBook" onSubmit="return(ChkBook());">
      <table  width="600"  border="0"  align="center"  cellpadding="0"  cellspacing="0"  bordercolor=
"#CCCCCC">
        <tr>
          <td height="30" align="center" valign="middle">留言主题</td>
          <td><input  type="hidden" name="User"  id="User" value="<%=Session("User")%>">
                <input name="Title" type="text" id="Title" size="50">
            </td>
        </tr>
        <tr>
          <td align="center" valign="middle">留言内容</td>
          <td><textarea name="Content" cols="60" rows="8" id="Content"></textarea></td>
```

```
            </tr>
            <tr>
              <td height="35" colspan="2" align="center" valign="middle">
                 <input type="submit" name="Submit2" value="提交">     
              <input type="reset" name="Submit3" value="重置">
                </td>
            </tr>
          </table>
    </form>
          </td>
      </tr>
      <tr>
        <td> </td>
      </tr>
      <tr>
        <td><!--#include file="Bottom.ASP" --></td>
      </tr>
    </table>
    <p> </p>
    </body>
    </html>
    <%  If trim(Request("action"))="AddBook" Then
              Call Save_Book()
        End If

        Sub Save_Book()
              Dim User,Title,Content,Rs,Sql
              User = Trim(Request.Form("User"))
              Title = Trim(Request.Form("Title"))
              Content = Trim(Request.Form("Content"))

              Set Rs = Server.CreateObject("ADODB.Recordset")
              Sql = "Select * From Guest_book"
              Rs.Open Sql,Conn,2,3
              Rs.AddNew
              Rs("User") = User
              Rs("Title") = Title
              Rs("Content") = Content
              Rs("PostTime") = Now()
              Rs("IP") = Request.ServerVariables("REMOTE_ADDR")
              Rs("Reply") = ""
              Rs.Update
              Rs.Close
              Set Rs = nothing
              Response.Redirect "Book_list.asp"
        End Sub
    %>
```

在该页面的顶部位置，引用 Session("User")变量，用来判断是否商城客户登录。

子任务 3　留言修改页面 Book_Edit.ASP

留言修改页面 Book_Edit.ASP，功能是修改指定的某条留言信息，修改完毕后，再将页面重定向到查看留言信息的当前页。传递参数除了留言的 ID 之外还要传递留言信息的当前页次。流程如图 7-8 所示。

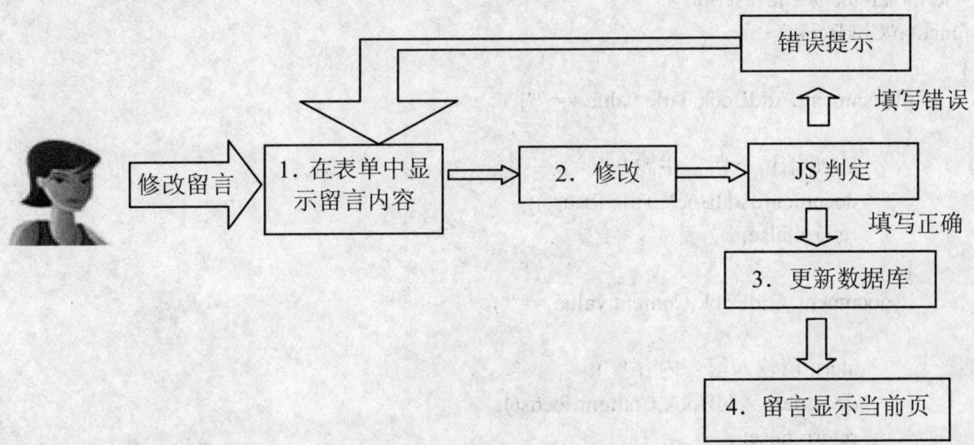

图 7-8　留言修改页面流程

留言修改页面的显示如图 7-9 所示。

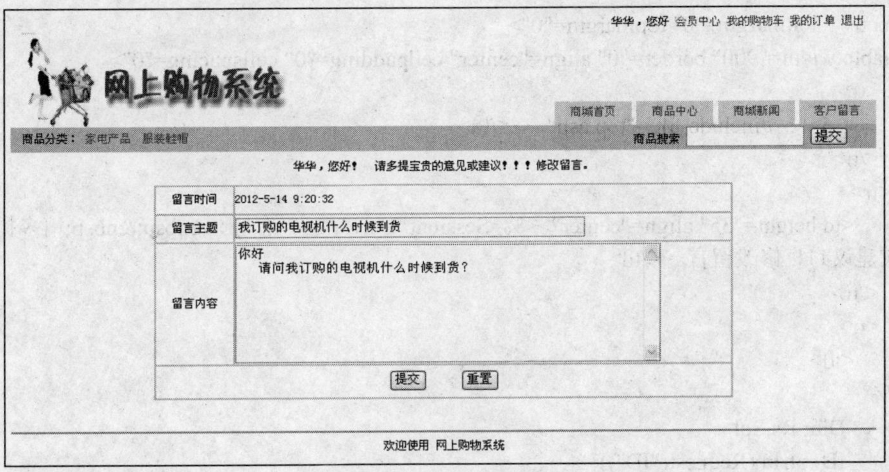

图 7-9　留言修改页面

留言修改页面 Book_Edit.ASP 的代码如下：

```
<!--#include file="Conn.ASP" -->
<!--#include file="INC/Function.ASP" -->
<%
If Session("User")="" Then
Response.Redirect("Login.asp?MsgI=1")
End IF
```

```
%>

<html>
<head>
<meta http-equiv="Content-Type" content="text/html; charset=gb2312" />
<title>客户留言-修改留言</title>
<link href="INC/Main.CSS" rel="stylesheet" type="text/css">
<Script language="javascript">
function ChkBook()
{
    if(document.AddBook.Title.value == "")
    {
        alert('请留下留言主题！');
        document.AddBook.Title.focus();
        return false;
    }
    if(document.AddBook.Content.value =="")
    {
        alert('请输入留言内容！');
        document.AddBook.Content.focus();
        return false;
    }
}
</Script>
</head>
<body   leftmargin="0" topmargin="0">
<table width="900" border="0" align="center" cellpadding="0" cellspacing="0">
  <tr>
    <td><!--#include file="top.asp" --></td>
  </tr>
 <tr>
    <td height="35" align="center"><%=Session("User")%>，您好！  请多提宝贵的意见
或建议!!! 修改留言。</td>
  </tr>
  <tr>
    <td>
<%
    Dim Rs,Sql
    ID = trim(Request("ID"))
    Set Rs = Server.CreateObject("ADODB.Recordset")
    Sql = "Select * From Guest_Book   where   ID ="&ID
    Rs.Open Sql,Conn,1,1
    If Rs.Eof And Rs.Eof Then
        Response.Write "<p align=center>目前还没有留言！</p>"
    Else
        Page = Request("Page")

%>
```

```
 <form name="AddBook" method="post" action="?action=EditBook&Page=<%=Page%>&ID=<%=
ID%>" onSubmit="return(ChkBook());">
     <table width="600" border="1" align="center" cellpadding="0" cellspacing="0" bordercolor=
"#CCCCCC">
        <tr>
          <td width="80" height="30" align="center" valign="middle">留言时间</td>
          <td><input name="User" type="hidden" id="User" value="<%=Session("User")%>"><%=
Rs("PostTime")%>
          </td>
        </tr>
        <tr>
          <td height="30" align="center" valign="middle">留言主题</td>
          <td><input name="Title" type="text" id="Title" value="<%=Rs("Title")%>" size="50"></td>
        </tr>
        <tr>
          <td align="center" valign="middle">留言内容</td>
          <td><textarea name="Content" cols="60" rows="8"><%=Rs("Content")%></textarea></td>
        </tr>
        <tr>
          <td height="35" colspan="4" align="center" valign="middle">
             <input type="submit" name="Submit2" value="提交">     
          <input type="reset" name="Submit3" value="重置">
          </td>
        </tr>
     </table>
  </form>
<%
     End If
     Rs.Close
   Set Rs = nothing
%>
     </td>
  </tr>
  <tr>
     <td><!--#include file="Bottom.ASP" --></td>
  </tr>
</table>
<p> </p>
</body>
</html>
<%  If trim(Request("action"))="EditBook" Then
          Call Save_Book()
     End If

     Sub Save_Book()
          Dim User,Title,Content,Rs,Sql
          'ID = Trim(Request.Form("ID"))
          User = Trim(Request.Form("User"))
```

```
        Title = Trim(Request.Form("Title"))
        Content = Trim(Request.Form("Content"))

         Set Rs = Server.CreateObject("ADODB.Recordset")
         Sql = "Select * From   Guest_Book Where ID = "&ID&""
         Rs.Open Sql,Conn,2,3
         Rs("User") = User
         Rs("Title") = Title
         Rs("Content") = Content&ID
         Rs("PostTime") = Now()
         Rs("IP") = Request.ServerVariables("REMOTE_ADDR")
         Rs.Update
         Rs.Close
         Set Rs = nothing
         Response.Redirect "Book_list.asp?Page="&Page
    End Sub
%>
```

同样在该页面的顶部位置，引用 Session("User")变量，用来判断是否商城客户登录。

任务 3　后台留言管理系统的实现

留言板系统的管理功能主要有对留言的修改、回复和删除，主要由 ADMIN 文件夹下的 Book_List.ASP 和 Book_Edit.ASP 来实现。其他的文件主要是管理员的登录、注销、商城注册用户的管理及管理框架页面、菜单页面。

子任务 1　留言板系统管理页面——分页显示、删除页面 Book_List.ASP

留言板系统管理页面——分页显示、删除页面 Book_List.ASP 的流程和前台用户的留言内容显示页面比较相似，页面显示如图 7-10 所示。

留言管理

留言者	华华	留言时间	2012-5-14 9:20:32
留言主题	我订购的电视机什么时候到货		
留言内容	你好 请问我订购的电视机什么时候到货？		
留言回复	[]		
	回复留言　删除留言		

留言者	购物客户	留言时间	2012-5-13 18:57:02
留言主题	商城如何购物		
留言内容	在网上如何购物？		
留言回复	注册用户留下信息，购物后两天之内送货上门，货到付款。 [2012-5-13 18:58:14]		
	回复留言　删除留言		

每页2条/共3条 第1页/共2页 首 页 上一页 下一页 末 页

图 7-10　留言板系统管理页面

代码如下。

```
<!--#include file="Conn.ASP" -->
<!--#include file="inc/function.asp" -->

<% If Session("Admin")="" Then Response.Redirect "login.asp    target='_parent'" %>

<html>
<head>
<meta http-equiv="Content-Type" content="text/html; charset=gb2312" />
<title>留言本-管理</title>
<link href="inc/main.css" rel="stylesheet" type="text/css">
</head>
<body    leftmargin="0" topmargin="0">
<table width="100%" border="0" align="center" cellpadding="0" cellspacing="0">
  <tr>
    <td height="25" background="IMAGES/BJ.GIF">留言管理</td>
  </tr>
   <tr>
    <td height="25"></td>
  </tr>
  <tr>
    <td>

<%
      Dim Rs,Sql
      Set Rs = Server.CreateObject("ADODB.Recordset")
      Sql = "Select * From Guest_Book Order By ID Desc"
      Rs.Open Sql,Conn,1,1
      If Rs.Eof And Rs.Eof Then
           Response.Write "<p align=center>目前还没有留言！</p>"
      Else
            Page = Request("Page")
            Rs.PageSize = 2
            PageSize = Rs.PageSize
            If Page="" Then Page=1
            Rs.AbsolutePage = Page
            Do While Not Rs.Eof    And PageSize>0
%>

      <table  width="600"  border="0"  align="center"  cellpadding="0"  cellspacing="1"  bordercolor=
"#CCCCCC" bgcolor="#37ABFF">
        <tr>
          <td width="80" height="30" align="center" valign="middle" bgcolor="#FFFFFF">留言者</td>
          <td width="220" bgcolor="#FFFFFF"> <%=Rs("User")%></td>
          <td width="80" align="center" valign="middle" bgcolor="#FFFFFF">留言时间</td>
          <td width="220" bgcolor="#FFFFFF"> <%=Rs("PostTime")%></td>
```

```
        </tr>
        <tr>
            <td height="30" align="center" valign="middle" bgcolor="#FFFFFF">留言主题</td>
            <td colspan="3" bgcolor="#FFFFFF"> <%=Rs("Title")%></td>
        </tr>
        <tr>
            <td height="30" align="center" valign="middle" bgcolor="#FFFFFF">留言内容</td>
            <td colspan="3" bgcolor="#FFFFFF"><%=UnHtml(Rs("Content"))%></td>
            </tr>
         <tr>
            <td height="30" align="center" valign="middle" bgcolor="#FFFFFF">留言回复</td>
            <td    colspan="3"    bgcolor="#FFFFFF"><%=UnHtml(Rs("Reply"))%><br> [<%=Rs
("ReplyTime")%>]</td>
        </tr>
        <tr>
            <td height="30" colspan="4" align="center" valign="middle" bgcolor="#FFFFFF">
                <a href="Book_Edit.ASP?ID=<%=Rs("ID")%>&Page=<%=Page%>">回复留言</a> 
   
                <a  href="javascript:if(window.confirm('你确实要删除吗?')  ==  true){window.location  =
'?action=Delbook&ID=<%=Rs("ID")%>&Page=<%=Page%>';}">删除留言</a>          </tr>
        </table>
        <p></p>
<%                PageSize = PageSize-1
                Rs.MoveNext
            Loop
%>
        <table width="550" align="center" cellpadding="0" cellspacing="0">
          <tr>
            <td align=right>
<%
            Response.Write "每页" &Rs.PageSize& "条/共" &Rs.RecordCount& "条 第" &Page&
"页/共" &Rs.PageCount& "页 "
          Response.Write "<a href=?Page=1>首 页</a> "
          If CInt(Page)>1 then
              Response.Write "<a href=?Page="&Page-1&">上一页</a> "
          Else
              Response.Write "上一页 "
          End If
          If CInt(Page)<Rs.PageCount then
              Response.Write "<a href=?Page="&Page+1&">下一页</a> "
          Else
              Response.Write "下一页 "
          End If
          Response.Write "<a href=?Page="&Rs.PageCount&">末 页</a> "
      End If
      Rs.Close
```

```
        Set Rs = nothing
%>
                </td>
              </tr>
            </table>
          </td>
      </tr>
</table>
</body>
</html>
<%
        If Request("action")="Delbook" Then
                Call Del_Book()
        End If
        Sub Del_Book()
                id = Request("id")
                Page = Request("Page")
                Conn.Execute("Delete From Guest_Book Where ID="&id)
                Response.Redirect "?Page="&Page&""
        End Sub
%>
```

子任务 2　留言的回复、修改页面 Book_Edit.ASP

留言板系统管理员回复、修改页面 Book_Edit.ASP 和前台用户的留言修改显示页面比较相似，页面显示如图 7-11 所示。

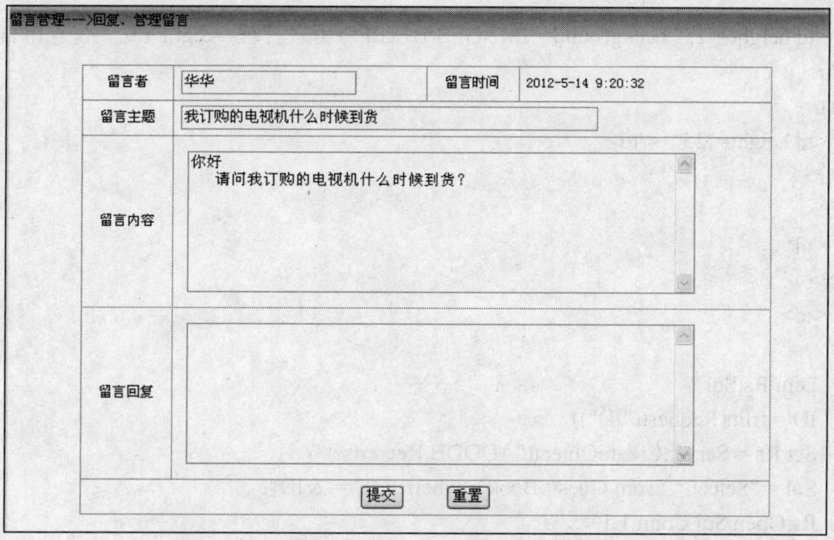

图 7-11　留言板系统管理员回复、修改页面

代码如下：

```
<!--#include file="Conn.ASP" -->
<!--#include file="inc/function.asp" -->
```

```
<html>
<head>
<meta http-equiv="Content-Type" content="text/html; charset=gb2312" />
<title>留言本-修改回复</title>
<link href="inc/main.css" rel="stylesheet" type="text/css">
<Script language="javascript">
function ChkBook()
{
	if(document.AddBook.Title.value == "")
	{
		alert('请留下留言主题！');
		document.AddBook.Title.focus();
		return false;
	}
	if(document.AddBook.Content.value =="")
	{
		alert('请输入留言内容！');
		document.AddBook.Content.focus();
		return false;
	}
}
</Script>
</head>
<body    leftmargin="0" topmargin="0">
<table width="100%" border="0" align="center" cellpadding="0" cellspacing="0">
  <tr>
    <td height="25" background="IMAGES/BJ.GIF">留言管理---&gt;回复、管理留言</td>
  </tr>
  <tr>
    <td height="25"></td>
  </tr>
  <tr>
    <td>
  <tr>
    <td>
<%
	Dim Rs,Sql
	ID = trim(Request("ID"))
	Set Rs = Server.CreateObject("ADODB.Recordset")
	Sql = "Select * From Guest_Book    where    ID ="&ID
	Rs.Open Sql,Conn,1,1
	If Rs.Eof And Rs.Eof Then
		Response.Write "<p align=center>目前还没有留言！ </p>"
	Else
		Page = Request("Page")
```

```
%>
  <form  name="AddBook"  method="post"  action="?action=EditBook&Page=<%=Page%>&ID=<%=
ID%>" onSubmit="return(ChkBook());">
      <table width="600" border="0" align="center" cellpadding="0" cellspacing="1" bgcolor="#5DBBFF">
        <tr>
          <td  width="80"  height="30"  align="center"  valign="middle"  bgcolor="#FFFFFF">留言者
</td>
          <td  width="220"  bgcolor="#FFFFFF"> <input  name="User"  type="text"  id="User"
value="<%=Rs("User")%>"></td>
          <td width="80" align="center" valign="middle" bgcolor="#FFFFFF">留言时间</td>
          <td width="220" bgcolor="#FFFFFF"> <%=Rs("PostTime")%></td>
        </tr>
        <tr>
          <td height="30" align="center" valign="middle" bgcolor="#FFFFFF">留言主题</td>
          <td  colspan="3"  bgcolor="#FFFFFF"> <input  name="Title"  type="text"  id="Title"
value="<%=Rs("Title")%>" size="50"></td>
        </tr>
        <tr>
          <td height="150" align="center" valign="middle" bgcolor="#FFFFFF">留言内容</td>
          <td colspan="3" bgcolor="#FFFFFF"> 
             <textarea name="Content" cols="60" rows="8"><%=Rs("Content")%></textarea></td>
        </tr>
         <tr>
          <td height="150" align="center" valign="middle" bgcolor="#FFFFFF">留言回复</td>
           <td colspan="3" bgcolor="#FFFFFF"> 
             <textarea name="Reply" cols="60" rows="8"><%=Rs("Reply")%></textarea></td>
        </tr>
        <tr>
          <td height="30" colspan="4" align="center" valign="middle" bgcolor="#FFFFFF">
             <input type="submit" name="Submit2" value="提交">     
             <input type="reset" name="Submit3" value="重置"></td>
        </tr>
      </table>
  </form>
<%
     End If
     Rs.Close
    Set Rs = nothing
%>
     </td>
  </tr>
</table>
</body>
</html>
```

```
<%  If trim(Request("action"))="EditBook" Then
            Call Save_Book()
    End If

    Sub Save_Book()
            Dim User,Title,Content,Reply,Rs,Sql
            'ID = Trim(Request.Form("ID"))
            User = Trim(Request.Form("User"))
            Title = Trim(Request.Form("Title"))
            Content = Trim(Request.Form("Content"))
            Reply = Trim(Request.Form("Reply"))

            Set Rs = Server.CreateObject("ADODB.Recordset")
            Sql = "Select * From   Guest_Book Where ID = "&ID&""
            Rs.Open Sql,Conn,2,3
            Rs("User") = User
            Rs("Title") = Title
            Rs("Content") = Content
            'Rs("PostTime") = Now()
            Rs("Reply") = Reply
            Rs("ReplyTime") = Now()
            Rs.Update
            Rs.Close
            Set Rs = nothing
            Response.Redirect "Book_list.asp?Page="&Page
    End Sub
%>
```

知识拓展：ASP 的 Session 对象和 Application 对象

ASP 提供了 6 个内置对象，Session 对象和 Application 对象是其中的两个，基本功能如下：

（1）Application 对象：可以供全体应用程序使用。使用 Application 对象不仅可以在给定的应用程序的所有用户之间共享，而且可以在服务器运行期间持久地保存数据。

（2）Session 对象：供特定用户会话使用。Session 对象与 Application 对象的作用相近，使用 Session 对象可以存储特定的用户会话所需的信息。

Application 与 Session 的区别在于，网上的用户都可以使用 Application 的对象，而 Session 只是针对一个特定的客户而已。

📖ASP 的 Session 对象

一、Session 对象的创建

可以使用 Session 对象存储特定的用户会话所需的信息。当用户在应用程序的页之间跳转时，存储在 Session 对象中的变量不会清除，而用户在应用程序中访问页面时，这些变量始终

存在。当用户请求来自应用程序的 Web 页时，如果该用户还没有会话，则 Web 服务器将自动创建一个 Session 对象。当会话过期或被放弃后，服务器将终止该会话。

通过向客户程序发送唯一的 Cookie 可以管理服务器上的 Session 对象。当用户第一次请求 ASP 应用程序中的某个页面时，ASP 要检查 HTTP 头信息，查看在报文中是否有名为 ASPSESSIONID 的 Cookie 发送过来，如果没有，则服务器会启动新的会话，并为该会话生成一个全局唯一的值，再把这个值作为新 ASPSESSIONID Cookie 的值发送给客户端。正是使用这种 Cookie，可以访问存储在服务器上的属于客户程序的信息。Session 对象最常见的作用就是存储用户的首选项。例如，如果用户指明不喜欢查看图形，就可以将该信息存储在 Session 对象中。另外还经常被用在鉴别客户身份的程序中。要注意的是，会话状态仅在支持 Cookie 的浏览器中保留，如果客户关闭了 Cookie 选项，Session 也就不能发挥作用了。

Session 对象的主要用途是保存信息，当用户登录网站时，系统为其分配一个 Session，只有当用户退出时，或者 Session 生命周期结束时，信息才会清除。

【例 1】利用 Session 保存信息。

第 1 步，建立创建 Session 的页面 sessionCreate.asp，代码如下：

```
<%@LANGUAGE="VBSCRIPT" CODEPAGE="936"%>
<html>
<head>
<title>利用 Session 保存信息</title>
</head>
<body>
<% dim name, age
name="华华"
age=18
session("name") = name
session("age") = age
response.Redirect "sessionDisplay.asp"
%>
</body>
</html>
```

第 2 步，显示 Session 保存的信息 sessionDisplay.asp，代码如下：

```
<%@LANGUAGE="VBSCRIPT" CODEPAGE="936"%>
<html>
<head>
<title>显示 Session 保存的信息</title>
</head>
<body>
Session 对象<hr>
<% response.Write session("name")&"您好！"
response.Write "您的年龄是："&session("age")
%>
</body>
</html>
```

访问 http://localhost/ sessionCreate.asp，将自动跳转到 sessionDisplay.asp，结果如图 7-12 所示。

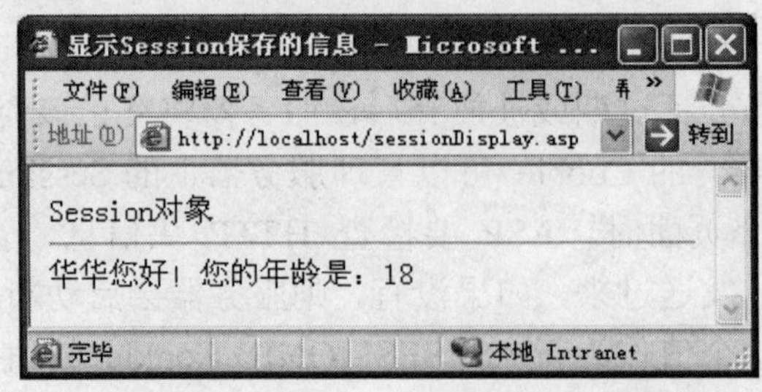

图 7-12 使用 Session 保存和显示信息

二、Session 对象的属性

Session 对象提供的属性有 Timeout、SessionID、CodePage、LCID 等。

1. Timeout 属性

Timeout 属性以分钟为单位为该应用程序的 Session 对象指定超时时限。如果用户在该超时时限之内不刷新或请求网页，则该会话将终止。系统默认的时间为 900 秒（15 分钟），该时间可以根据实际情况在 IIS 中重新设置，也可以通过代码指定，语法格式如下：

Session.Timeout =分钟数

2. SessionID 属性

SessionID 属性返回用户的会话标识。在创建会话时，服务器会为每一个会话生成一个唯一的标识。会话标识以长整型数据类型返回。在很多情况下，SessionID 可以用于 Web 页面注册统计。但是要注意，如果用户刷新了网页，将被认为是新的访问者，服务器将为其重新分配 SessionID。

Session 对象的 SessionID 属性是只读属性，它一般在 IIS 的内部使用，以识别在 Session 中的访问者，也可用于 Web 页面的注册统计。

访问 Session 对象的 SessionID 属性的语法格式如下：

Session.SessionID

3. LCID 属性

Session 对象的 LCID 属性可以用来设置动态的文本内容显示时的格式，如日期、时间、数字、货币等。这个属性主要是针对不同国家和地区的用户在访问时，日期、时间、数字、货币等显示的格式的不同习惯而做相应的设置，一经设定，在整个 ASP 应用程序中都依照此设定来显示，其语法格式如下：

Session.LCID = LocalID

其中，LocalID 是所设定的区域代码，它是一个整型数字，如 1033 表示按照美国（en-us）的习惯显示，2052 表示按照中文（中华人民共和国，zh-cn）的习惯显示。通过该属性可以制作一个国际化的 Web 站点。

可以使用 GetLocale/SetLocale 函数取得/设置当前区域的 ID 值。下面的示例说明了它们的使用情况。

【例 2】区域设置 LCID 示例。

```
<html>
<head>
<meta http-equiv="Content-Type" content="text/html; charset=gb2312">
```

```
<title>区域设置 ID (LCID)示例</title>
</head>
<body>
请输入一个中国格式的日期：
<input type="text" id="CNDate" size="20"><p>
等价的美国日期格式是：
<input type="text" id="USdate" size="20">
<input type="button" value="转换" id="button1">
<p>
请输入一个中国格式的价格：
<input type="text" id="CNNumber" size="20"><p>
等价的英国货币格式是：
<input type="text" id="UKNumber" size="20">
<input type="button" value="转换" id="button2">
<script language="vbscript">
<!--
Sub Button1_onclick
Dim original
if GetLocale <> "zh-cn" then SetLocale("zh-cn")
mydate = CDate(CNDate.value)
original = SetLocale("en-us")
USDate.value = FormatDateTime(mydate,vbShortDate)
End Sub
Sub button2_onclick
Dim original
if GetLocale <> "zh-cn" then SetLocale("zh-cn")
myvalue = CCur(CNNumber.value)
original = SetLocale("en-gb")
UKNumber.value = FormatCurrency(myvalue)
End Sub
-->
</script>
</body>
</html>
```

该示例的运行结果如图 7-13 所示。

请输入一个中国格式的日期：	2012-5-10	
等价的美国日期格式是：	5/10/2012	转换
请输入一个中国格式的价格：	12.5	
等价的英国货币格式是：	£12.50	转换

图 7-13 当前区域 ID 值的设置示例

4. CodePage 属性

CodePage 属性表示字符串编码及转换的依据，可以用来设置 Web 应用程序所使用的字库。该属性主要是针对不同国家的用户在访问时，显示所用字符的不同而做相应的设置，其语法如下：

Session.CodePage = CodeID

其中，CodeID 是所设定的区域码，它是一个整型数字，如 936 表示使用汉字国标字库显示。

三、Session 对象的方法

Session 对象仅有一种，即方法 Abandon。Abandon 方法删除所有存储在 Session 对象中的对象，并释放这些对象的源。如果未明确地调用 Abandon 方法，一旦会话超时，服务器将删除这些对象，其语法如下：

<% Session.Abandon %>

服务器删除 Session 对象后，将无法再取得其中的变量值。同时，Session_OnEnd 事件将一起被激活。

例 3 演示了 Session 对象的 Abandon 方法，同时说明了 Session 对象的 SessionID 属性，以及 Session 变量的创建和使用。

【例 3】Session 对象的 Abandon 方法示例。

```
<%@LANGUAGE="VBSCRIPT" CODEPAGE="936"%>
<html>
<head>
<meta http-equiv="Content-Type" content="text/html; charset=gb2312">
<meta http-equiv="Expires" content="0">
<title>Session 对象的 Abandon 方法</title>
</head>
<body>
session 对象的 Abandon 方法<hr><br>
<%
i = CInt(request("login"))
Response.Write("已经登录次数："&i&"。")
i = i + 1
Session("userName")="华华"
Session("SessionID")=Session.SessionID
if request("loginout") = "true" then
Session.Abandon()
Response.Write("已经成功退出。<br>")
else
if i = 1 then wel = "欢迎您的登录！<br>" else wel ="欢迎您再次登录！<br>"
Response.Write(wel)
userName = Session("userName")
userId = Session("SessionID")
end if
if Session("userName") = "" or Session("userName") = null then
userName = "未定义"
userId = "未定义"
end if
```

```
%>
来宾自动编号为<%=Session.SessionID%><br>
Session("userName") = <%=userName%><br>
Session("SessionID") = <%=userId%><p>
<a href="?login=<%=i%>&loginout=true">退出登录</a>  <a href="?
login=<%=i%>">重新登录</a>
</body>
</html>
```

该示例运行结果如图 7-14 所示。

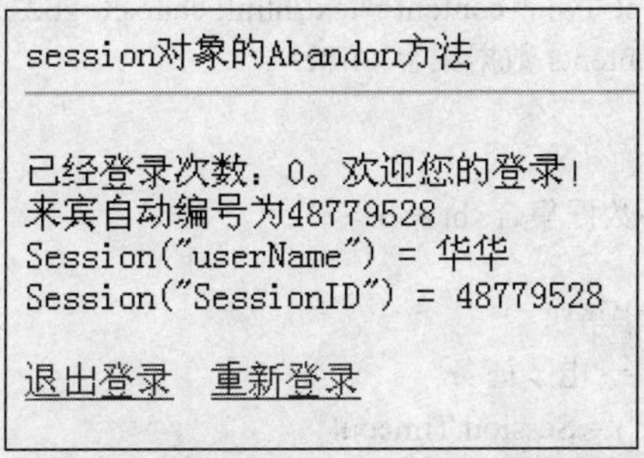

```
session对象的Abandon方法

已经登录次数：0。欢迎您的登录！
来宾自动编号为48779528
Session("userName") = 华华
Session("SessionID") = 48779528

退出登录　重新登录
```

图 7-14　Session 对象的 Abandon 方法 1

分别单击【退出登录】和【重新登录】链接，结果如图 7-15 所示。

```
session对象的Abandon方法

已经登录次数：1。已经成功退出。
来宾自动编号为48779528
Session("userName") =
Session("SessionID") =

退出登录　重新登录
```

（a）退出登录

```
session对象的Abandon方法

已经登录次数：2。欢迎您再次登录！
来宾自动编号为48779529
Session("userName") = 华华
Session("SessionID") = 48779529

退出登录　重新登录
```

（b）重新登录

图 7-15　Session 对象的 Abandon 方法 2

四、Session 对象的数据集合

Session 对象包括 Contents 和 StaticObject 两个数据集合。

1．Contents 数据集合

Contents 数据集合包括所有没有使用<OBJECT>元素定义的、存储于特定 Session 对象的所有变量的集合，其语法如下：

Session.Contents(Session 变量名称)

例如，在 default.asp 中有如下赋值：

```
Session("a")="a"
Session("b")=128
Session("c")=false
```

则有 Contents 集合：

```
Session.Contents(1)="a" '也可写为 Session.Contents("a")="a"
Session.Contents(2)=128 '也可写为 Session.Contents("b")=128
Session.Contents(3)=false '也可写为 Session.Contents("c")=false
```

例 4 使用循环来显示 Contents 集合的所有内容。

【例 4】Session 对象的 Contents 数据集合示例。

```
<%@LANGUAGE="VBSCRIPT" CODEPAGE="936"%>
<html>
<head>
<meta http-equiv="Content-Type" content="text/html; charset=gb2312">
<title>Session 对象的 Contents 数据集合</title>
</head>
<body>
Session 对象的 Contents 数据集合<hr><br>
<%
Session("userName") = "华华"
Session("userCompany") = "电子商务"
Session("SessionTimeout") = Session.Timeout
Session("SessionID") = Session.SessionID
Session("SessionCodePage") = Session.CodePage
Response.Write("当前，Session 对象的 Contents 数据集合中共有 "&Session.Contents.Count&" 项：<br>")
for each sc in Session.Contents
Response.Write("<br>"&sc&" = "&Session.Contents(sc))
next
%>
</body>
</html>
```

该程序的运行结果如图 7-16 所示。

```
Session对象的Contents数据集合

当前，Session 对象的Contents 数据集合中共有 5 项：

userName = 华华
userCompany = 电子商务
SessionTimeout = 20
SessionID = 48779531
SessionCodePage = 936
```

图 7-16　Session 对象的 Contents 数据集合

使用 Session.Contents(i)也可以遍历 Session 对象的 Contents 数据集合中各变量的值。

```
for i = 1 to Session.Contents.Count
Response.Write("<br>"&Session.Contents(i))
next
```

2. StaticObject 数据集合

StaticObject 数据集合包括所有使用<OBJECT>元素定义的、存储于 Session 对象中的所有变量的集合，其语法如下：

Session.StaticObject(对象变量名称)

该集合可用于确定对象特定属性的值，或用于遍历集合并获取所有对象的全部属性。

五、Session 对象的事件

Session 对象有两个事件可用于在 Session 对象启动和释放时的运行过程，即 Session_OnStart 和 Session_OnEnd。

1. Session_OnStart 事件

Session_OnStart 事件在服务器创建新会话时发生。服务器在执行请求的页之前先处理该脚本。Session_OnStart 事件是设置会话期变量的最佳时机，因为在访问任何页之前都会先设置它们。

尽管在 Session_OnStart 事件包含 Redirect 或 End 方法调用的情况下 Session 对象仍会保持，然而服务器将停止处理 Global.asa 文件并触发 Session_OnStart 事件的文件中的脚本。为了确保用户在打开某个特定的 Web 页时始终启动一个会话，就可以在 Session_On-Start 事件中调用 Redirect 方法。当用户进入应用程序时，服务器将为用户创建一个会话，并处理 Session_OnStart 事件脚本。可以将脚本包含在事件中以便检查用户打开的页是不是启动页，如果不是，就指示用户调用 Response.Redirect 方法启动网页。

2. Session_OnEnd 事件

Session_OnEnd 事件在会话被放弃或超时时发生。会话可以通过以下 3 种方式启动。

（1）一个新用户请求访问一个 URL，该 URL 标识了某个应用程序中的.asp 文件，并且该应用程序的 Global.asa 文件包含 Session_OnStart 过程。

（2）用户在 Session 对象中存储了一个值。

（3）用户请求了一个应用程序的.asp 文件，并且该应用程序的 Global.asa 文件使用<OBJECT>标签创建带有会话作用域的对象的实例。

如果用户在指定时间内没有请求或刷新应用程序中的任何页，会话将自动结束。这段时间的默认值是 20 分钟。可通过在 Internet 服务管理器中设置“应用程序选项”选项卡中的“会话超时”属性改变应用程序的默认超时限制设置。依据 Web 应用程序的要求和服务器的内存空间来设置此值。例如，如果希望浏览 Web 应用程序的用户在每一页仅停留几分钟，就应该缩短会话的默认超时值。过长的会话超时值将导致打开的会话过多而耗尽服务器的内存资源。对于一个特定的会话，如果想设置一个小于默认设置的超时值，可以设置 Session 对象的 Timeout 属性。例如，下面这段脚本将超时值设置为 10 分钟。

```
<% Session.Timeout = 10 %>
```

当然，也可以设置一个大于默认设置的超时值，Session.Timeout 属性决定超时值。还可以通过 Session 对象的 Abandon 方法显式结束一个会话。例如，在表格中提供一个“退出”按钮，将按钮的 ACTION 参数设置为包含下列命令的.asp 文件的 URL。

```
<% Session.Abandon %>
```

注意 在 Global.asa 文件中必须使用<Script>标记引用这两个事件，而不能用<%和%>标记引用。另外，Global.asa 文件必须放在网站应用程序的根目录下，因而建议除非迫不得已，否则不要使用该文件。

Application 对象

一、Application 对象概述

Application 对象是一个重要的对象，理解 Application 对象的关键是，所有的用户公用一个 Application 对象，网站服务器一启动就建立一个 Application 对象，所有的用户都可以对 Application 对象进行修改，利用这一特性可以创建聊天室、网站计数器等。

Application 对象用于存储对所有用户都共享的信息，并可以在 Web 应用程序运行期间持久地保存数据。

Session 对象的数据是用户单独使用的，ASP 程序中有一个对象可以使全体 ASP 程序共同使用一些数据信息，它就是 Application 对象，Application 对象内保存的信息是可以让在访问同一 ASP 程序中的所有用户共享的，例如某个人在聊天室里说一句话，在该聊天室里所有的人都能看见，这就是使用 Application 对象把说话的信息保存起来，再显示到聊天室里。而悄悄话（私聊）是使用 Session 对象保存的信息，只有特定的用户才能看见。

这里所指的 ASP 应用程序是指在同一站点目录及其子目录下的所有.asp 文件构成的 ASP 应用程序。使用 Application 对象不仅可以在给定的应用程序的所有用户之间共享信息，而且可以在服务器运行期间持久地保存数据。Application 对象还有控制访问应用层数据的方法和可用于在应用程序启动和停止时触发过程的事件的功能。

二、Application 对象属性

虽然 Application 对象没有内置的属性，但可以使用以下语句设置用户定义的属性，也称为集合。

Application("属性|集合名称") = 值

Application 对象的集合有两个：Contents 集合及 StaticObjects 集合，其中，Contents 集合表示没有使用<OBJECT>元素定义的存储于 Application 对象中的所有变量（及它们的值）的一个集合；而 StaticObjects 集合表示使用<OBJECT>元素定义的存储于 Application 对象中的所有变量（及它们的值）的一个集合。

例如，在 default.asp 中有如下赋值：

```
application("a")="a"
application("b")=128
application("c")=false
```

则有 Contents 集合：

```
application.contents(1)= "a"，也可写为 application.contents("a")="a"
application.contents(2)=128，也可写为 application.contents("b")=128
application.contents(3)=false，也可写为 application.contents("c")=false
```

使用的时候最好用 application.contents("a")的方法，因为这样更为直观，如果用序号来表示，则要考虑赋值的先后顺序。

Contents 集合还有两种方法。

Contents.Remove("变量名")：从 Application.Content 集合中删除一个 Application 变量。

Contents.RemoveAll()：从 Application.Content 集合中删除所有变量。

【例 5】Application.asp 对象示例。

```
<%@LANGUAGE="VBSCRIPT" CODEPAGE="936"%>
<%
application("a")="a"
application("b")=128
application("c")=false
response.write("application(&#34;a&#34;) = " & application.contents(1))
response.write("<br>application(&#34;b&#34;) = " & application.contents(2))
response.write("<br>application(&#34;c&#34;) = " & application.contents(3))
response.write "<p>After Remove b:"
application.contents.remove("b")
response.write("<br>application.contents(1) = " & application.contents(1))
response.write("<br>application.contents(2) = " & application.contents(2))
%>
```

运行 http://localhost/asp/Ch10/application.asp，执行结果如图 7-17 所示。

```
application("a") = a
application("b") = 128
application("c") = False

After Remove b:
application.contents(1) = a
application.contents(2) = False
```

图 7-17　Application 对象示例

提示　application("a")的作用是向页面输出 application("a")。

如果要删除集合中所有变量，用 application.contents.removeall 即可。

可以使用如下脚本声明并建立 Application 对象的属性。

```
<%
Application("MyVar") = "Hello"
Set Application("MyObj") = Server.CreateObject("MyComponent")
%>
```

一旦分配了 Application 对象的属性，它就会持久地存在，直到关闭 Web 服务器使得 Application 停止。由于存储在 Application 对象中的数值可以被应用程序的所有用户读取，所以 Application 对象的属性特别适合在应用程序的用户之间传递信息。

三、Application 对象方法

Application 对象有两种方法，它们都是用于处理多个用户对存储在 Application 中的数据进行写入的问题。

（1）Lock 方法：禁止其他客户修改 Application 对象的属性。

Lock 方法阻止其他客户修改存储在 Application 对象中的变量，以确保在同一时刻仅有一

个客户可修改和存取 Application 变量。如果用户没有明确调用 Unlock 方法，则服务器将在.asp 文件结束或超时后即解除对 Application 对象的锁定。

（2）Unlock 方法：它和 Lock 方法相反，它允许其他客户修改 Application 对象的属性。

下面是一个有关计数器的例子。

【例 6】用 Application 对象记录页面被访问的次数。

```
<html>
<head><title>一个简单的计数器</title>
</head>
<body >
<% dim n
application.lock
application("n")=application("n")+1
application.unlock
%>
<font color=royalblue size=4><strong>欢迎光临本网页</strong></font>
<p><font color=royalblue size=4><strong>您是本页的第 <%=application("n")%> 位访客</strong>
</font></p>
</body>
</html>
```

程序运行结果如图 7-18 所示。

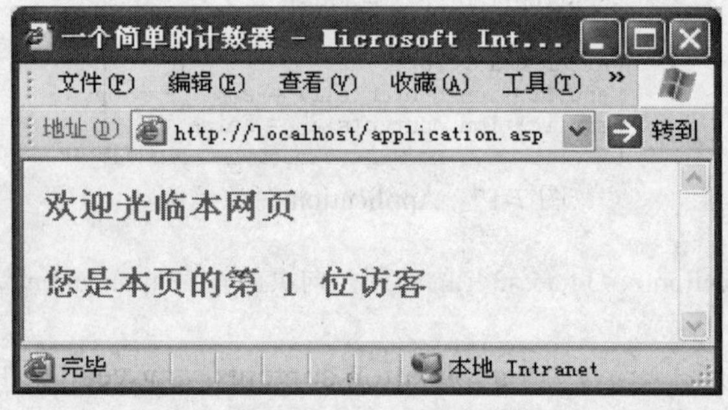

图 7-18　计数器示例图

在例 6 中，application("n")=application("n")+1 定义了 Application 对象的属性。为防止多个用户同时修改存储在 Application 对象中的变量，在修改 Application 对象中的变量的时候，加了 Application.lock 方法以锁定 Application 对象。在修改完毕后，调用 Application.unlock 方法解除对象的锁定，使得下一个客户端能够增加 n 的值。

四、Application 对象事件

Application 对象有两个事件：Application_OnStart 事件和 Application_OnEnd 事件。

1. Application_OnStart 事件

Application_OnStart 事件在首次创建新的会话(即 Session_OnStart 事件)之前发生。当 Web 服务器启动并允许对应用程序所包含的文件进行请求时，就触发 Application_OnStart 事件。Application_OnStart 事件的处理过程必须写在 Global.asa 文件中。

Application_OnStart 事件的语法如下：

```
< SCRIPT LANGUAGE=ScriptLanguage RUNAT=Server>
Sub Application_OnStart
…
End Sub
< /SCRIPT>
```

2. Application_OnEnd

Application_OnEnd 事件在应用程序退出时于 Session_OnEnd 事件之后发生，Application_OnEnd 事件的处理过程也必须写在 Global.asa 文件中。

Application_OnStart、Application_OnEnd、Session_OnStart、Session_OnEnd 的相同点是它们的声明过程必须写在 Global.asa 文件中，但 Session_OnStart 过程是当客户首次运行 ASP 应用程序中的任何一个页面时运行，而 Application_ OnStart 是当任何客户首次访问该应用程序的首页时运行。Session_OnEnd 是当一个客户的会话超时或退出应用程序时运行；Application_OnEnd 是当该站点的 Web 服务器关闭时运行。

在使用 Application 对象时必须注意的一些事项。不能在 Application 对象中存储 ASP 内建对象，例如，下面的每一行都返回一个错误。

```
<%
Set Application("var1")=Session
Set Application("var2")=Request
Set Application("var3")=Response
Set Application("var4")=Server
Set Application("var5")=Application
Set Application("var6")=ObjectContext
%>
```

若将一个数组存储在 Application 对象中，不要直接更改存储在数组中的元素。例如，下面的脚本将无法运行。

```
<% Application("StoredArray")(3) = "new value"%>
```

五、修改 Application 变量的值

修改 Application 变量的值直接用赋值符号“=”把值赋给 Application 变量就可以了，格式如下：

application("变量")=值

通常，Applicaton 变量用来存储不常需要写但经常需要读的信息。在多数情况下，这些变量的值只在应用程序启动时（Application 变量）被赋值，然后变量的值在应用程序的生存期内被多次引用。使用 Application 变量时，要记住这些变量被一个应用程序的多个实例共享。因此，Application 变量的值有可能会被同时运行的其他实例所覆盖。如果用这些变量存储“一次写入，多次读出”的信息，则不会出什么问题，否则应该考虑同一应用程序的不同实例之间的相互影响（注意：当多个客户同时链接到一个应用程序时，即产生该应用程序的多个“实例”），也就是说，当多个客户同时修改 Application 变量时，可能会造成意想不到的错误，那么这时就要用到 Application 的两个方法：Lock 和 Unlock。

六、Global.asa 文件

Global.asa 文件其实是一个可选文件，它是专门存放全局变量和局部变量的文件，即在这里声明具有会话和应用程序作用域的变量，同时可以指定事件程序，在客户端是不能看到该文件的。该文件的名称必须是 Global.asa，且必须存放在网站应用程序的根目录下，每个应用程序只能有一个 Global.asa 文件，文件中不能有任何输出语句。

在 Global.asa 文件中，如果包含的脚本没有用<SCRIPT>标记封装，或定义的对象没有会话或应用程序作用域，则服务器将返回错误。可以用任何支持脚本的语言编写 Global.asa 文件中包含的脚本。如果多个事件使用同一种脚本语言，就可以将它们组织在一组<SCRIPT>标记中。在 Global.asa 文件中声明的过程只能从一个或多个与 Application_OnStart、Application_OnEnd、Session_OnStart 和 Session_OnEnd 事件相关的脚本中调用。

Global.asa 文件格式：

```
<script language = "VBScript" runat = "Server">
sub Session_OnStart          '当客户首次运行 ASP 应用程序中的任何一个页面时运行…
end sub
sub Session_OnEnd            '当一个客户的会话超时或退出应用程序时运行…
end sub
sub Application_OnStart      '当任何客户首次访问该应用程序的首页时运行…
end sub
sub Application_OnEnd        '当该站点的 Web 服务器关闭时运行…
end sub
</script>
```

下面的代码是一个简单的 Global.asa 文件。

```
<script language=VBScript runat=Server>
sub Session_OnStart
startPage="/index.asp"
currentPage=Request.ServerVariables("SCRPT_NAME")
if strcomp(currentPage,startPage,1) then
Response.Redirect(startPage)
end if
end sub
sub Application_OnStart
Application("ly") = "欢迎光临我的网站"
end sub
</script>
```

strcomp 函数的作用是判断 currentPage 和 startPage 两个字符串是否相等，如果相等则返回 0；如果 currentPage 小于 startPage 则返回-1；如果 currentPage 大于 startPage 则返回 1。

这个 Global.asa 文件使客户端在浏览应用程序时必须先从 index.asp 文件开始。如果错过了，它会自动引导客户端到 index.asp 文件。文件中还定义了一个全局变量 Application("ly")，在该应用程序的其他文件里可以使用 Application("ly")变量的值，如语句<%=application("ly")%>即可显示出“欢迎光临我的网站”。

项目 8 开发电子商务网站的在线订单处理系统

订单处理是电子商务系统中重要的一个功能模块，包括购物车、订单生成、订单管理等，指的是应用于电子商务网站的在线购买功能。

任务 1　订单管理功能分析

订单处理系统中主要完成电子商务网站的在线购买功能，完成有关订单的处理，购物者将购买的商品放入购物车中，生成订单，将订单信息提交到系统中，后台管理员可查看这些提交的订单，以便进行处理。

子任务 1　模块功能分析

整个系统包括前台和后台两部分构成。

前台部分：会员客户登录网站，点击商品列表或商品详细显示页面，点击“放入购物车”按钮将商品放入购物车，可以查看购物车、生成订单、查看订单、删除商品、删除订单等。

后台部分：网站管理者通过身份验证页面登录进入网站管理页面，对会员客户生成的订单进行管理，查看订单和订单的详细内容、删除订单等。

订单系统的逻辑功能如图 8-1 所示。

从上面的逻辑功能图中可以看出，订单处理中所有页面都不允许游客访问，前台页面只允许注册会员访问，在每个页面中都有有用户判定。后台管理，管理员登录后，可以查看订单和订单的详细情况。

整个订单系统可以划分为以下几个功能块：

（1）购物车。会员客户登录网站，点击商品列表或商品详细显示页面，点击“放入购物车”按钮转到购物车页面，或者点击“我的购物车”链接查看购物车转到购物车页面，在该页面可以查看购物列表，修改商品数量、删除商品。

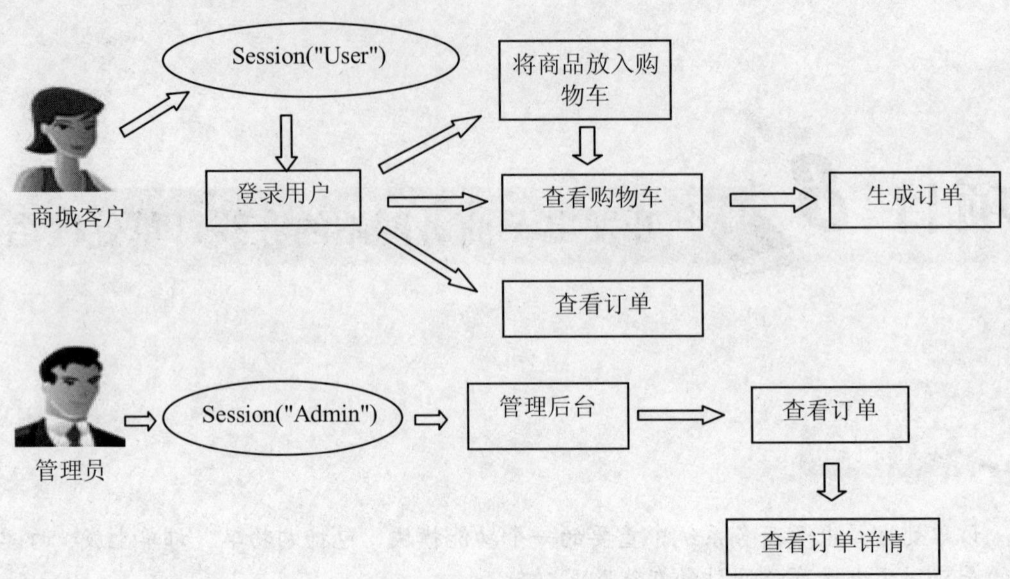

图 8-1　留言板系统的逻辑功能图

（2）显示订单。显示注册并登录用户的订单列表。

（3）显示订单详细内容。显示注册并登录用户的订单详细内容。

（4）生成订单。生成订单，向数据库添加订单记录。

（5）管理订单。管理员通过正确的用户名和密码登录管理后台，从而拥有管理员的身份，才具有管理订单的操作权限，对订单查看、管理。

子任务 2　规划系统

在电子商务网站系统中，前台访问文件放在站点目录下，后台管理文件放在 ADMIN 文件夹下，数据库放在 DATA 文件夹中，所有图像文件放在 IMAGES 文件夹中，如图 8-2 所示。

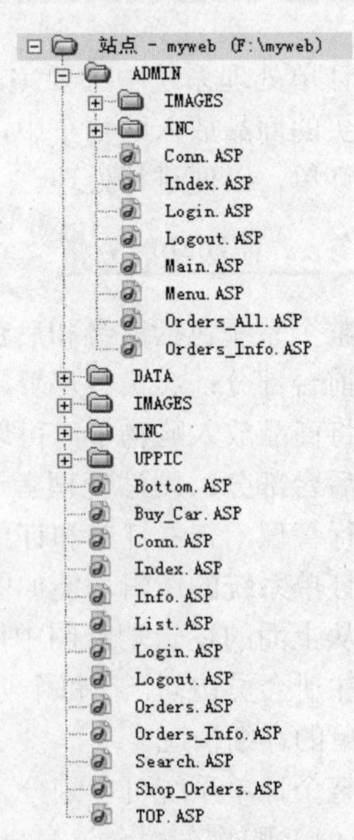

图 8-2　留言板系统各文件及文件夹的对应关系

各页面的功能如下：

Buy_Car.ASP：购物车页面。

Shop_Orders.ASP：生成订单页面。

Orders.ASP：订单列表页面。

Orders_Info.ASP：订单详细页面。

ADMIN 文件夹下：

Orders_All.ASP：后台订单管理列表页面。

Orders_Info.ASP：后台订单详细页面。

子任务 3　数据库设计

订单处理在整个电子商务网站中是非常重要的一部分功能，前台和客户系统、商品展示整合在一起，后台管理管理员登录和整个电子商务网站整合在一起，采用整个电子商务网站的后台登录管理即可，不需要单独设计存放管理员信息的表。对于订单设计一个表来存放留言信息。

订单信息表存储的内容和字段如图 8-3 所示。

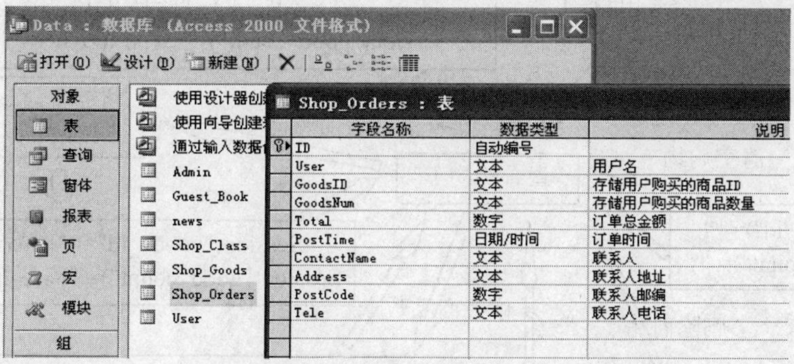

字段名称	数据类型	说明
ID	自动编号	
User	文本	用户名
GoodsID	文本	存储用户购买的商品ID
GoodsNum	文本	存储用户购买的商品数量
Total	数字	订单总金额
PostTime	日期/时间	订单时间
ContactName	文本	联系人
Address	文本	联系人地址
PostCode	数字	联系人邮编
Tele	文本	联系人电话

图 8-3　订单信息存储表 Shop_Orders

在整个网站的数据库 DATA 中建立一个表 Shop_Orders 用于存放留言信息，包含字段 ID（订单 ID，设为主键）、User（订单用户）、GoodsID（客户购买的商品的 ID 集）、GoodsNum（客户购买的商品的数量）、PostTime（订单时间）、ContactName（联系人）、Address（联系人地址）、PostCode（联系人邮编）、Tele（联系人电话）。

任务 2　购物车功能的实现

购物车是电子商务平台的一种重要功能，指的是应用于网店的在线购买功能，它类似于超市购物时使用的推车或篮子，可以暂时把挑选商品放入购物车、删除或更改购买数量，并对多个商品进行一次结款，是网上商店里的一种快捷购物工具。网站购物车的作用和现实中的超市购物车一样，随意添加、删除、修改商品数量，方便购物者选好商品后一次性付款结账。商品购物车页面 Buy_Car.ASP 的功能应该包括以下几项：

- 把商品添加到购物车（订购）；
- 删除购物车中已订购的商品；
- 修改购物车中某一商品的订购数量；
- 清空购物车；
- 显示购物车中商品的清单及数量、价格。

由于在网上购物系统中，通常会有多个购物者同时在购物，每个人选择的商品肯定不一致，基于这一特点，将采用 Server 中的 Session 对象来实现此功能。而且购物者可以同时选择多个商品，并且每个商品的数量可能不一致，所以将分别记录选择商品的 ID 和数量，使用 Session("goods_id")变量记录购物者选择的商品 ID，中间使用逗号字符来隔开，以便区分提取使用，如“商品 ID1，商品 ID2，商品 ID3”，使用 Session("good_count")变量来记录对应商品的数量，如“商品 ID1|数量 1，商品 ID2|数量 2，商品 ID3|数量 3”，商品 ID 和数量之间用“|”隔开，在 Session("good_count")变量中也记录了商品 ID 是为了便于修改商品的数量。

购物车页面的流程如图 8-4 所示。

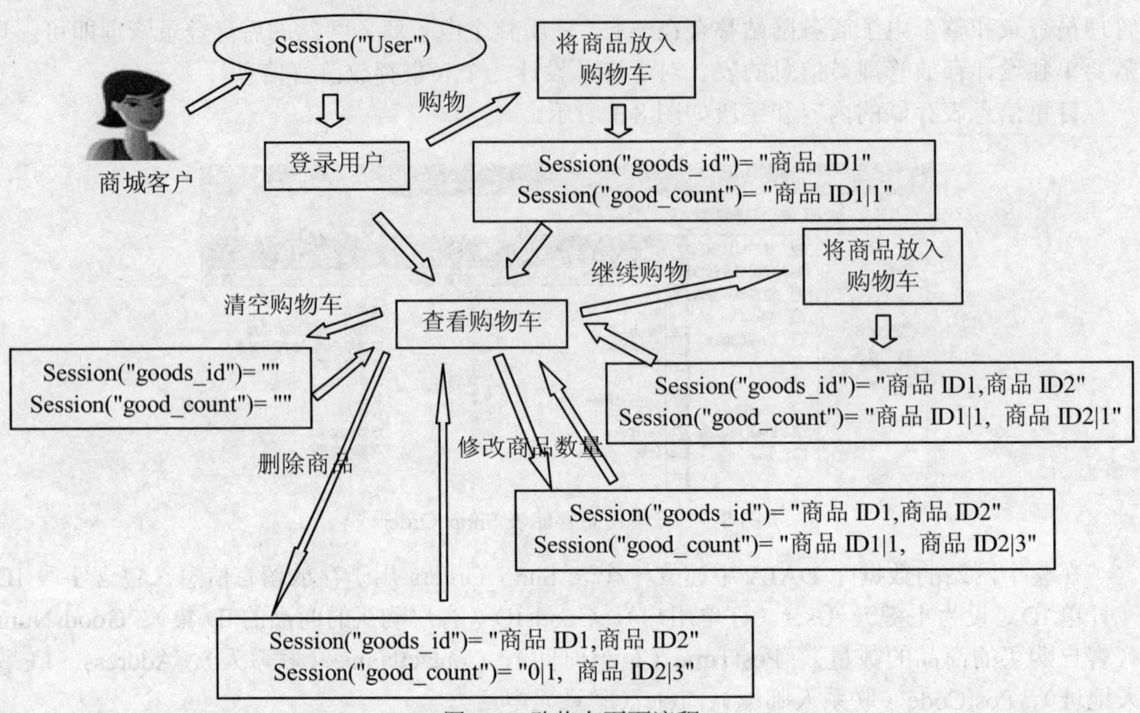

图 8-4　购物车页面流程

购物车中的商品信息显示的方法是将 Session("goods_id")、Session("good_count")中存储的商品 ID 和商品数量通过 Split 函数分离成数组，然后根据数组中的信息通过查询数据库显示出来。流程如图 8-5 所示。

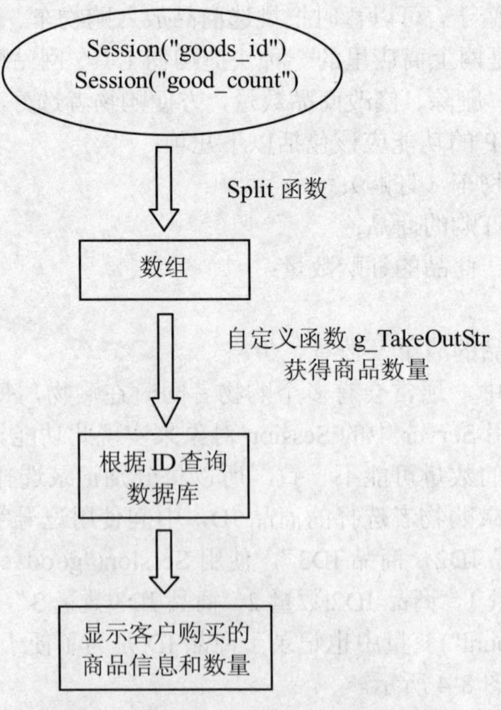

图 8-5　显示购买商品信息和数量流程

购物车页面 Buy_Car.ASP 在浏览器中的显示如图 8-6 所示。

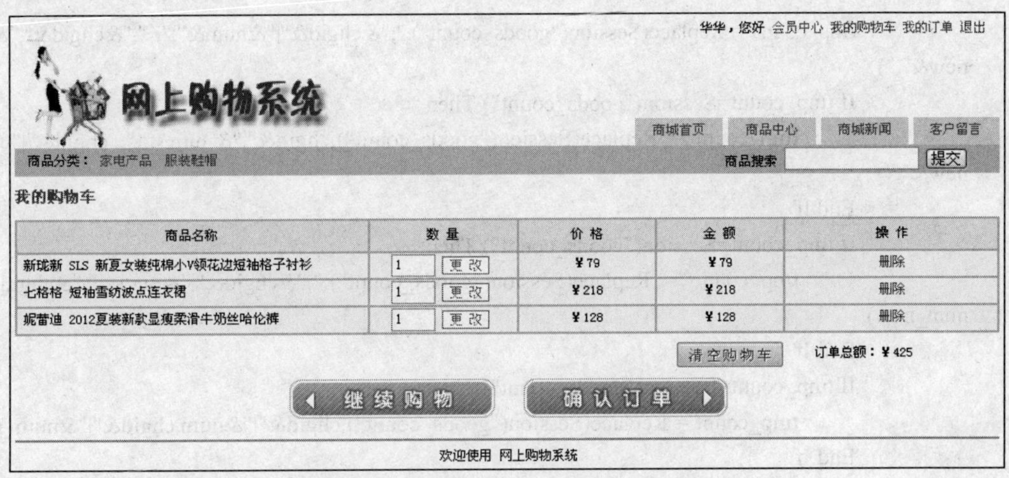

图 8-6　购物车页面在浏览器中的显示

购物车 Buy_Car.ASP 的页面代码如下：

```
<!--#include file="Conn.ASP" -->
<!--#include file="ADMIN/INC/FUNCTION.ASP" -->
<% If Session("User")="" Then Response.Redirect "login.asp" %>
<html>
<head>
<meta http-equiv="Content-Type" content="text/html; charset=gb2312">
<title>网上购物系统-购物车</title>
<link href="INC/Main.CSS" rel="stylesheet" type="text/css">
</head>
<%  id=Request("id")
    If Session("goods_id")="" Then
        Session("goods_id") = id
        If id<>"" Then Session("goods_count") = id&"|1"
    Else
        If InStr(Session("goods_id"),id) = 0 Then
            Session("goods_id") = Session("goods_id") &","& id
            Session("goods_count") = Session("goods_count") &","&id&"|1"
        End If
    End If

    If Request("action")="chgcnt" Then
        chgid = Request("chgid")
        num = Request("num")
        tmp_num = Request.Form("count")
        If IsNumerIc(tmp_num)=True Then
            If tmp_num>0 Then num_new = tmp_num Else num_new = 1
        Else
            num_new = 1
```

```
            End If

            tmp_count = Replace(Session("goods_count"),","&chgid&"|"&num&",", ","&chgid&"|"&num_
new&",")
            If tmp_count=Session("goods_count") Then
                tmp_count = Replace(Session("goods_count"),chgid&"|"&num&",", chgid&"|"&num_
new&",")
            End If
            If tmp_count=Session("goods_count") Then
                tmp_count = Replace(Session("goods_count"),","&chgid&"|"&num, ","&chgid&"|"&
num_new)
            End If
            If tmp_count=Session("goods_count") Then
                tmp_count = Replace(Session("goods_count"),chgid&"|"&num,chgid&"|"&num_new)
            End If
            Session("goods_count") = tmp_count
        ElseIf Request("action")="dgoods" Then
            did = Request("did")
            tmp_goodsid = Replace(Session("goods_id"),","&did&",",",0,")
            tmp_goodscnt = Replace(Session("goods_count"),","&did&"|",",0|")

            If tmp_goodsid = Session("goods_id") Then
                tmp_goodsid = Replace(Session("goods_id"),did&",","0,")
            End If
            If tmp_goodsid = Session("goods_id") Then
                tmp_goodsid = Replace(Session("goods_id"),","&did,",0")
            End If
            If tmp_goodsid = Session("goods_id") Then
                tmp_goodsid = Replace(Session("goods_id"),did,"0")
            End If
            If tmp_goodscnt = Session("goods_count") Then
                tmp_goodscnt = Replace(Session("goods_count"),did&"|","0|")
            End If
            Session("goods_count") = tmp_goodscnt
            Session("goods_id") = tmp_goodsid
        Elseif Request("action")="clearbuycar" Then
            Session("goods_id") = ""
            Session("goods_count") = ""
            Response.Redirect "buy_car.asp"
        End  If
%>
<body leftmargin="0" topmargin="0">
<table width="900" border="0" align="center" cellpadding="0" cellspacing="0">
  <tr>
    <td><!--#include file="top.asp" --></td>
```

```
  </tr>
  <tr>
    <td height="40" class="text1">我的购物车</td>
  </tr>
  <tr>
    <td><table width="100%" border="1" cellpadding="0" cellspacing="0" bordercolor="#BBBBBB"
bgcolor="#CCFFCC">
      <tr>
        <td width="36%" height="30" align="center" bgcolor="#CCFFCC">商品名称</td>
        <td width="15%" align="center" bgcolor="#CCFFCC">数  量</td>
        <td width="14%" align="center" bgcolor="#CCFFCC">价  格</td>
        <td width="13%" align="center" bgcolor="#CCFFCC">金  额</td>
        <td width="22%" align="center" bgcolor="#CCFFCC">操  作</td>
      </tr>
       <%If Session("goods_id")<>"" Then
               tmp_id = Split(Session("goods_id"),",")
               tmp_count = Split(Session("goods_count"),",")
               For i=0 To Ubound(tmp_id)
                   tid = tmp_id(i)
                   tmp_total = 0
                   tcount = g_TakeOutStr(tmp_count(i),2,"|")
                   Set Rs = Server.CreateObject("ADODB.Recordset")
                   Sql = "Select * From [Shop_Goods] Where ID="&tid
                   Rs.Open Sql,conn,1,1
                   If Not Rs.Eof And Not Rs.Bof Then
                       tmp_total = tcount * Rs("SalePrice")
       %>
      <form    name=listFrm    action="?action=chgcnt&chgid=<%=Rs("id")%>&num=<%=tcount%>"
method=post>
       <tr>
        <td height="25" bgcolor="#FFFFCC" > <%=Rs("Name")%></td>
        <td  align="center"  bgcolor="#FFFFCC"  ><input  name="count"  type="text"  value="<%=
tcount%>"  size="4"> <input  type="image"  name="imageField"  src="IMAGES/Car_Chg.GIF"
align="absmiddle"> </td>
        <td align="center" bgcolor="#FFFFCC" >￥<%=Rs("SalePrice")%></td>
        <td align="center" bgcolor="#FFFFCC" >￥<%=tmp_total%></td>
        <td align="center" bgcolor="#FFFFCC" ><a href="?action=dgoods&did=<%=Rs("id")%>">删
除</a></td>
      </tr>
       </form>
      <%            End If
                    Rs.Close
                    Set Rs=nothing
                    total = total + tmp_total
                Next
```

```
            Else
        %>
        <tr>
            <td colspan="5" align="center" bgcolor="#FFFFFF" height=50>您还没有购买任何商品！</td>
        </tr>
        <% End If %>
    </table></td>
  </tr>
  <tr>
    <td height="40" align="center"><table width="100%" border="0" cellspacing="1" cellpadding="0">
        <tr>
          <td width="67%"> </td>
          <td    width="14%"><a    href="?action=clearbuycar"><img    src="IMAGES/Car_Clear.GIF"
width="97" height="23" border="0"></a></td>
          <td width="19%">订单总额：￥<%=total%></td>
        </tr>
    </table></td>
  </tr>
  <tr>
    <td height="40" align="center" class="text1"><a href="Index.ASP"><img src="IMAGES/Car_Buy.GIF"
width="188"   height="38"   border="0"></a>   <a   href="Shop_Orders.ASP"><img
src="IMAGES/Car_Order.GIF" width="188" height="38" border="0"></a></td>
  </tr>
  <tr>
    <td><!--#include file="Bottom.ASP" --></td>
  </tr>
</table>
</body>
</html>
```

该页面的设计与新闻系统、留言板的添加、删除、修改等页面的设计有很大的不同，主要是对于选购的商品 ID 存储变量 Session("goods_ID")和对应数量的存储变量 Session("goods_count")的操作，主要使用 ASP 中的 Replace、Split 等常用函数。

任务 3　生成或提交订单

生成或提交订单页面主要完成两个功能，一是显示购物者购买的所有商品列表，另一个是购物者再添加相应的联系人、联系电话、送货地址和邮编等信息，然后将其一起提交到数据库中的订单信息表中。

显示出购买者购买的所有商品列表的设计方法与购物车显示商品列表的设计方法完全一样。

提交订单页面的流程如 8-7 所示。

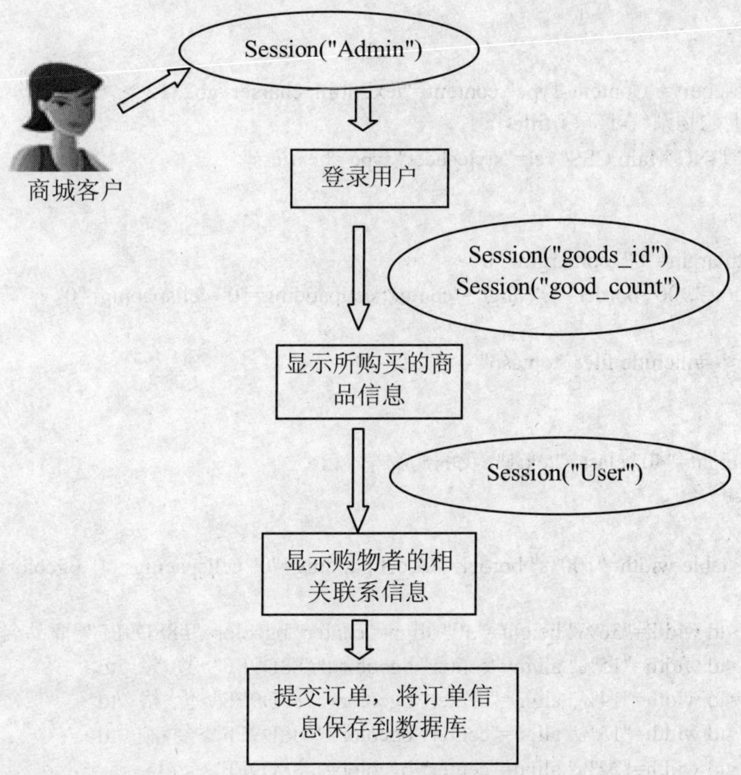

图 8-7　提交订单页面的流程

提交订单页面 Shop_Orders.ASP 在浏览器中显示如图 8-8 所示。

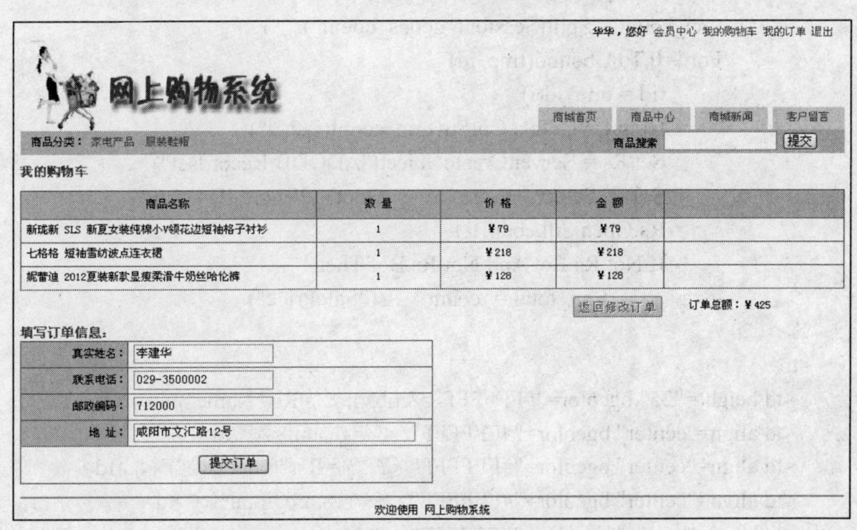

图 8-8　提交订单页面在浏览器中显示

提交订单页面 Shop_Orders.ASP 的代码如下：

```
<!--#include file="Conn.ASP" -->
<!--#include file="ADMIN/INC/FUNCTION.ASP" -->
<% If Session("User")="" Then Response.Redirect "login.asp" %>
```

```
<html>
<head>
<meta http-equiv="Content-Type" content="text/html; charset=gb2312">
<title>网上购物系统-订单</title>
<link href="INC/Main.CSS" rel="stylesheet" type="text/css">
</head>

<body leftmargin="0" topmargin="0">
<table width="900" border="0" align="center" cellpadding="0" cellspacing="0">
  <tr>
    <td><!--#include file="top.asp" --></td>
  </tr>
  <tr>
    <td height="40" class="text1">我的购物车</td>
  </tr>
  <tr>
    <td><table width="100%" border="0" cellpadding="0" cellspacing="1" bgcolor="#0080C0">
      <tr>
        <td width="36%" height="30" align="center" bgcolor="#88D9FF">商品名称</td>
        <td width="15%" align="center" bgcolor="#88D9FF">数  量</td>
        <td width="14%" align="center" bgcolor="#88D9FF">价  格</td>
        <td width="13%" align="center" bgcolor="#88D9FF">金  额</td>
        <td width="22%" align="center" bgcolor="#88D9FF"></td>
      </tr>
      <%If Session("goods_id")<>"" Then
              tmp_id = Split(Session("goods_id"),",")
              tmp_count = Split(Session("goods_count"),",")
              For i=0 To Ubound(tmp_id)
                    tid = tmp_id(i)
                    tcount = g_TakeOutStr(tmp_count(i),2,"|")
                    Set Rs = Server.CreateObject("ADODB.Recordset")
                    Sql = "Select * From [Shop_Goods] Where ID="&tid
                    Rs.Open Sql,conn,1,1
                    If Not Rs.Eof And Not Rs.Bof Then
                          tmp_total = tcount * Rs("SalePrice")
      %>
      <tr>
        <td height="25" bgcolor="#FFFFFF"> <%=Rs("Name")%></td>
        <td align="center" bgcolor="#FFFFFF"><%=tcount%></td>
        <td align="center" bgcolor="#FFFFFF">￥<%=Rs("SalePrice")%></td>
        <td align="center" bgcolor="#FFFFFF">￥<%=tmp_total%></td>
        <td align="center" bgcolor="#FFFFFF"></td>
      </tr>
      <%            End If
                    Rs.Close
                    Set Rs=nothing
                    total = total + tmp_total
```

```
            Next
        End If
    %>
    </table></td>
  </tr>
  <tr>
    <td height="40" align="center"><table width="100%" border="0" cellspacing="1" cellpadding="0">
      <tr>
        <td width="67%"> </td>
        <td width="14%"><a href="Buy_Car.ASP"><img src="IMAGES/Car_Edit.GIF" width="97"
height="23" border="0"></a></td>
        <td width="19%">订单总额：￥<%=total%></td>
      </tr>
    </table></td>
  </tr>
  <tr>
    <td class="text1">填写订单信息：</td>
  </tr>
  <tr>
    <td><table width="450" border="0" cellpadding="0" cellspacing="1" bgcolor="#0080C0">
      <form name=orderFrm action="?action=order_ok&total=<%=total%>" method="post"
onSubmit="return(chkorderFrm());">
      <%
        Set Rs = Server.CreateObject("ADODB.Recordset")
        Sql = "Select * From [User] where User='"&Session("User")&"'"
        Rs.Open Sql,conn,3,3
        If Not Rs.EOF And Not Rs.BOF Then
      %>
      <tr>
        <td width="117" height="28" align="right" bgcolor="#88D9FF">真实姓名：</td>
        <td width="330" bgcolor="#FFFFFF"> <input type="text" name="TrueName" value=
"<%=Rs("TrueName")%>"></td>
      </tr>
      <tr>
        <td height="28" align="right" bgcolor="#88D9FF">联系电话：</td>
        <td bgcolor="#FFFFFF"> <input type="text" name="Tele" value="<%=Rs("Tele")%>"></td>
      </tr>
      <tr>
        <td height="28" align="right" bgcolor="#88D9FF">邮政编码：</td>
        <td bgcolor="#FFFFFF"> <input type="text" name="PostCode" value="<%=
Rs("PostCode")%>"></td>
      </tr>
      <tr>
        <td height="28" align="right" bgcolor="#88D9FF">地 址：</td>
        <td bgcolor="#FFFFFF"> <input name="Address" type="text" size="42" value="<%=
Rs("Address")%>"></td>
      </tr>
```

```
            <tr>
              <td height="40" colspan="2" align="center" bgcolor="#FFFFFF">   <input
type="submit" name="Submit" value="提交订单"></td>
            </tr>
             <%
               End If
               Rs.Close
               Set Rs=nothing
             %>
             </form>
        </table></td>
      </tr>
      <tr>
        <td><!--#include file="Bottom.ASP" --></td>
      </tr>
    </table>
    </body>
    </html>
    <%
      If Request("action")="order_ok" Then
           Call Save_Orders()
      End If

      Sub Save_Orders()
           TrueName = Trim(Request.Form("TrueName"))
           Tele = Trim(Request.Form("Tele"))
           PostCode = Trim(Request.Form("PostCode"))
           Address = Trim(Request.Form("Address"))
           total = Request("total")

           tmpgid = Split(Session("goods_id"),",")
           tmp_num = Split(Session("goods_count"),",")
           tmp_goods_count = ""
           For i=0 To ubound(tmp_num)
                temp = g_TakeOutStr(tmp_num(i),2,"|")
                If tmp_goods_count="" Then
                     tmp_goods_count = temp
                Else
                     tmp_goods_count = tmp_goods_count & "," & temp
                End If
           Next

           Set Rs = Server.CreateObject("ADODB.Recordset")
           Sql="Select * From [Shop_Orders]"
           Rs.Open Sql,conn,3,3
           Rs.AddNew
           Rs("GoodsID") = Session("goods_id")
```

```
            Rs("GoodsNum") = tmp_goods_count
            Rs("Total") = total
            Rs("User") = Session("User")
            Rs("ContactName") = TrueName
            Rs("Tele") = Tele
            Rs("Address") = Address
            Rs("PostCode") = PostCode
            Rs("PostTime") = now()
            Rs.Update
            Rs.Close
            Set Rs=nothing

            Session("goods_id") = ""
            Session("goods_count") = ""
            Response.Write "<script>alert('您的订单已提交成功！');location.href='index.asp';</script>"
        End sub
    %>
```

提交订单页面主要是将 Session 中变量存储的信息通过表单显示出来，再通过表单的提交存储到数据库中。

任务 4　历史订单列表和订单详细信息

商城注册会员在登录后通常要查看自己在购物网张中购买过哪些商品，从提交的订单中了解详细购物信息。主要包括已提交的订单显示和详细信息显示。

子任务 1　历史订单列表

通过查询数据库中的订单表 Shop_Orders 中用户名为该用户的记录就可列表显示出该用户的所有已提交订单信息。历史订单列表页面 Orders.ASP 流程如图 8-9 所示。

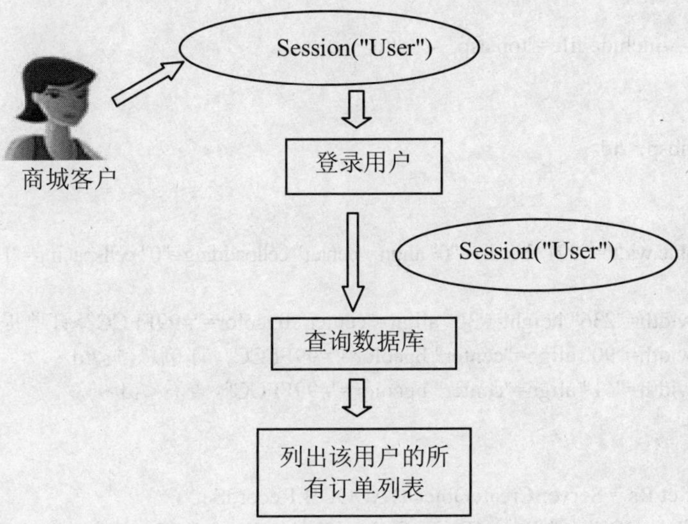

图 8-9　历史订单列表页面流程

历史订单列表页面 Orders.ASP 在浏览器中显示如图 8-10 所示。

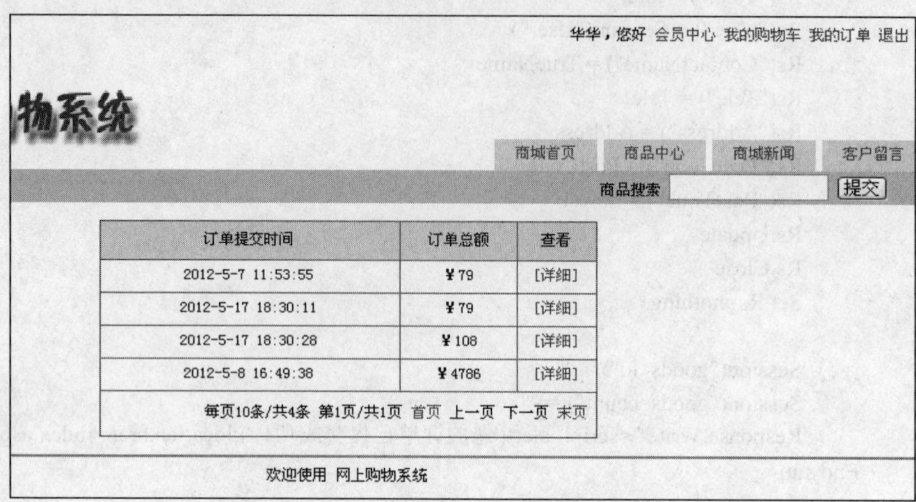

图 8-10 历史订单列表页面在浏览器中显示

历史订单列表页面 Orders.ASP 的代码如下：

```
<!--#include file="Conn.ASP" -->
<!--#include file="ADMIN/INC/FUNCTION.ASP" -->
<% If Session("User")="" Then Response.Redirect "login.asp" %>
<html>
<head>
<meta http-equiv="Content-Type" content="text/html; charset=gb2312">
<title>网上购物系统-订单</title>
<link href="INC/Main.CSS" rel="stylesheet" type="text/css">
</head>
<body leftmargin="0" topmargin="0">
<table width="900" border="0" align="center" cellpadding="0" cellspacing="0">
  <tr>
    <td><!--#include file="top.asp" --></td>
  </tr>
  <tr>
    <td> </td>
  </tr>
  <tr>
    <td><table width="391" border="0" align="center" cellpadding="0" cellspacing="1" bgcolor="#0080C0">
    <tr>
      <td width="236" height="30" align="center" bgcolor="#99FFCC">订单提交时间</td>
      <td width="90" align="center" bgcolor="#99FFCC">订单总额</td>
      <td width="61" align="center" bgcolor="#99FFCC">查看</td>
      </tr>
    <%
        Set Rs = Server.CreateObject("ADODB.RecordSet")
        Sql = "Select * From [Shop_Orders] Where User='"&Session("User")&"'"
```

```
		Rs.Open Sql,Conn,1,1
		If Not Rs.Eof And Not Rs.Bof Then
			Page = Request("Page")
			If Page="" Then Page=1
			Rs.PageSize = 10
			PageSize = Rs.PageSize
			Rs.AbsolutePage = Page
			Do While Not Rs.Eof   And PageSize>0
	%>
	<tr>
	  <td height="25" align="center" bgcolor="#FFFFFF"><%=Rs("PostTime")%></td>
	  <td align="center" bgcolor="#FFFFFF">￥<%=Rs("Total")%></td>
	  <td  align="center"  bgcolor="#FFFFFF"><a  href="Orders_Info.ASP?id=<%=Rs("ID")%>">[详
细]</a></td>
	</tr>
	<%			PageSize = PageSize-1
				Rs.MoveNext
			Loop
	%>
	<tr>
	  <td height="35" colspan="3" align="right" bgcolor="#FFFFFF">
	   <%
		Response.Write "每页" &Rs.PageSize& "条/共" &Rs.RecordCount& "条 第" &Page&
"页/共" &Rs.PageCount& "页 "
		Response.Write "<a href=?Page=1>首页</a> "
		If CInt(Page)>1 then
			Response.Write "<a href=?Page="&Page-1&">上一页</a> "
		Else
			Response.Write "上一页 "
		End If
		If CInt(Page)<Rs.PageCount then
			Response.Write "<a href=?Page="&Page+1&">下一页</a> "
		Else
			Response.Write "下一页 "
		End If
		Response.Write "<a href=?Page="&Rs.PageCount&">末页</a> "
	%>
	  </td>
	</tr>
	<%
		End If
		Rs.Close
		Set Rs=nothing
	%>

  </table></td>
```

```
    </tr>
    <tr>
      <td><!--#include file="Bottom.ASP" --></td>
    </tr>
</table>
</body>
</html>
```

子任务 2 订单详细信息

会员订单详细页面 Orders_Info.ASP 设计比较简单，接受从历史订单列表页面 Orders.ASP 传递来的订单 ID 参数，然后查询数据库中的订单表 Shop_Orders 的对应记录，根据购买的商品 ID、数量再查询商品信息，并显示出来即可。流程如图 8-11 所示。

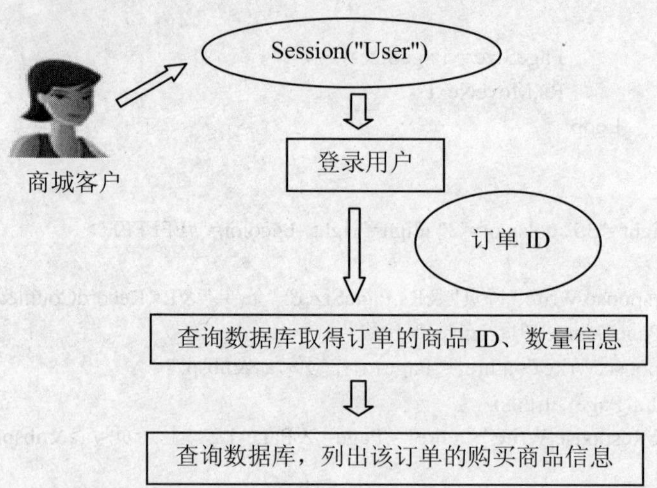

图 8-11 订单详细页面流程

会员订单详细页面 Orders_Info.ASP 在浏览器中显示如图 8-12 所示。

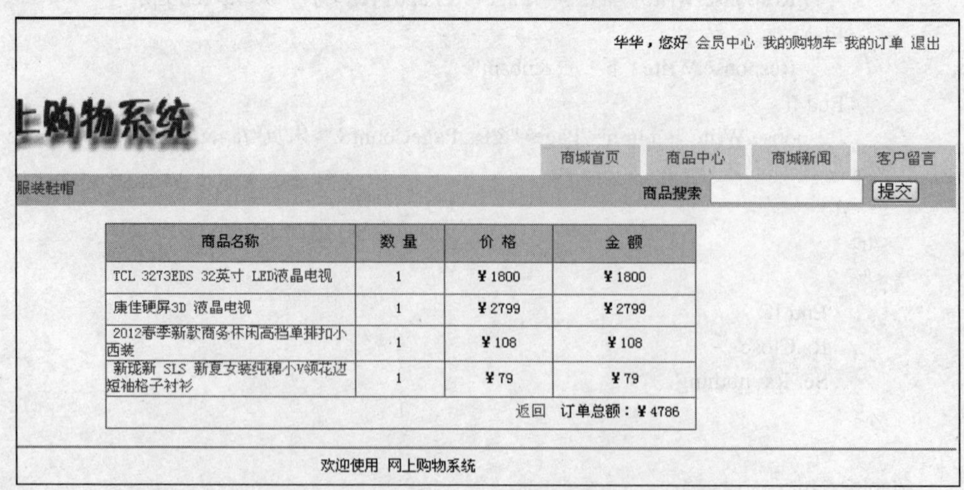

图 8-12 会员订单详细页面在浏览器中显示

代码如下：

```
<!--#include file="Conn.ASP" -->
<!--#include file="ADMIN/INC/FUNCTION.ASP" -->
<% If Session("User")="" Then Response.Redirect "login.asp" %>
<html>
<head>
<meta http-equiv="Content-Type" content="text/html; charset=gb2312">
<title>网上购物系统-订单信息</title>
<link href="INC/Main.CSS" rel="stylesheet" type="text/css">
</head>
<body leftmargin="0" topmargin="0">
<table width="900" border="0" align="center" cellpadding="0" cellspacing="0">
  <tr>
    <td><!--#include file="top.asp" --></td>
  </tr>
  <tr>
    <td> </td>
  </tr>
  <tr>
    <td><table width="480" border="0" align="center" cellpadding="0" cellspacing="1" bgcolor="#0080C0">

      <tr>
        <td width="43%" height="30" align="center" bgcolor="#88D9FF">商品名称</td>
        <td width="15%" align="center" bgcolor="#88D9FF">数 量</td>
        <td width="18%" align="center" bgcolor="#88D9FF">价 格</td>
        <td width="24%" align="center" bgcolor="#88D9FF">金 额</td>
      </tr>
      <%
        id = Request("id")
        Set Rs0 = Server.CreateObject("ADODB.RecordSet")
        Sql = "Select * From [Shop_Orders] Where ID="&id
        Rs0.Open Sql,Conn,1,1
        If Not Rs0.Eof And Not Rs0.Bof Then

            tmp_id = Split(Rs0("GoodsID"),",")
            tmp_count = Split(Rs0("GoodsNum"),",")
            For i=0 To Ubound(tmp_id)
                tid = tmp_id(i)
                tcount = g_TakeOutStr(tmp_count(i),2,"|")
                Set Rs = Server.CreateObject("ADODB.Recordset")
                Sql = "Select * From [Shop_Goods] Where ID="&tid
                Rs.Open Sql,conn,1,1
                If Not Rs.Eof And Not Rs.Bof Then
      %>
      <tr>
        <td height="25" bgcolor="#FFFFFF"> <a href="info.asp?shopid=<%=Rs("ShopID")%>
```

```
&id=<%=Rs("ID")%>" target=_blank><%=Rs("Name")%></td>
            <td align="center" bgcolor="#FFFFFF"><%=tcount%></td>
            <td align="center" bgcolor="#FFFFFF">￥<%=Rs("SalePrice")%></td>
            <td align="center" bgcolor="#FFFFFF">￥<%=tcount * Rs("SalePrice")%></td>
        </tr>

        <%          End If
                    Rs.Close
                    Set Rs=nothing
                Next
        %>
        <tr>
            <td  height="25"  colspan="4"  align="right"  bgcolor="#FFFFFF"><a  href="JavaScript:
history.go(-1);">返回</a>  订单总额：￥<%=Rs0("Total")%>  </td>
        </tr>
        <%
            End If
            Rs0.Close
            Set Rs0=nothing
        %>
      </table></td>
    </tr>
    <tr>
      <td><!--#include file="Bottom.ASP" --></td>
    </tr>
</table>
</body>
</html>
```

该页面在设计时一定要注意，订单表 Shop_orders 中职保存了商品的 ID，要显示出商品的名称及价格等信息，必须到商品信息表 Shop_Goods 中再次查询。

任务 5　管理员管理订单

管理员管理订单主要负责查看订单信息，根据订单信息给用户发货，完成商品的交易。有两个页面构成，一是管理客户的订单列表，二是查看订单详细信息。查看用户的订单列表页面 Orders_All.ASP 和查看订单详细信息页面 Orders_info.ASP 存放在 ADMIN 文件夹中，与会员历史订单列表页面和会员订单详细信息页面设计方法相似，只是权限有所不同。管理员可以查看所有订单，并能对订单进行删除。

子任务 1　管理客户的订单列表

管理客户的订单列表页面 Orders_All.ASP，显示所有客户订单信息列表，并能够删除订单。流程如图 8-13 所示。

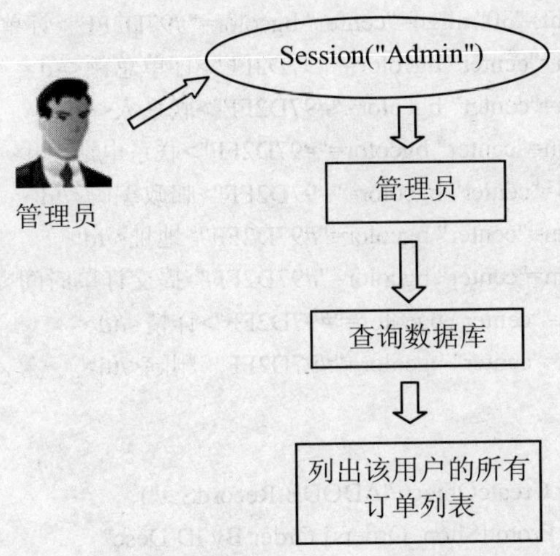

图 8-13　管理客户的订单列表页面流程

管理客户的订单列表页面在浏览器中显示如图 8-14 所示。

订单列表

订单用户	订单总额	联系人	联系电话	邮政编码	地址	提交订单时间	详情	删除
华华	￥4786	李建华	029-3500002	712000	咸阳市文汇路12号	2012-5-8 16:49:38	[详情]	[删除]
华华	￥108	李建华	029-3500002	712000	咸阳市文汇路12号	2012-5-17 18:30:28	[详情]	[删除]
华华	￥79	李建华	029-3500002	712000	咸阳市文汇路12号	2012-5-17 18:30:11	[详情]	[删除]
华华	￥79	李建华	029-3500002	712000	咸阳市文汇路12号	2012-5-7 11:53:55	[详情]	[删除]

每页10条/共4条　第1页/共1页　首页　上一页　下一页　末页

图 8-14　管理客户的订单列表页面在浏览器中显示

代码如下。

```
<!--#include file="Conn.ASP" -->
<!--#include file="INC/FUNCTION.ASP" -->
<% If Session("Admin")="" Then Response.Redirect "login.asp" %>
<html>
<head>
<meta http-equiv="Content-Type" content="text/html; charset=gb2312">
<title>网上购物系统-订单管理</title>
<link href="INC/MAIN.CSS" rel="stylesheet" type="text/css">
</head>

<body leftmargin="0" topmargin="0">
<table width="100%" border="0" cellpadding="0" cellspacing="1" bgcolor="#0080C0">
  <tr>
    <td height="25" colspan="9" background="IMAGES/BJ.GIF" bgcolor="#FFFFFF"> 
<strong>订单列表</strong></td>
  </tr>
  <tr>
```

```
    <td width="8%" height="30" align="center" bgcolor="#97D2FF">订单用户</td>
    <td width="7%" align="center" bgcolor="#97D2FF">订单总额</td>
    <td width="7%" align="center" bgcolor="#97D2FF">联系人</td>
    <td width="10%" align="center" bgcolor="#97D2FF">联系电话</td>
    <td width="8%" align="center" bgcolor="#97D2FF">邮政编码</td>
    <td width="34%" align="center" bgcolor="#97D2FF">地址</td>
    <td width="16%" align="center" bgcolor="#97D2FF">提交订单时间</td>
    <td width="5%" align="center" bgcolor="#97D2FF">详情</td>
    <td width="5%" align="center" bgcolor="#97D2FF">删除</td>
  </tr>
  <%
        Set Rs = Server.CreateObject("ADODB.RecordSet")
        Sql = "Select * From [Shop_Orders] Order By ID Desc"
        Rs.Open Sql,Conn,1,1
        If Rs.Eof And Rs.Bof Then
            Response.Write "<tr><td height=40 colspan=6 align=center bgcolor=#FFFFFF>暂无任
何订单！</td></tr>"
        Else
            Page = Request("Page")
            If Page="" Then Page=1
            Rs.PageSize = 10
            PageSize = Rs.PageSize
            Rs.AbsolutePage = Page
            Do While Not Rs.Eof   And PageSize>0
  %>

  <tr bgcolor="#FFFFFF">
    <td height="25" > <%=Rs("User")%></td>
    <td align="center">￥<%=Rs("Total")%></td>
    <td align="center"><%=Rs("ContactName")%></td>
    <td align="center"><%=Rs("Tele")%></td>
    <td align="center"><%=Rs("PostCode")%></td>
    <td> <%=Rs("Address")%></td>
    <td align="center"><%=Rs("PostTime")%></td>
    <td align="center"><a href="Orders_Info.ASP?id=<%=Rs("ID")%>">[详情]</a></td>
    <td   align="center"><a   href="javascript:if(window.confirm('你确实要删除吗?')   ==   true)
{window.location = '?action=dorders&Page=<%=Page%>&id=<%=Rs("ID")%>';}">[删除]</a></td>
  </tr>
  <%            PageSize = PageSize-1
                Rs.MoveNext
            Loop
  %>
  <tr>
```

```
        <td height="25" colspan="9" align="right" bgcolor="#E6E6E6">
        <%
              Response.Write "每页" &Rs.PageSize& "条/共" &Rs.RecordCount& "条 第" &Page&
"页/共" &Rs.PageCount& "页 "
            Response.Write "<a href=?Page=1>首页</a> "
            If CInt(Page)>1 then
                Response.Write "<a href=?Page="&Page-1&">上一页</a> "
            Else
                Response.Write "上一页 "
            End If
            If CInt(Page)<Rs.PageCount then
                Response.Write "<a href=?Page="&Page+1&">下一页</a> "
            Else
                Response.Write "下一页 "
            End If
            Response.Write "<a href=?Page="&Rs.PageCount&">末页</a> "
        %>  </td>
    </tr>
    <%
            End If
            Rs.Close
            Set Rs=nothing
    %>
</table>
</body>
</html>
<%  If Request("action")="dorders" Then
          Call DelOrders()
    End If

    Sub DelOrders()
          Dim id,Page
          id = Request("id")
          Page = Request("Page")
          Conn.Execute("Delete From [Shop_Orders] Where ID="&id)
          Response.Redirect "Orders_all.asp?Page="&Page&""
    End Sub
%>
```

子任务 2　订单详细信息

订单详细信息页面 Orders_info.ASP 会员订单详细信息页面设计方法相似。根据传入老的订单 ID，在数据库中的 Shop_orders 表中查询出对应记录，然后在数据库重中的 Shop_Goods 表中查询出商品详细信息并显示。流程如图 8-15 所示。

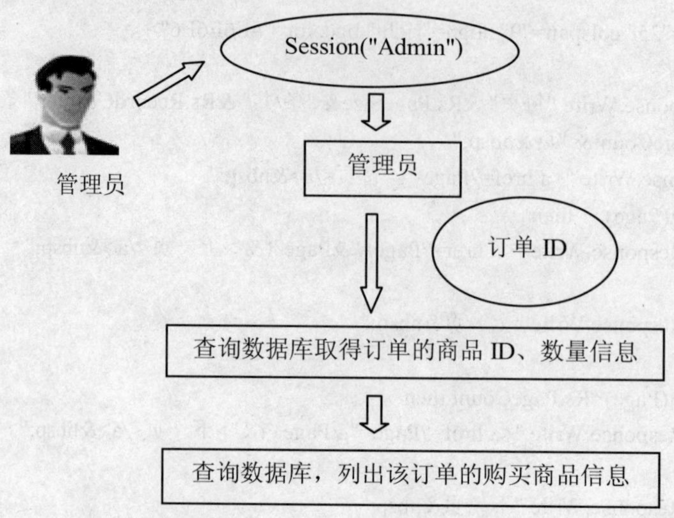

图 8-15　订单详细信息页面流程

订单详细信息页面在浏览器中显示如图 8-16 所示。

订单详情

商品名称	数 量	价 格	金 额
TCL 3273EDS 32英寸 LED液晶电视	1	￥1800	￥1800
康佳硬屏3D 液晶电视	1	￥2799	￥2799
2012春季新款商务休闲高档单排扣小西装	1	￥108	￥108
新珑新 SLS 新夏女装纯棉小V领花边短袖格子衬衫	1	￥79	￥79
返回　订单总额：￥4786			

图 8-16　管理客户的订单列表页在浏览器中显示

代码如下：

```
<!--#include file="Conn.ASP" -->
<!--#include file="INC/FUNCTION.ASP" -->
<% If Session("Admin")="" Then Response.Redirect "login.asp" %>
<html>
<head>
<meta http-equiv="Content-Type" content="text/html; charset=gb2312">
<title>网上购物系统-订单信息</title>
<link href="INC/MAIN.CSS" rel="stylesheet" type="text/css">
</head>

<body leftmargin="0" topmargin="0">
<table width="480" border="0" cellpadding="0" cellspacing="1" bgcolor="#0080C0">
    <tr>
        <td height="25" colspan="4" background="IMAGES/BJ.GIF" bgcolor="#88D9FF"> 
<strong>订单详情</strong></td>
```

```
        </tr>
        <tr>
          <td width="43%" height="30" align="center" bgcolor="#88D9FF">商品名称</td>
          <td width="15%" align="center" bgcolor="#88D9FF">数  量</td>
          <td width="18%" align="center" bgcolor="#88D9FF">价  格</td>
          <td width="24%" align="center" bgcolor="#88D9FF">金  额</td>
        </tr>
         <%
            id = Request("id")
            Set Rs0 = Server.CreateObject("ADODB.RecordSet")
            Sql = "Select * From [Shop_Orders] Where ID="&id
            Rs0.Open Sql,Conn,1,1
            If Not Rs0.Eof And Not Rs0.Bof Then

                tmp_id = Split(Rs0("GoodsID"),",")
                tmp_count = Split(Rs0("GoodsNum"),",")
                For i=0 To Ubound(tmp_id)
                    tid = tmp_id(i)
                    tcount = g_TakeOutStr(tmp_count(i),2,"|")
                    Set Rs = Server.CreateObject("ADODB.Recordset")
                    Sql = "Select * From [Shop_Goods] Where ID="&tid
                    Rs.Open Sql,conn,1,1
                    If Not Rs.Eof And Not Rs.Bof Then
         %>
         <tr>
          <td  height="25"  bgcolor="#FFFFFF"> <a  href="../info.asp?shopid=<%=Rs("ShopID")
%>&id=<%=Rs("ID")%>" target=_blank><%=Rs("Name")%></td>
          <td align="center" bgcolor="#FFFFFF"><%=tcount%></td>
          <td align="center" bgcolor="#FFFFFF">￥<%=Rs("SalePrice")%></td>
          <td align="center" bgcolor="#FFFFFF">￥<%=tcount * Rs("SalePrice")%></td>
         </tr>

         <%         End If
                    Rs.Close
                    Set Rs=nothing
                Next
         %>
         <tr>
            <td   height="25"   colspan="4"   align="right"   bgcolor="#FFFFFF"><a   href="JavaScript:
history.go(-1);">返回</a>  订单总额：￥<%=Rs0("Total")%>  </td>
         </tr>
         <%
            End If
            Rs0.Close
            Set Rs0=nothing
         %>
```

```
    </table>
  <br>

  </body>
  </html>
```

知识拓展：ASP 中的 Server 对象

Server 对象是 ASP 中一个很重要的对象，许多高级功能都是靠它来完成的。例如经常使用 Server 对象的 CreateObject 方法创建 ActiveX 组件。Server 对象提供对服务器上访问的方法和属性，其中大多数方法和属性是作为实用程序的功能提供的，其语法如下：

Server.property|method

其中，property 表示 Server 对象的属性，method 表示 Server 对象的方法。

一、Server 对象属性

Server 对象只有一个属性 ScriptTimeout，该属性表示程序能够运行的最大时间（超时值），在脚本运行超过这一时间之后即做超时处理。如下代码指定服务器处理脚本在 100 秒后超时。

```
<% servere.scripttimeout=100 %>
```

ScriptTimeout 的值大小要适中，如果 ScriptTimeout 的值太小，则会在连接网页的时候经常出现服务器超时。如果 ScriptTimeout 的值太大，则会浪费资源。如在执行一些程序时，例如论坛的递归，ASP 程序常常会在意外之外执行出错，此类意外发生率极少，但一旦发生，则会使 ASP 代码产生不计其数的 html 或占用大量的服务器资源，从而导致服务器效率下降甚至瘫痪。此类错误一般为死循环，直到脚本执行完毕才结束错误。所以，此时 ScriptTimeout 的值太大就会造成意想不到的错误。

另外，通过使用源数据库中的 AspScriptTimeout 属性可以为 Web 服务或 Web 服务器设置默认的 ScriptTimeout 值。ScriptTimeout 属性不能设置为小于在源数据库中指定的值。

例如，如果 NumSeconds 设置为 60，而源数据库设置包含了默认值 90 秒，则脚本在 90 秒后超时。

二、Server 对象方法

Server 对象是专为处理服务器上的特定任务而设计的，特别是与服务器的环境和处理活动有关的任务。Server 对象提供信息的属性只有一个，却有 7 种方法用来以服务器特定的方法格式化数据、管理其他网页的执行、管理外部对象和组件的执行以及处理错误。

1. CreateObject 方法

CreateObject 方法是 Server 对象中最重要的方法，它用于指定要创建的组件名称，它允许创建已注册到服务器上的 ActiveX 组件。这是一个非常特性，因为通过使用 ActiveX 组件能够扩展 ActiveX 的能力，语法如下：

Set 对象实例名称 = Server.CreateObject("ComponentName")

例如，下面的脚本创建一个名称为 fs 的 File Access 组件。

```
<% Set fs = Server.CreateObject("Scripting.FileSystemObject")%>
```

默认情况下，由 Server.CreateObject 方法创建的对象具有页作用域，也就是说，在当前 ASP 页处理完成后，服务器将自动破坏这些对象，也可以在 ASP 程序中通过如下脚本清除对象实例：

```
<% set fs = nothing %>
```

如果要创建有会话或应用程序作用域的对象，可以使用<OBJECT>标记并设置 Session 或 Application 的 SCOPE 属性，也可以在对话及应用程序变量中存储该对象，如下面的实例：

```
<% Set Session("ad") = Server.CreateObject("MSWC.AdRotator")%>
```

这里需要注意的是，不能创建与内建对象同名的对象实例，例如，下面的脚本将返回错误。

```
<% Set Response = Server.CreateObject("Response") %>
```

2．MapPath 方法

Server 对象的 MapPath 方法将指定的相对或虚拟目录映像到服务器上相应的物理目录上，语法如下：

Server.MapPath(Path)

ServerVariables(PATH_INFO)能得到当前文件的虚拟路径，所以，如果把当前文件的虚拟路径映像为物理路径，可以使用以下代码：

```
<% response.write "当前文件的虚拟路径为:" %>
<%=request.serverVariables("PATH_INFO")%>
<%response.write "该文件的物理路径为："%>
<%=Server.MapPath(Request.ServerVariables("PATH_INFO"))%>
```

假设将该文件保存为 index.asp，则执行完该程序后，在页面中将显示以下内容。

该文件的虚拟路径为：/asp/index.asp

该文件的物理路径为：f:/website/aspbook

3．Execute 方法

Execute 方法呼叫一个 ASP 文件并且执行它，就像这个呼叫的 ASP 文件存在于这个 ASP 文件中一样。这很像许多语言中的类的调用，语法如下：

Server.Execute(Path)

参数 Path 指定执行的那个 ASP 文件的路径。如果它是一个绝对路径，那么它必须是一个在这个 ASP 应用程序相同的地方（目录）。Server.Execute 方法提供了一种将一个复杂 ASP 应用程序分化为小块单位来执行的方法。通过这种方法能够建立一个 ASP 图书馆，并能够随便在需要时调用图书馆中的 ASP 文件，这个就有点像 SSI 了。

当 IIS 根据指定的 ASP 文件路径执行完这个 ASP 文件之后，就会自动返回以前的 ASP 文件。这个刚刚执行完的 ASP 文件有可能改变了 HTTPhead。但是和其他的 ASP 文件一样，当程序试图改变 HTTPhead 时，就会报错。

【例 1】用 Execute 方法调用 counter.asp 中的内容。

```
<%@LANGUAGE="VBSCRIPT" CODEPAGE="936"%>
<html>
<head>
<title>execute 方法示例</title>
</head>
<body>
```

```
<%server.execute("counter.asp")%>
<%response.write "上面调用的是 counter.asp 中的内容" %>
</body>
</html>
```

counter.asp 的代码如下：

```
<html>
<head><title>一个简单的计数器</title>
</head>
<body bgcolor=lightblue>
<% dim n
application.lock
application("n")=application("n")+1
application.unlock
%>
<font color=royalblue size=4><strong>
欢迎光临本网页</strong>
</font>
<p><font color=royalblue size=4>
<strong>您是本页的第 <%=application("n")%> 位访客</strong>
</font></p>
</body>
</html>
```

运行情况如图 8-17 所示。

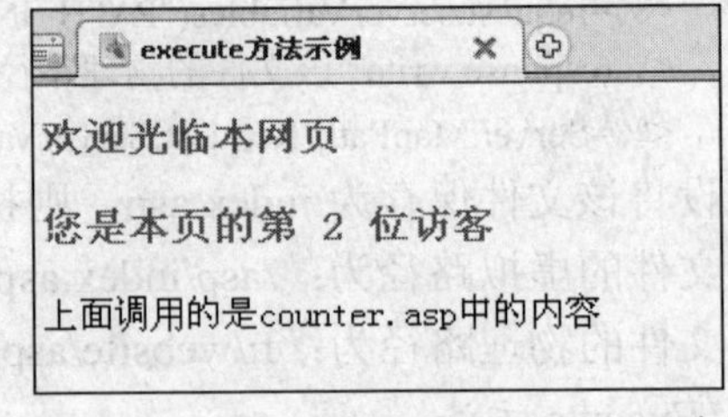

图 8-17 用 Execute 方法调用 counter.asp 中的内容

4. HTMLEncode 方法

HTMLEncode 方法允许对特定的字符串进行 HTML 编码，虽然 HTML 可以显示大部分写入 ASP 文件中的文本，但是当需要实际包含 HTML 标记中所使用的字符时，就会遇到问题。这是因为当浏览器读到这样的字符串时，会试图进行解释。例如下面的这段文本。

这是对 HTMLEncode 方法的测试。
这里应该不会另起一行。

浏览器会显示为：

这是对 HTMLEncode 方法的测试。

这里应该不会另起一行。

为了避免此类问题，就需要使用 Server 对象的 HTMLEncode 方法，采用对应的不由浏览器解释的 HTML Character Code 替代 HTML 标记字符。所以，用下面的代码才能显示正确的 HTMLEncode 字符串，从而在浏览器中按需要输出文本。

```
< %
Response.write Server.HTMLEncode(" 这是对 HTMLEncode 方法的测试。<br>这里应该不会另起一行。")
%>
```

5. URLEncode 方法

URLEncode 方法可以将指定字符串进行 URL 编码，语法如下：

Server.URLEncode(string)

其中，参数 string 指定要转化的字符串。

【例 2】用 URLEncode 方法将指定字符串进行 URL 编码。

```
<%@LANGUAGE="VBSCRIPT" CODEPAGE="936"%>
<html>
<head><title>URLEncode 方法示例</title></head>
<body>
<% response.write "您好，欢迎光临我的网站"%>
<% response.write "<br>"
response.write "http://www.microsoft.com 字符串的 URL 编码是："
response.write "<br>"
Response.Write (Server.URLEncode("http://www.microsoft.com"))
%>
</body>
</html>
```

程序运行结果如图 8-18 所示。

图 8-18　用 URLEncode 方法将指定字符串进行 URL 编码

除了以上几种方法外，Server 还有以下两种方法：

- GetLastError：返回一个错误代码。
- Transfer：将当前的所有状态信息发送给另一个 ASP 文档。

项目 9 发布与管理电子商务网站

项目概述

通过前面的学习，我们已经成功开发了一个电子商务网站。在开发之后，还需要将网站发布到 Internet 网络，供其他网络用户浏览使用；同时，还应做好网站的维护与推广工作，在本项目中，将完成“网上购物系统”开发的后续工作，这些工作主要包括域名注册和空间申请，以及电子商务网站的开发和管理。

任务实施

任务 1 域名注册和空间申请

域名如同商标，是网站在 Internet 网络上的标志之一，域名由国际域名管理组织或国内的相关机构统一管理，国内很多网络服务商都可以代理域名注册业务。网站必须存放在服务器上才能访问，在没有拥有独立服务器的条件下，网站用户需要向网络服务提供商申请服务器使用空间。在网站制作、调试完成之后，就需要着手为自己的网站开发到网络上做准备，此时就必须要进行域名和空间的申请。

在本任务中，将为电子商务网站完成域名注册和空间申请工作。

子任务 1 申请域名

域名申请的一般步骤如下：

1. 定义域名

域名申请的第一步就是要给网站取个好“名字”。域名一般由若干个英文字母和数字组成，并由“.”分隔成几部分，如 edu.cn。在定义域名的过程中，要注意域名的内涵性和记忆的方便性，如很多企业的域名注册就由企业的名称或商标文字构成；同时，定义域名还要注意域名的简洁性和行业性。在此，我们定义域名为“www.xywlxx.com”。

2. 查询域名

域名与注册商标一样，在一定范围内具有唯一性，而且不允许重复。因此，企业在注册域名前，应先查阅一下，看自己欲注册的域名是否已被别人抢注，否则只有重新一个域名。

现在在 Internet 上，提供了很多查询域名是否被注册的网站，如 http://www.y63.com、http://www.cnnic.net.com 等均可查询域名。

3. 注册域名

接下来就可以注册域名了。域名注册必须通过域名注册代理商进行，目前无论国际域名注册还是国内域名注册，都是通过域名注册代理商进行注册。

4. 域名解析

域名需要指向网站服务器的一个 IP 地址，所以需要把这个域名解析到一个指定的 IP 地址上。如登录进入“网上购物系统（http://www.xywlxx.com）”域名管理首页后，可以看到用户已注册域名的状态及相关信息，如图 9-1 所示。

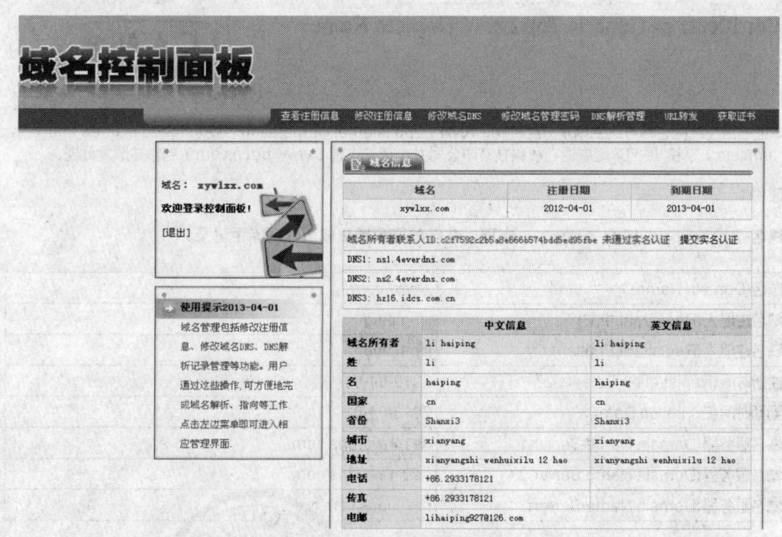

图 9-1　域名管理首页

在图 9-1 中单击【DNS 解析管理】按钮，就可以进入域名解析页面实现域名解析。一个域名需要解析到一个主机名为 www 的网站服务器的 IP 地址；电子邮件服务也可以解析到一个主机名为 mail 的电子邮件服务器，单击【增加 IP】按钮即可实现域名解析，如图 9-2 和图 9-3 所示。

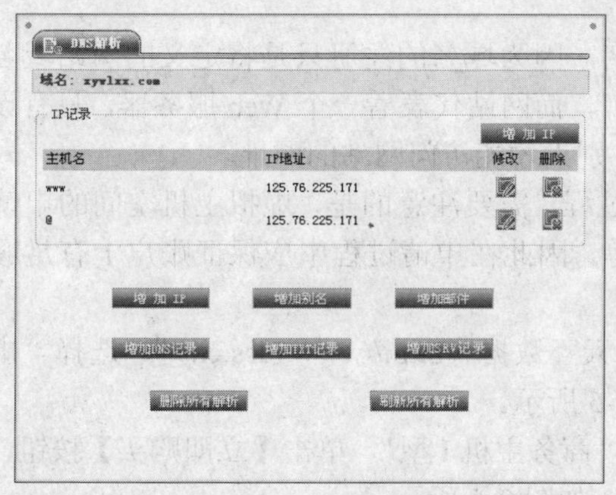

图 9-2　域名解析

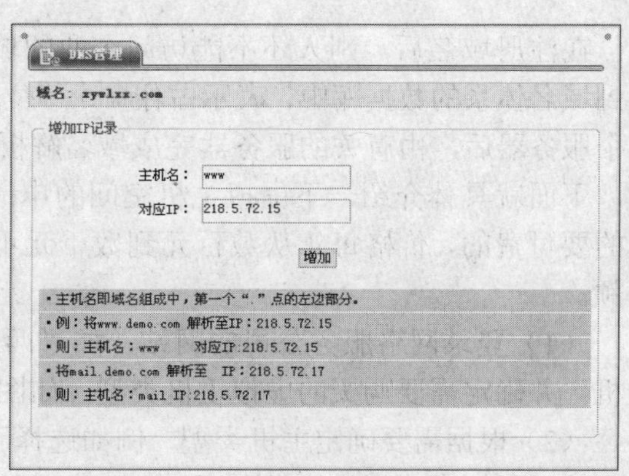

图 9-3　增加 IP 记录

5．域名证书

域名的注册信息需要在国际域名数据库中备案，在某些网站上可以查询域名的注册证书。例如，可以在“网上购物系统（http://www.xywlxx.com）”后台管理中心获取注册域名证书。域名证书可以显示域名所有权及联系方式等信息，域名证书也可以作为网站域名所有权的证明。域名证书如图 9-4 所示。

顶级国际域名证书

Certificate of Generic Top Level Domain Name

ICANN

ICANN标志由互联网名称与数字地址分配机构所有

本证书由互联网名称与数字地址分配机构ICANN（The Internet Corporation for Assigned Names and Numbers）授权 厦门东南融通在线科技有限公司并由商务中国（www.bizcn.com）制作并颁发此证。

证明：

域名 xywlxx.com 已由 li haiping 注册，并已在国际顶级域名数据库中记录。

域名(Domain Name)：	xywlxx.com
域名注册人(Registrant,中文)：	li haiping
域名注册人(Registrant,English)：	li haiping
注册时间(Registration Date)：	2012-04-01
到期时间(Expiration Date)：	2013-04-01
域名服务器(Domain Name Server)1：	ns1.4everdns.com
域名服务器(Domain Name Server)2：	ns2.4everdns.com
域名服务器(Domain Name Server)3：	hz16.idcs.com.cn

以下说明与本证书主文一起构成本证书统一整体，不可分割

1．本证书表明证书上列出的组织或者个人是列出的域名的合法注册人。该注册人依法享有该域名项下之各项权利。

图 9-4　域名证书

子任务 2　申请服务器空间

在注册域名后，别人还不能访问企业的域名，因为域名的注册只是将定义的网站域名加注到域名体系的数据库中，表示占住一个“位置”，而网站代表着一个 Web 服务器，只有设置一个服务器后，由有关的服务器完成域名解析，别人才能访问网站的网址。

下面就具体介绍一下虚拟主机空间的申请过程，需要注意的是，虚拟主机空间的申请一般的要付费的，价格每年从数百元到数千元不等，因此在申请过程中应保证账户上有足够的金额。

（1）登录网络服务公司的网站，如“西安天互数据（http://www.idcs.cn）”，选择“虚拟主机”并确定需要购买的虚拟主机类型，如图 9-5 所示。

（2）根据需要确定主机类型，例如选择了“商务主机 I 型”，单击【立即购买】按钮，在弹出的对话框中选择价格类型“1 年（200 元）”，如图 9-6 所示。

图 9-5 选择空间类型

（3）单击【立即购买】按钮，在弹出的对话框中输入 FTP 账号、FTP 密码、网址等信息，具体信息如图 9-7 所示。

图 9-6 网络空间详细资料

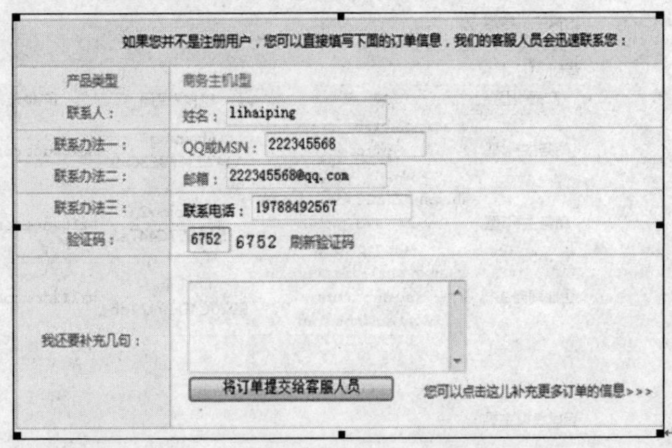

图 9-7 添加空间信息

（4）单击【第一步】按钮，完成空间费用支付业务，在此可以使用银行卡支付、网银钱包支付、手机充值支付。电话支付等方式进行支付。在交费以后，联系网络服务公司确认开通服务，如图 9-8 和图 9-9 所示。

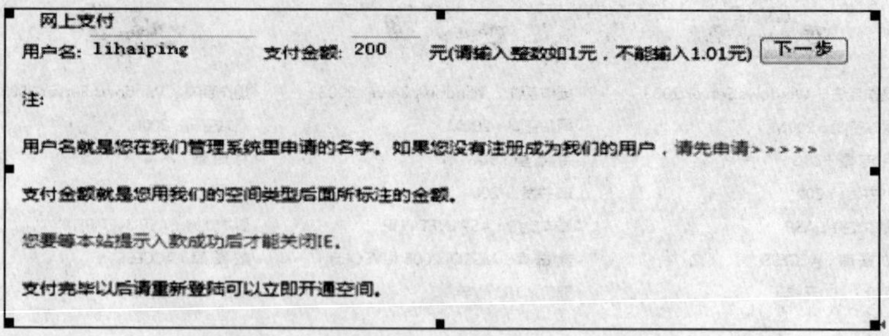

网上支付

用户名：lihaiping　　支付金额：200　　元(请输入整数如1元，不能输入1.01元)　下一步

注：

用户名就是您在我们管理系统里申请的名字。如果您没有注册成为我们的用户，请先申请>>>>>

支付金额就是您用我们的空间类型后面所标注的金额。

您要等本站提示入款成功后才能关闭IE。

支付完毕以后请重新登陆可以立即开通空间。

图 9-8　支付金额

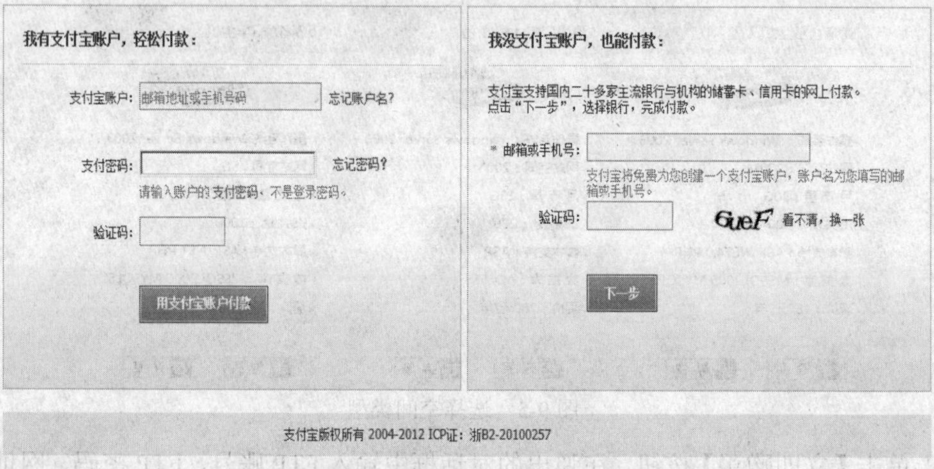

我有支付宝账户，轻松付款：

支付宝账户：邮箱地址或手机号码　忘记账户名?

支付密码：　忘记密码?

请输入账户的支付密码，不是登录密码。

验证码：

用支付宝账户付款

我没支付宝账户，也能付款：

支付宝支持国内二十多家主流银行与机构的储蓄卡、信用卡的网上付款。
点击“下一步”，选择银行，完成付款。

* 邮箱或手机号：

支付宝将免费为您创建一个支付宝账户，账户名为您填写的邮箱或手机号。

验证码：　GueF　看不清，换一张

下一步

支付宝版权所有 2004-2012 ICP证：浙B2-20100257

图 9-9　选择支付方式进行支付

（5）申请到服务器空间后就可以进入网站虚拟主机管理中心，进一步完善网站空间的配置，如主机域名绑定、默认首页设置、FTP 设置等，具体如图 9-10 所示。

虚拟主机管理

最新 [1] |

产品类型	域　名	FTP名密码	IP 地址	开通/到期	状态	操作	操作	操作	ICP
商务主机I型	lihaiping3.hz16.idcs.com.cn xywlxx.com www.xywlxx.com	lihaiping3 A447236FBE36a9	hz16.idcs.com.cn	2012年4月1日 2013年4月1日	正常	延期	升级	管理	成功
商务主机I型	lihaiping2.hz16.idcs.com.cn www.xakgsp.com xakgsp.com	lihaiping2 52E4BE57C447e1	hz16.idcs.com.cn	2012年2月28日 2013年2月28日	正常	延期	升级	管理	成功
企业商务主机	lihaiping.hz11.idcs.com.cn susthbs.com www.susthbs.com	lihaiping E920C4D79422db	hz11.idcs.com.cn	2011年6月2日 2012年6月2日	正常	延期	升级	管理	成功

查找虚拟主机：

FTP用户名：　或域名　查找

图 9-10　虚拟主机管理中心

经过设置后，即可上传已制作完成的网站到网站空间中，然后 Internet 上的用户就可以使用网站域名注册访问这个网站了。

子任务3　虚拟主机技术

上面提到了虚拟主机，那么虚拟主机究竟是什么呢？下面我们来介绍一下虚拟主机。

对普通网站而言，一般不会拥有独立的服务器，而多采用在网络服务公司付费租用一定大小的储存空间来支持网站的运行，用户只需要管理和更新自己的网站，服务器的维护和管理则全由网络服务公司完成，这也是我们常说的虚拟主机技术。

所谓虚拟主机是指将一台主机的硬件存储空间划分成相对独立的若干个存储目录，从用户的角度来看，每一个存储目录看起来就好像一台独立的主机，只要硬盘空间允许，就可以划分为多个目录。每一台虚拟主机都有自己独立的域名或 IP 地址，并且可以和相应的软件结合被配置 WWW、E-mail、FTP 服务器。用户在访问这样的服务器时，将看不出是在与其他人同时共享一台主机系统的资源，就好像拥有各自独立的服务器一样，具有完备的 Internet 服务功能。虚拟主机技术的出险可以使多台虚拟主机共享一台真实主机的资源，每个租用者承受的硬件费用、软件费用、网络维护费用、通信线路的费用大大降低。

子任务4　提供 ASP 页面安全性能的方法

IIS+ASP+Access 电子商务网站的安全应对措施还有提供 ASP 页面的安全性能，其重点在于如何有效地防止 ASP 源程序泄露，以及如何限制非授权用户对 ASP 页面进行访问两方面问题。

1. 防止 ASP 源程序泄露

目前，防止 ASP 源程序泄露的方法有两种：一种是使用组件技术将代码逻辑封装入 DLL（动态链接库）之中；另一种是使用微软公司的 Script Encoder 脚本编码器对 ASP 页面进行加密，使其不会轻易被用户查看或修改。其中，前一种方法比较复杂和麻烦，一般用得较少；而使用 Script Encoder 对 ASP 页面进行加密，操作简单且效果良好，目前这种方法应用比较普遍，在网上也能下 Microsoft Script Encoder 脚本加密工具。

Script Encoder 语法如下：

SCRENC[/s][/f][/xl][/I deflanguage][/e defExtension] inputfile outputfile

Script Encoder 脚本程序编码器语法的组成部分，具体说明如表 9-1 所示。

表 9-1　Script Encoder 脚本编码器语法说明

参数	说明
/s	可选。指定脚本编码器的工作状态是静态的，即产生无屏幕输出；如果省略，默认为提供冗余输出
/f	可选。指定输入文件将被输出文件覆盖；如果省略，输出文件不会被覆盖
/x	可选。指定是否在 ASP 文件顶部添加@language 伪指令；如果省略。将添加到所有.ASP 文件中
/I deflanguage	可选。指定的编码器过程中使用的默认脚本语言（Jscript 或 VBScript）；如果省略，VBScript 是动态网页的默认语言
/e defExtension	可选。指定待加密文件的扩展名；默认识别的文件扩展名有 asa、asp、cdx、htm、html、js、sct 和 vbs
inputfile	必选。要被编码的文件名称，包括相当于当前目录的任何需要的路径信息
outputfile	必选。要生成的输出文件的名称，包括相当于当前目录的任何需要的路径信息

例如，命令“screnc*.asp/ c:\temp”，表示对当前目录中的所有.ASP 文件进行编码，并把编码后的输出文件放在“c:\temp”路径下。

Script Encoder 只加密页面中嵌入的脚本程序代码，其他部分如 HTML 的 TAG 仍然保持原样不变，处理后的文件中被加密的部分为只读内容，对加密部分的任何修改都将导致整个加密后的文件不能使用。

2. 限制对 ASP 页面的访问

为防止未经注册的用户绕过注册界面直接进入 ASP 页面，可以采用 Session 对象实现。Session 对象最大的优点是可以把某用户的信息保留下来，让后续的网页读取。

基于用户名和密码限制的 ASP 页面访问程序的代码如下：

```
<%
MM-authorizedUsers=""
MM-authFailedURL="err.asp"
MM-grantAccess=false
If Session("MM-Username")<>""then
    If(true Or CStr(Session("MM-UserAuthorization"))="")Or-
            (InStr(1,MM-authorizedUser,Session("MM-UserAuthorization"))>=1)then
MM-grantAccess=true
End if
End if
 If Not MM-grantAccess Then
     MM-qsChar="?"
If(Instr(1,MM- authFailedURL,"?")>=1) then MM-qsChar="&"
MM-referrer=Request.ServerVariables("URL")
if(Len(Requuest.QueryString())>0)thenMM-referrer=MM-referrer&"?"&Requuest.QueryString()
MM- authFailedURL= MM- authFailedURL & MM-qsChar & "accessdenied=" & Server
URLEncode(MM-referrer)
Response.Redirect(MM- authFailedURL)
End if
%>
```

任务 2　发布电子商务网站

当网站完成设计与调试以后，需要上传到租用的服务器空间中才能被用户访问。网站的发布就是把自己计算机中的网站内容发布到网络上服务器空间的过程。

在本任务中，我们将利用 FileZilla 完成电子商务网站的发布工作。

FileZilla 是一款免费开源的 FTP 客户端软件，并且还提供了服务器版本。虽然它是免费软件，可性能却一点也不含糊，比起那些共享软件来有过之而无不及，具备大多数的 FTP 软件功能。其可控性、有条理的界面和管理多站点的简化方式、特别是它的传输速度，简直是出神入化，也是它最大的特色。总的来说，它是一款出类拔萃的免费 FTP 客户端软件，值得广大的用户一试。

FTP 是英文 File Transfer Protocol 的缩写，也就是文件传输协议的意思，是 TCP/IP 协议组中的协议之一，该协议是 Internet 文件传送的基础，它由一系列规格说明文档组成，使得用户可以通过 FTP 功能登录到远程计算机，从其他计算机系统中下载需要的文件或将自己的文件上传到网络上。

1. 软件安装

软件下载后为一个.exe 格式的可执行文件。安装比较简单，一路单击【下一步】按钮就可以了，并且软件支持简体中文，如图 9-11 和图 9-12 所示。

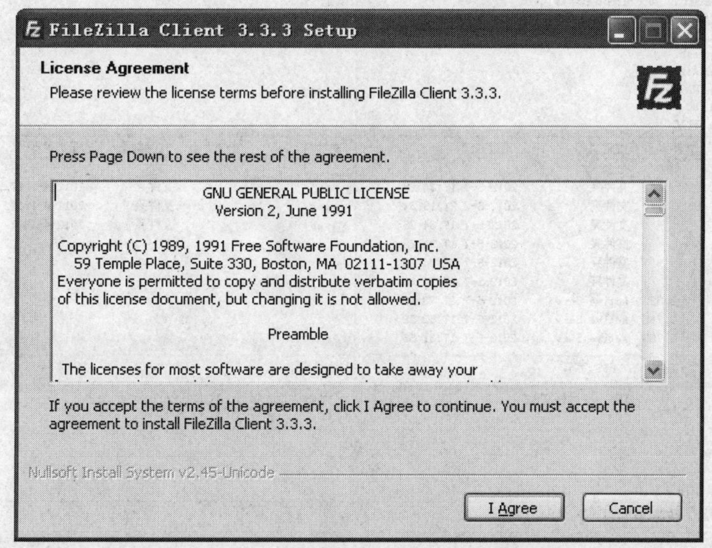

图 9-11　FileZilla3.3 安装起始画面

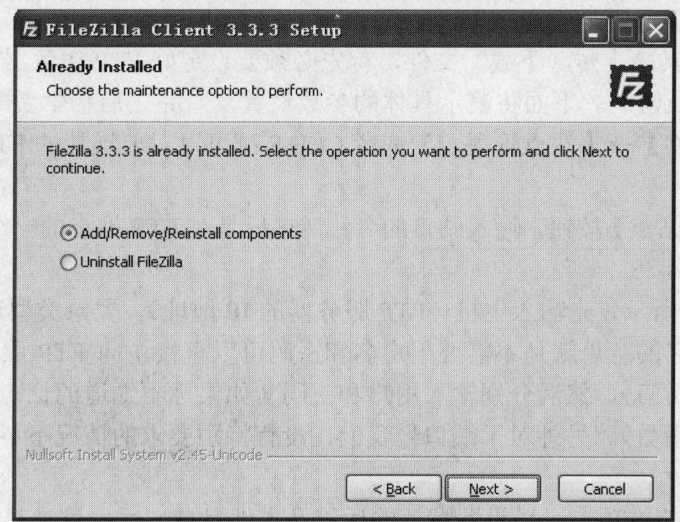

图 9-12　FileZilla3.3 安装画面

2. 界面预览

FileZilla 3.3 含有简体中文语言包，通过菜单【编辑】→【设置】的语言选项可以设定界面的使用语言。主界面默认显示了本地目录、远程目录、状态及队列四大窗口，如图 9-13 所示。

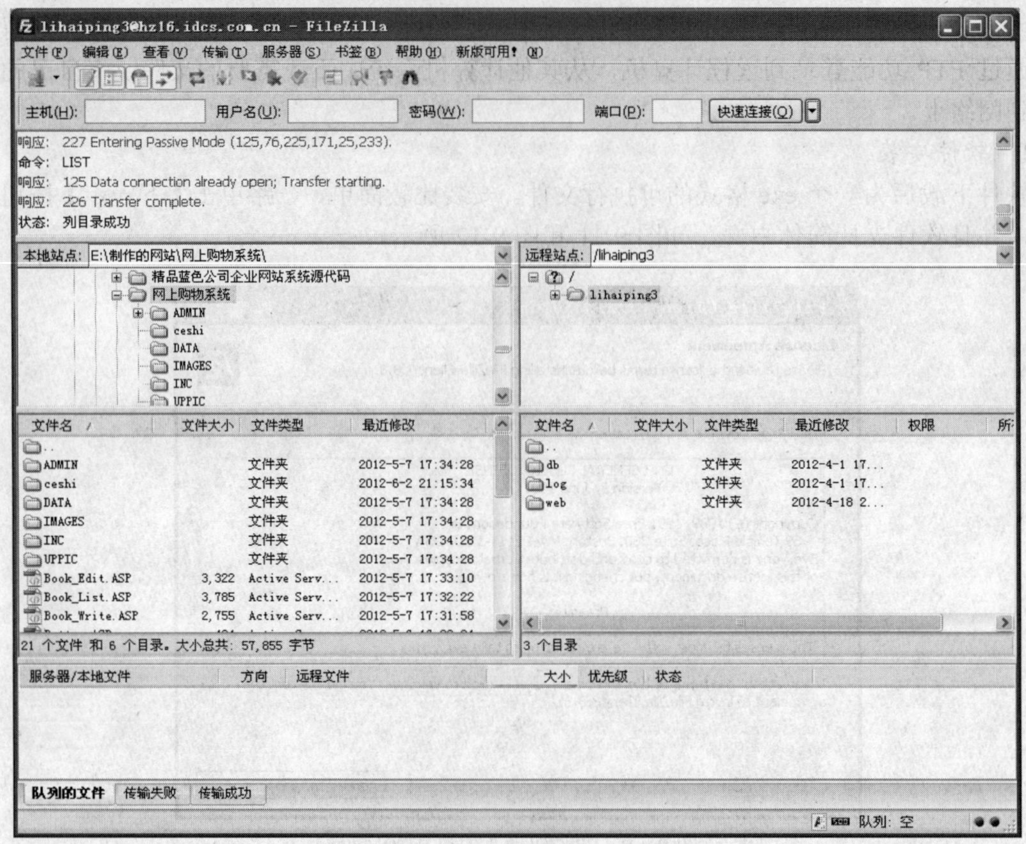

图 9-13　FileZilla 主界面

3．站点设置

要使用 FTP 工具来上传（下载）文件，首先必须要设定好 FTP 服务器的网址（IP 地址）、授权访问的用户名及密码。下面将演示具体的参数设置，看完之后初学者即能很快上手。

通过菜单【文件】→【站点管理器】或者 Ctrl+S 键可以对要连接的 FTP 服务器进行具体的设置。

（1）单击【新站点】按钮，输入站点的名称（它只是对 FTP 站点的一个说明），如图 9-14 所示。

（2）按照界面所示，先输入主机（FTP 服务器的 IP 地址），登录类型选择"一般"，不要选择匿名选项（匿名的意思就是不需要用户名和密码可以直接访问 FTP 服务器，但很多 FTP 服务器都禁止匿名访问），然后分别输入用户和密码（如果你不知道的话，可以询问提供 FTP 服务的运营商或管理员）。另外对于端口号我们在没有特别要求的情况下不用管它，或者输入"21"也可以。

（3）在"高级"选项卡可以设置默认的远程及本地目录，远程目录其实就是连上 FTP 服务器后默认打开的目录；而本地目录就是每次进入 FTP 软件后默认显示的本地文件目录（当然了，如果大家不太清楚或者感觉麻烦的话也可以先不设置远程及本地路径，系统将会使用自己的默认路径），如图 9-15 所示。

以上这些参数都设置好之后，便可使用 FTP 进行文件上传下载了。

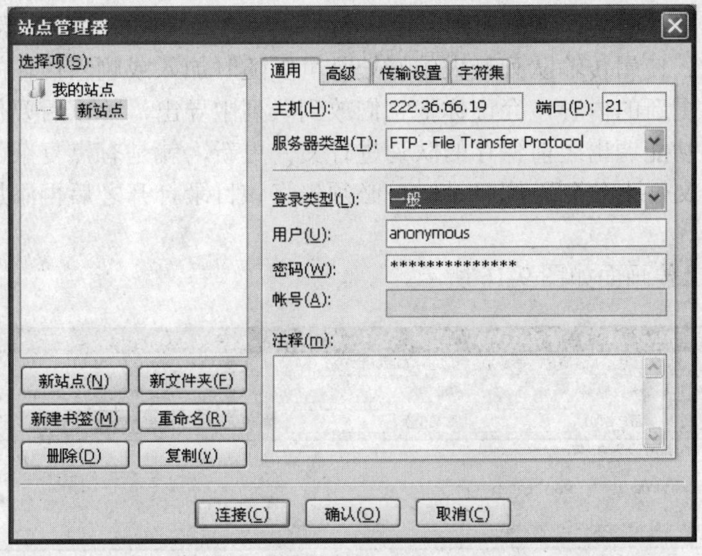

图 9-14　FileZilla 3.3 站点管理界面

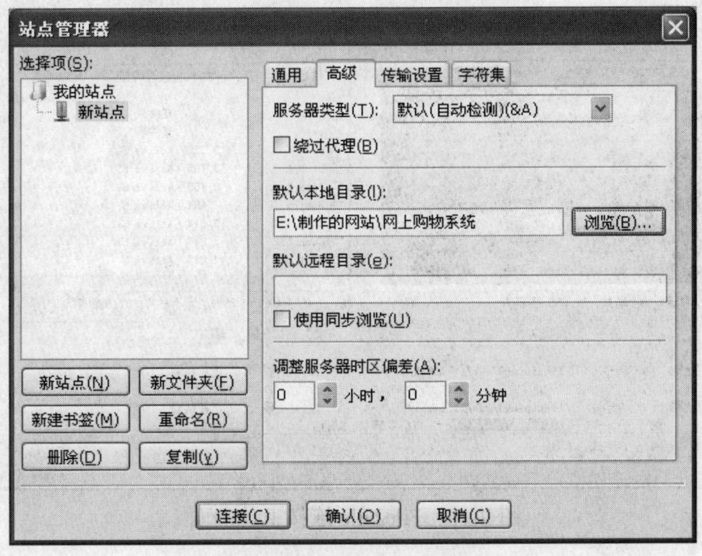

图 9-15　FileZilla 站点管理器

4. 连接上传

（1）连接。通过上面的设置之后现在就可以连接服务器上传文件了。我们可以通过菜单【文件】→【站点管理器】或者 Ctrl+S4 键进入站点管理器选择要连接的 FTP 服务器，单击【连接】按钮就可以了或者点击工具栏中的打开站点管理器按钮，进行选择。连接之后，便可选择目录或文件进行上传下载了。

（2）上传下载。我们不仅可以传输单个文件，还可以传输多个文件甚至整个目录，主要有四种方法。

- 选中所要传输的文件或目录，直接拖拽到目的主机中就可以了。
- 在选中所要传输的文件或目录后，右击鼠标选择【传输】就可以了。
- 双击想要传输的文件就可以了。

- 将选中的文件或文件夹加入到传输队列中（可以直接拖放也使用鼠标右键），然后在进行传输。使用传输队列最大的好处是可以随时加入或删除传输的文件，并且对于需要经常更新的内容，允许你把它们放到队列中导出，等以后要传输的时候还可以通过导入功能调出之前保存的队列进行文件更新，就是有点复杂了。不过要注意的是不同的文件上传到不同目录时，必须先将该目录打开之后再添加到要传的文件到队列之中。

FileZilla 连接上传画面如图 9-16 所示。

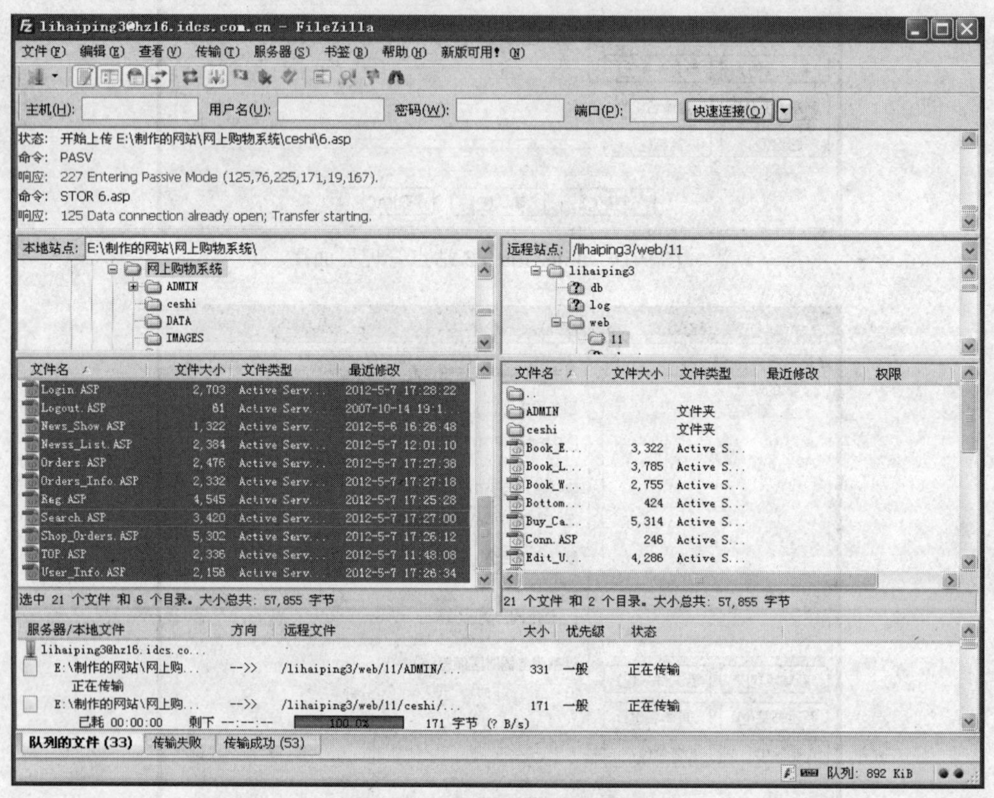

图 9-16 FileZilla 连接上传画面

5. 其他功能及设置

（1）快速连接。快速连接就是不需通过站点设置，直接输入 IP 地址、用户名及密码进行连接。所以它适合用在需要临时性连接的站点，并且快速连信息接会被保存，如果下次还想使用，就可以直接选择进行连接了，非常方便。通过快速连接工具栏输入相关信息，点击快速连接按钮就可以了，如图 9-17 所示。

图 9-17 FileZilla 3.3 快速连接功能

（2）站点导入。站点导入就是将之前版本的站点信息或其他 FTP 软件的站点信息导入进来，而不需要再进行重复的设置，这给广大的用户节省了时间，也减少了麻烦。通过菜单【站点】→【导入】及【导出】就可以进行站点导入、导出操作了，如图 9-18 所示。

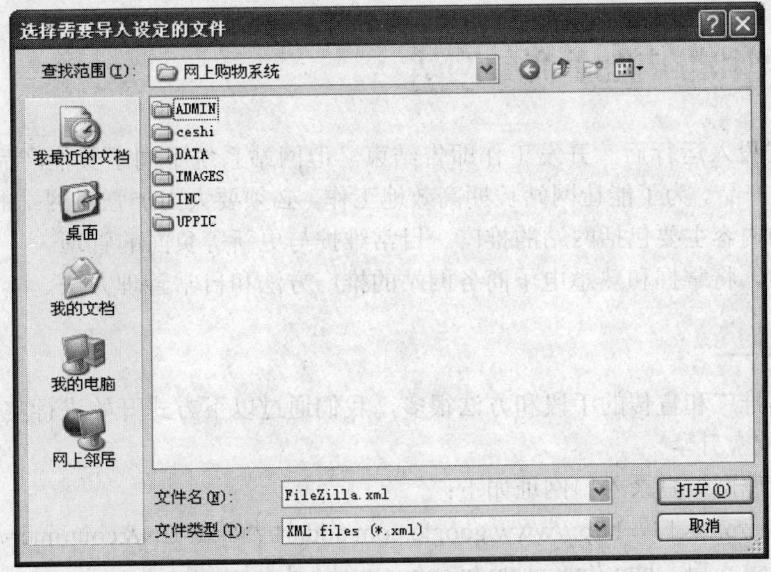

图 9-18　FileZilla站点导入（只支持 XML 格式文件的导入）

FileZilla站点导出，支持管理器数据、设置数据及队列的导出，如图 9-19 所示。

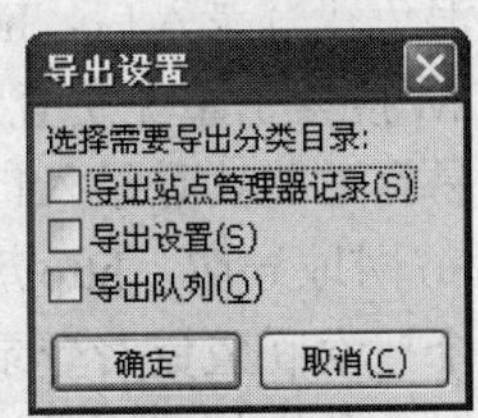

图 9-19　FileZilla 3.3 导出设置

（3）队列管理。队列管理就是对所传输的文件及目录进行的一些功能设置，包括队列的保存、载入、清除、恢复和传输等，可以说是比较重要的功能。FileZilla 的队列功能比较简单，其中队列的保存及载入功能，可以通过菜单【文件】→【导入】及【导出】来实现，就是麻烦了一些，如图 9-20 所示。

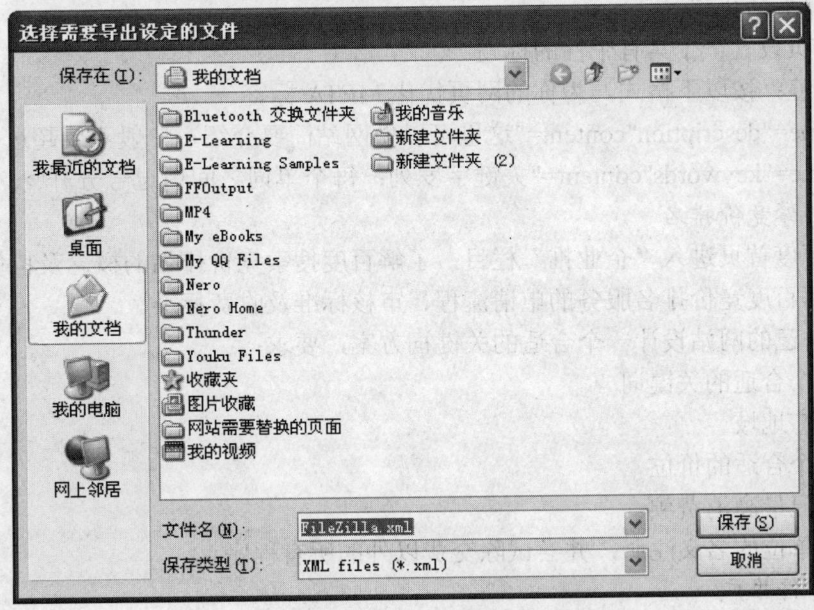

图 9-20　FileZilla 队列导出画面

任务 3　管理和推广电子商务网站

在网站正式投入运行后，开发工作即告结束。但网站系统不同于其他产品，它不是“一劳永逸”的最终产品。为了能让网站长期高效地工作，必须要大力加强对网站的运行管理与维护。网站管理的内容主要包括网站的推广、日常维护与更新等负面的管理。

在本任务中，将掌握和熟悉电子商务网站的推广方法和日常管理方法。

子任务 1　网站推广

目前，网站推广和宣传的手段和方法很多，我们通过以下方式开始进行实践。

1. 注册到搜索引擎

各大搜索引擎网站登录入口网址如下：

Google 免费登录入口，http://www.google.com/addurl/?hl=zh-CN&continue=/addurl

百度免费登录入口，http://www.baidu.com/seatch/url-submit.html

雅虎免费登录入口，http://search.help.cn.yahoo.com/h4-4.html

新浪免费登录入口，http://www.iask.com/guest/add-url.php

TOM 搜索引擎免费登录入口，http://search.tom.com/tools/weblog/log.php

网易有道免费登录入口，http://tellbot.youdao.com/

SoSo 网址导航，http://www.soso.cn/wz/add.asp

这个搜索联盟免费登录入口，http://ads.zhongsou.com/register/page.jsp

向以上各大搜索引擎注册你的网址。在向搜索引擎注册时，应尽量详尽地填写网址的相关信息，特别是一些关键词，是要尽量写得大众化和口语化，这是因为用户在搜索引擎中进行搜索时，常常是先使用自然语言进行搜索。

2. 搜索引擎的优化

为你的网页设置一个具有个性的标题。

META 标签：按以下格式，为你的网页优化 META 标签。

<meta name="description"content="这里可以做网站简要介绍，一般不要超过 150 字符">

<meta name="keywords"content="关键字罗列：每个单词之间用逗号分开">

3. 搜索引擎竞价排名

（1）从百度首页进入“企业推”栏目，了解百度搜索竞价排名的概念及特色功能。

（2）了解百度竞价排名服务的申请流程、审核标准及收费标准。

（3）为自己的网站设计一个合适的关键祠方案，要求：

①选择一个合适的关键词

②限定推广地域

③选择一个合适的价位

④限定每日最高消费额

⑤以网站单位的名义注册，并尝试除交费以外的所有程序。

4. 电子邮件推广

（1）利用搜索引擎（如百度、Google 等）等工具，检索并获取网上潜在客户的电子邮件地址。

（2）利用专门邮件搜索软件工具（如搜易高速邮址搜寻家、天机邮件搜索群发精灵、终极邮件搜索群发大师等），获取网上潜在客户的电子邮件地址。

（3）利用专门搜索引擎检索目前常见的邮件群发软件工具，并尝试其中的某种邮件群发软件工具（如亿虎商务群发大师、极星邮件群发、长江商务邮特快、超级邮件群发机等），实施批量邮件群发。

（4）对电子邮件营销实施效果进行后期评估。

子任务2　网站的日常管理和维护

对网站的日常管理与维护的好坏，决定了顾客对网店的感受和印象。一般来说，网站的日常管理与维护主要包括网站更新、应答与复函等方面工作。

1. 网站更新

一个网站必须保持经常性的更新，才能不断吸引访问者的再次光临，使潜在的消费者变成客户，如果网站一成不变，是无法获得更多的商业机会的。因此，企业必须要对网站内容实施定期或不定期的更新。一般而言，网站更新主要包括网页信息的更新和栏目的调整。网站一般至少一个星期更新一次，如果企业网站客户量多的话，周期应再缩小。当然最佳的情况是做到每天都要更新。同时，当网站运行一段时间后，也可考虑对网站总体风格如版面、配色等各方面更新调整，让客户有改头换面、焕然一新的感觉。

2. 应答与复函

在信息大量充斥的社会环境下，访客有很多的选择机会，为了维持访客的满意度、保持力和忠诚度，这就要要求必须以访客为中心，对访客的资讯和其他相关请求随时要作出应答和复函（作为商务类网站更是如此）；对访客通过E-mail、BBS留言板等形式提出的部分咨询问题，可通过系统自动应答，但更多的问题则需要网站维护人员及时走出应答和复函。

子任务3　常见的网站推广方法

一个网站及时内容再丰富、功能再全面，如果缺乏足够的宣传和推广，也不会引起消费者们或潜在客户的注意；要想提高网站的影响，吸引更多的访问者，提高商务效益，就必须对网站进行必要的宣传和推广。下面介绍一下常见的推广方法。

1. 注册搜索引擎

注册到搜索引擎，这是极为方便的一个推广网站的方法。搜索引擎是专门提供信息检索和查询的网站，比如百度、Google、网易、新浪等，它们一般都是网友查询信息和冲浪的最佳去处。因此，在搜索引擎网站中注册自己的网站是宣传和推广网站的首选方法，并且注册的搜索引擎越多，网站被检索、访问到机会就越大。在注册时尽量详尽地填写网站中德一些信息，特别是一些关键词，应尽量力求普遍化、大众化。同时，注册分类时，也应尽量分得仔细些。

2. 使用广告交换

广告交换也是网站的一种较为有效的方法。一般先要在提供服务的网站免费注册成为会员，并提交网站的相关信息，它会要求将一段HTML代码加入到网站中，这样，广告条就可以在其他网站上出现。当然，自己网站上也出现别的网站的广告条，双方得益。广告交换链接一般都拥有1:10的高交换比例，即别人的网站链接在你的主页上显示一次，那么你的站点链接就会其他 10 个网站上显示。

3. 和其他网站做友情链接

现在的网站大部分都提供有专门的友情链接页面，从中可找一些与自己网站内容类似的站点。一般可先主动把别人的网站加入友情链接然后给对方网站发出邀请请求对方把自己的网站也加入到对方的友情链接里。当然，也可通过协商等方式来达到共同推广的目的。

另外，还可以通过电子邮件、网络新闻组、传统媒体等手段宣传和推广网站。总之，网站宣传的途径很多，企业完全可以根据自身的特点选择其中的一些较为便捷性有效的方法。

子任务 4　网站建设与维护建议

只有当搜索引擎、站长、网络用户之间有一种默契的利益均衡，这个行业才会顺畅发展。竭泽而渔的网站建设，只会使您与用户、搜索引擎越来越远。搜索引擎与站长之间宜和谐发展，共同拥抱美好的愿景。建站时应做到以下几点：

1. 站点结构宜简洁明晰

不要让你的用户一进入你的站点就因为纷繁复杂而不知所措。从某种意义上来说，百度的 Spider（蜘蛛人）也是一个相对特殊的访客而已。每一个子域名、每一个目录都最好有明确的内容区隔，避免不同子域名或者目录对相同内容的相互串用。

2. 创造属于您自己的独特内容

百度更喜欢独特的原创内容。所以，如果您的站点内容只是从各处采集复制而成，很可能不会被百度收录。

3. 保持经常的更新

经常地更新网站内容，蜘蛛程序就会经常光顾；而对于长期不更新的网站，蜘蛛程序的到访问日趋减少。

4. 谨慎设置您的友情链接

如果您网站上的友情链接，多是指向一些垃圾站点，那么您的站点可能会受到一些负面的影响。参与各类以 SEO（Search Engine Optimization，搜索引擎优化）为目的自助链接活动，通俗说就是如火热让你的网站的不花钱做推广广告的情况下出现在 google、baidu 等搜索引擎的搜索结果的前面，很可能会“过犹不及”。

5. 把自己的网站做成常青树

如果没有搜索引擎，你的网站仍然访客盈门，那么你的网站就属于“常青树”了。面向用户做网站，而不要面向搜索引擎做网站，这是成为常青树网站的真谛。

总结梳理和总结

（1）在网站制作、调试完成后，就需要着手为自己的网站发布到网络上做准备，此事就必须要进行域名注册和空间申请。

（2）网站发布有很多种方法，除可用 FileZilla 发布网站外，我们还可借助 FlashFTP、LeapFTP、CuteFTPXP 等工具软件实现网站的发布。

（3）电子商务网站的管理主要包括网站的推广、日常维护与更新等方面的内容。

参考文献

[1] 梁露，赵春利. 电子商务网站建设与实践[M]. 北京：人民邮电出版社，2006.

[2] 聂良刚，庞大连. 商务网站设计实用教程[M]. 北京：人民邮电出版社，2005.

[3] 宋文官，陈永东. 电子商务网站建设与维护实训[M]. 北京：高等教育出版社，2008.

[4] 明日科技. ASP 开发典型模块大全[M]. 北京：人民邮电出版社，2009.

[5] 梁露. 电子商务网站建设案例教程[M]. 北京：机械工业出版社，2008.

[6] 刘继山. 商务网站页面设计技术. 大连：东北财经大学出版社，2007.

[7] 王连彦. 电子商务网站建设. 沈阳：辽宁大学出版社，2005.

[8] 张李义，罗琳，黄晓梅. 网站开发与管理. 北京：高等教育出版社，2004.

[9] 李纲，张天俊，吴恒. 网络营销教程. 武汉：武汉大学出版社，2005.

[10] 张兵义，于丽娟，姜保庆. 网站规划与网页设计. 北京：电子工业出版社，2006.

[11] 高怡新. 电子商务网站建设. 北京：人民邮电出版社，2005.

[12] 龙马工作室. 典型网站建设[M]. 北京：人民邮电出版社，2004.